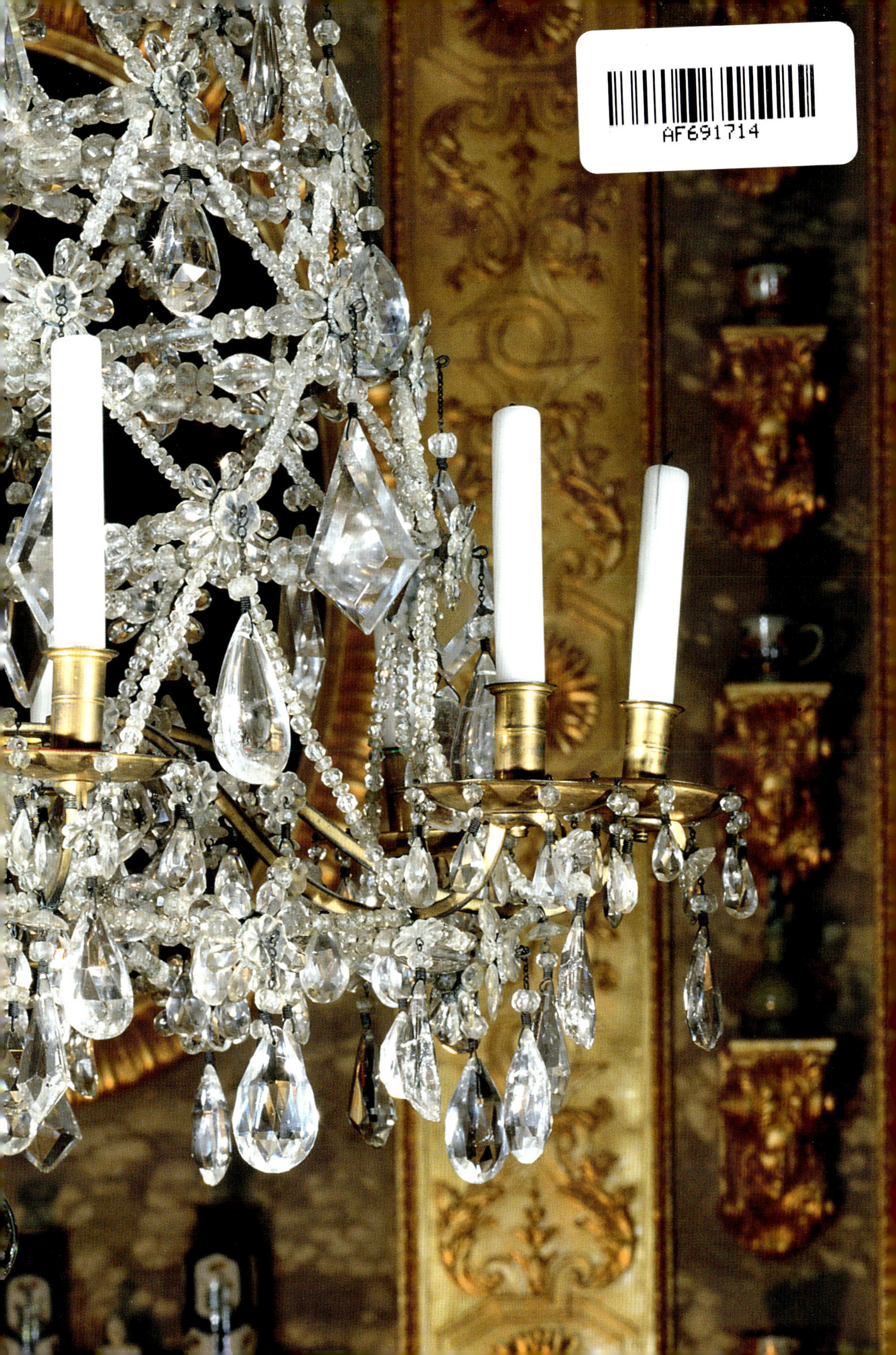

Vorworte

Als Käthe Klappenbach vor gut drei Jahren den Wunsch äußerte, die erzgebirgischen Kronleuchter des Museums für Sächsische Volkskunst zu bearbeiten, war das ein Glücksfall für das Museum. Wir kannten sie seit Jahren als Forscherin auf dem Gebiet der Kronleuchter und des Lichts an europäischen Höfen und als Autorin zweier entsprechender Standardwerke und unzähliger Aufsätze. Ihre Expertise war hochwillkommen. Es kommt nicht eben häufig vor, dass sich Wissenschaftlerinnen oder Wissenschaftler, die sich der Hofkultur verschrieben haben, in die Volkskultur verirren. Die Erklärung in diesem Fall ist einfach. Als gebürtige Erzgebirglerin liebt und lebt sie die heimische Weihnachtskultur. Eine Abrundung ihrer Forschungen durch die Untersuchung der Verhältnisse im Erzgebirge lag also sehr nahe.

Was dann folgte, war für uns alle äußerst spannend, ein Perspektivwechsel nämlich.

Wurde die Geschichte der Lichterkultur im Erzgebirge bisher fast ausnahmslos aus der regionalen Perspektive beleuchtet und in Ermangelung jedweder schriftlicher Quellen der scheinbar zwangsläufigen Lichtersehnsucht der im Dunkeln der Berge arbeitenden Bergleute zugeschrieben, so stellte sich die Sache aus der Perspektive der höfischen und sakralen Beleuchtungsgeschichte ganz anders dar: ungewöhnlicher, erstaunlicher, aber auch folgerichtig und nachvollziehbar.

Alles kommt vom Bergbau her? Ja, scheinbar sogar die erzgebirgische Lichterkultur in der Weihnachtszeit. Aber sie hat ihren Ursprung nicht im Dunkeln des Berges, sie verdankt sich vielmehr der fruchtbaren Reibungsenergie zwischen den Kulturen. Sie entstand, wie Kultur immer entsteht, im Austausch.

Diese erhellende Ausstellung ist die letzte meiner Amtszeit. Sie ist, wie alle unsere Aktivitäten, nicht anders als ebenfalls durch intensiven Austausch untereinander und konstruktiv-kreatives Miteinander entstanden. Dafür sei allen Kolleginnen und Kollegen auf das herzlichste gedankt. Käthe Klappenbach aber und der Gestalterin Agathe MacQueen danke ich fürs prächtig illuminierte Heimleuchten.

Igor A. Jenzen

Direktor des Museums für Sächsische Volkskunst
mit Puppentheatersammlung

Eine Ausstellung über die Lichter-Kultur zur Weihnachtszeit im Erzgebirge; welches Thema könnte uns besser auf die Adventszeit einstimmen? Sie wird gerade in Sachsen sehr intensiv gelebt. Wenn in anderen Gegenden die Hektik langsam zunimmt und sich alles auf die allmählich drängende Geschenkefrage zuspitzt, holen die traditionsbewussten Menschen in Sachsen die erzgebirgischen Weihnachtsdekorationen vom Dachboden und richten es sich in der Weihnachtsstube behaglich ein. Für viele ist die Adventszeit geradezu eine Rückzugs-, Besinnungs- und Erholungszeit. Die teilweise unter widrigen Umständen ergatterten, selbstgebastelten oder teuer erkauften Volkskunst-Schätze erinnern an Begebenheiten, Menschen und die Familiengeschichte. So bleibt die Zeit eine Weile stehen, umkreist die Familie und verschwimmt mit der Vergangenheit.

Weihnachtskultur ist die statische Auszeit vom dynamischen Sog der Zukunft.

So scheint es. Aber natürlich wissen wir, dass auch die Weihnachtskultur eine Geschichte hat. Das Museum für Sächsische Volkskunst gehört selbst dazu. Seit seiner Gründung 1913 durch Oskar Seyffert fungiert es als Weihnachtsstube Dresdens. Es war die Idee des Gründers, Weihnachtsbäume aufzustellen und zunächst von Volksschulklassen »putzen« zu lassen. Heute sind es kreative und geschickte Menschen, die die Bäume mit immer neuen Erfindungen schmücken, ihre Künste vorführen und sogar verkaufen. Zu »Weihnachten im Jägerhof« gehören aber auch Konzerte, Lesungen und Vorträge und immer Begleitausstellungen, die sich der sächsischen Weihnachtskultur widmen. Sie begnügen sich keinesfalls mit nostalgischen Rückblicken auf vergangene Zeiten. Im Gegenteil, sie präsentieren jeweils die neuesten Ergebnisse ambitionierter Forschung. Auch in diesem Jahr verspricht die Ausstellung »Von Spinnen, Engeln und dem Licht der Welt. Die Kronleuchter des Erzgebirges« neue Perspektiven, ungewohnte Zusammenhänge und erhellende Erkenntnisse.

Ich danke Frau Dr. Käthe Klappenbach für die intensive wissenschaftliche Forschung und die Erarbeitung der Begleitpublikation, Frau Agathe MacQueen für die ambitionierte Gestaltung der Ausstellung und ganz besonders Herrn Dr. Igor Jenzen für die Produktion dieser seiner letzten Ausstellung als Direktor des Museums.

Marion Ackermann

Generaldirektorin der Staatlichen Kunstsammlungen Dresden

Prolog

Kronleuchter waren immer Prestigeobjekte und Statussymbole. Das hat sich seit Jahrhunderten nicht geändert. Sie schmückten Schlösser und Kirchen sowie profane Festräume und nahmen Einzug in die Wohnungen wohlhabender Bürger. Ihre wertvollen Materialien und symbolträchtigen Gestaltungen – beleuchtet von kostbaren Kerzen – offenbarten Repräsentationsansprüche und Wohlstand.

Die hervorgehobene Position mitten im Raum hängend prädestinierte sie für das Vermitteln von Botschaften – nicht nur über die Besitzer. Ein Kronleuchter kann »[...] durch seine Gestaltung irgend einen Gedanken, sei es religiöser, sei es patriotischer oder auch nur rein poetischer Natur [...] verkörpern, der durch die Bestimmung des zu schmückenden Raumes oder sonstige Beziehungen gegeben ist«.[1] Das trifft ebenso auf Vorbilder, Entwerfer und Hersteller, Form und Konstruktion, verwendete Materialien, den Preis wie auch den Anlass der Entstehung oder Erwerbung zu.

Doch wie könnte es zu seiner Rezeption in der erzgebirgischen Weihnachtskultur gekommen sein? Dass es Nachahmung war, formuliert das Deutsche Wörterbuch der Brüder Grimm beim Eintrag »krone für kronleuchter, d. h. in form einer krone, der gebrauch wird aus königlicher hauseinrichtung stammen, durch das gesetz der nachahmung bis auf dorftanzböden gekommen«.[2] Der Begriff »Dorftanzböden« steht hier synonym für die Aneignung im sächsischen Erzgebirge.

Nachvollziehbar wird die Entwicklung mit dem Wissen über die sächsische Repräsentationskultur und die Wertschätzung des Bergmannstandes durch den Kurfürsten. Einen hohen Stellenwert hatten Frömmigkeit, Musik und Gesang der Bergleute. Im weiteren Verlauf hinterließen die Industrialisierung und veränderte wirtschaftliche Situationen wie auch gut gemeinte Unterstützungsaktionen, ideologische Einflussnahmen und politischer Druck ihre Spuren in der erzgebirgischen Volkskultur.

Erkenntnisse aus bergmännischer Literatur des 17. und 18. Jahrhunderts, Chorälen und erzgebirgischen Liedern, Berichten über das Erzgebirge, seine Bewohner und seine Besonderheiten vom Ende des 18. und dem 19. Jahrhunderts, Reisebeschreibungen des 19. Jahrhunderts sowie aus zahlreicher volkskundlicher Literatur der letzten Jahrzehnte waren Grundlage für diese Abhandlung. Und es wurde klar, welche Macht verklärende Erinnerungen auf die Überlieferung haben und diese sogar verfälschen können.

Angesichts der orts- und zeitenübergreifenden Vielfalt der erzgebirgischen Kronleuchter und des Wissens um ihre stetigen Veränderungen – »Verschönerungen« im jeweiligen Zeitgeschmack – erschien es sinnvoll, sie nach der Art ihrer Dekoration zu ordnen und diese ikonografisch zu deuten. Sie zeigen nicht nur auf eine ganz besondere Art den Stolz der Erzgebirger, sondern ebenso deren Kreativität und Kunstfertigkeit, die religiöse Einstellung und ihre Lebenswelten sowie mit der Fortführung der überlieferten Traditionen und Rituale auch ihre Bedeutung als Identifikationssymbole.

Letztendlich dienten sie jedoch wie alle anderen Elemente der erzgebirgischen Weihnachtskultur dazu, das kostbare Licht, mit welchem die Geburt Jesu, des »Lichts der Welt« gefeiert wurde, mit allen zur Verfügung stehenden Mitteln angemessen zu präsentieren.

Anmerkungen

1 Brüning: Moderne Beleuchtungskörper, 1897, S. 317–320. Der Autor Adolf Brüning war Kunsthistoriker am Berliner Kunstgewerbemuseum.

2 Grimm/Grimm: Deutsches Wörterbuch, Leipzig 1873, S. 2377. Der Eintrag stammt allerdings nicht mehr selbst von den Brüdern Grimm, da der letzte von ihnen selbst verfasste Beitrag 1863 beim Buchstaben F endete.

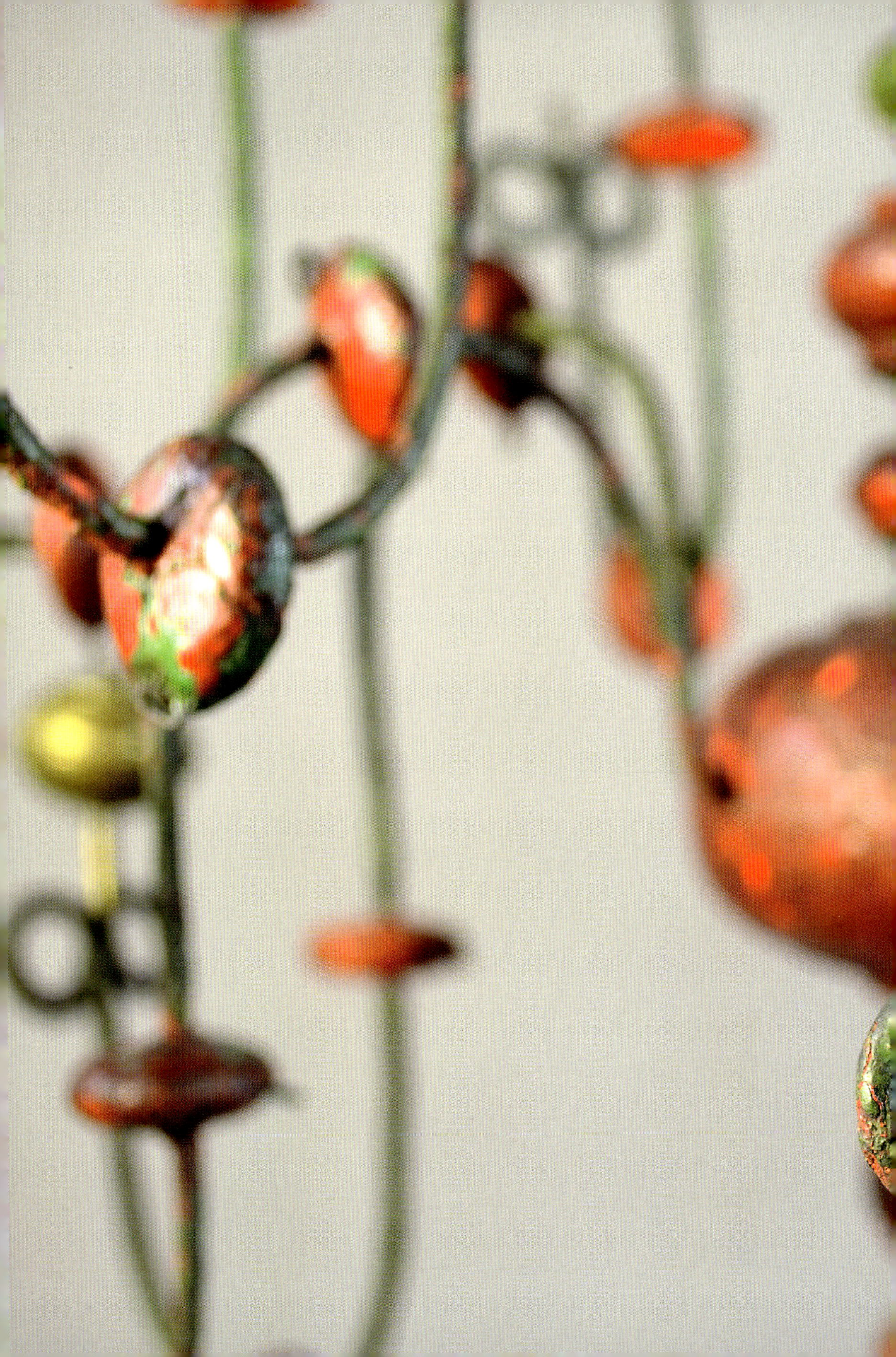

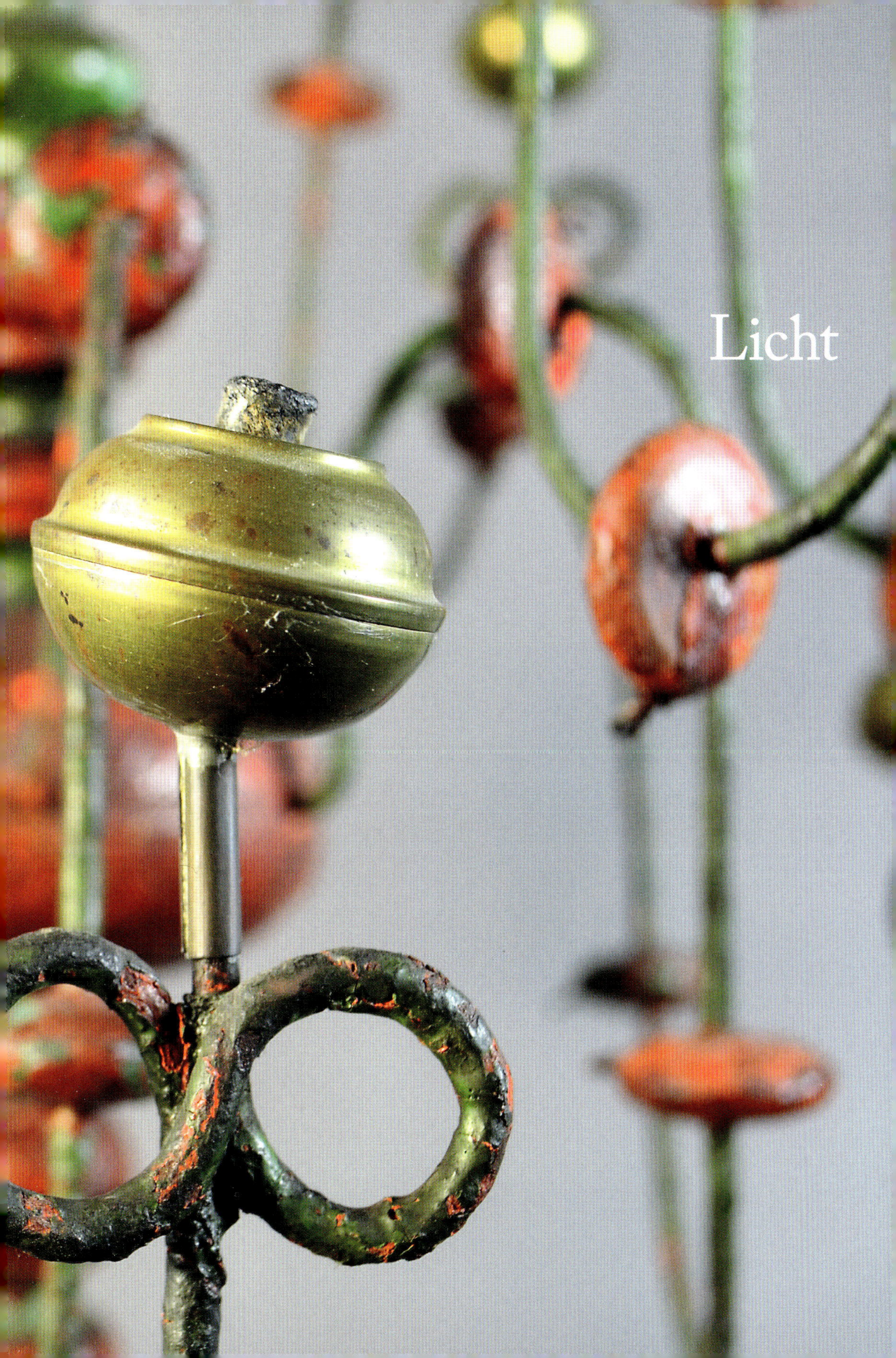

Licht

Licht ist existenziell für die Menschheit. Das Licht der Sonne, das Tageslicht, ermöglicht den Menschen, sich in ihrem Umfeld zu orientieren. Seit Menschen die Fähigkeit haben, Feuer zu kontrollieren und gezielt Licht zu entfachen, ist es möglich, die Nacht zu erhellen.

Der Aufwand, den das Entfachen und Hüten verursachten, führte zu seiner Verehrung und hielt Einzug in alle Religionen. Im Christentum symbolisiert Jesus Christus das »Licht der Welt« (Abb. 1), dessen Menschwerdung in der dunkelsten Zeit des Jahres zu Weihnachten gefeiert wird. Diese Verehrung äußerte sich gleichfalls in der Gestaltung der Träger des Lichts.

Die Kostbarkeit des Lichts

Um die Bedeutung der Lichtinszenierung der erzgebirgischen Weihnacht mit seiner speziellen Lichterfülle ermessen zu können, ist es erforderlich, Kenntnis vom hohen Wert des künstlichen Lichts vor der Einführung des elektrischen Stroms um 1900 zu haben. Im Gegensatz zu heute waren die Mittel zu dessen Erzeugung kostspielig und der Aufwand groß. Licht wurde deshalb im Alltag nur bei wirklichem Bedarf angezündet. Licht, das nicht ausschließlich der Beleuchtung diente, galt als Verschwendung und wurde als Luxus bezeichnet. Der aus dem Lateinischen kommende Begriff bedeutet *verschwenderischer Aufwand*. Der Wortstamm von Luxus ist das lateinische *lux*, welches mit *Licht* übersetzt wird. Lux (lx) ist außerdem die physikalische Einheit für die Beleuchtungsstärke einer Lichtquelle.[1]

Die Zeiten, als beim abendlichen Anzünden des Lichts eine Lichtdanksagung[2] gesprochen wurde, sind lange vorüber. In der heutigen lichtüberfluteten Zeit ist nicht mehr nachzuvollziehen, dass es kostbar sein sollte. Seit der Erfindung des elektrisch erzeugten Lichts ist ein Menschheitstraum in Erfüllung gegangen, nämlich die Nacht zum Tage zu machen.[3] Dieser »Verlust der Nacht«[4] hat weitreichende negative Konsequenzen für die gesamte Natur und für die Gesundheit der Menschen. Er bewirkt, dass der Mensch vor allem in der Stadt Dunkelheit nicht mehr als eine elementare Erfahrung im Alltag machen kann.

Vor der Erfindung der Zündhölzer im ersten Drittel des 19. Jahrhunderts war Licht allein deshalb kostbar, weil es einiges Geschick erforderte, es zu entfachen und am Leben zu erhalten.[5] Dies illustriert eine Beschreibung in einer Sage aus der Gegend um Zwickau: »[...] schneller noch schlug er aus dem Stahle mit dem Feuersteine die Funken, um den Linnenzunder anzukohlen, und blies dann aus Leibeskräften nach der glimmenden Stelle, an der sich bald der aufgelegte Schwefelfaden entzündete, mit welchem [er] dann seine Öllampe ansteckte.«[6] Zunder konnte aus Baumschwämmen gefertigt werden, gebräuchlicher war der gut brennbare und leichter herzustellende »Linnenzunder« aus verkohlter Leinwand.

1
Altargemälde mit der Darstellung der Geburt Christi
Niederländischer Meister
Niederlande, 15. Jahrhundert
St. Annenkirche, Annaberg-Buchholz

Auf dieser Darstellung der Heiligen Familie ist das Jesuskind die Lichtquelle.

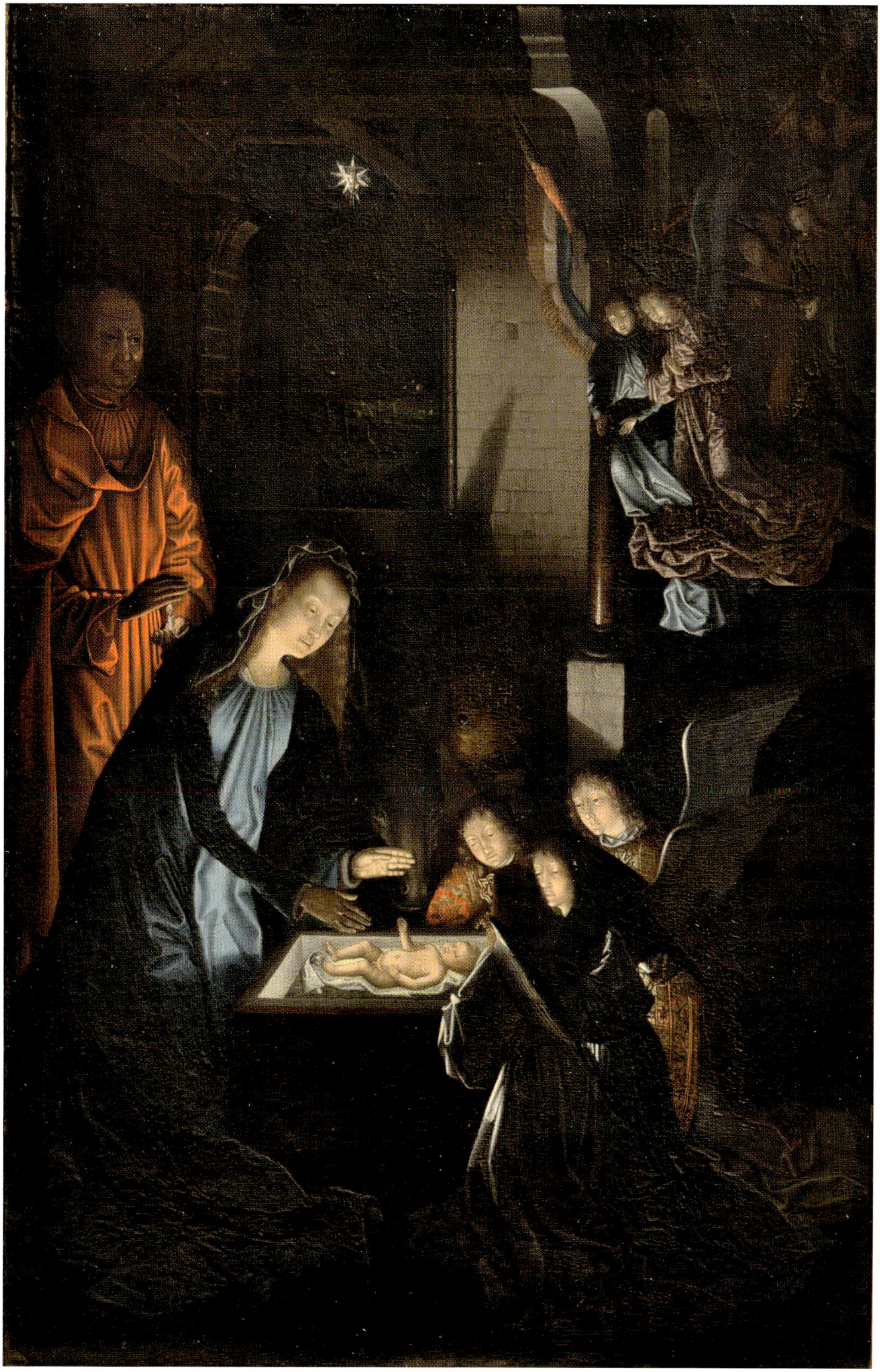

Die Leuchtmittel waren wertvoll, weil sowohl die aufwendige Gewinnung der Rohstoffe als auch die Fertigung einen hohen Preis hatten. Das betraf Pflanzenöl und Talg- oder Unschlittlichter, besonders aber die Kerzen aus Bienenwachs. Letztere ersetzten schon im frühen Christentum bei rituellen Anlässen die Öllampen und symbolisierten in Kirchen am Altar in großer Fülle den Glanz des Himmels, womit die Gläubigen gleichnishaft und sinnlich erlebbar aus der Finsternis zum Licht geführt wurden.

Im höfischen Bereich diente eine verschwenderische Lichtfülle bei besonderen Anlässen der fürstlichen Selbstdarstellung, der *repraesentatio maiestatis*. Für diesen Zweck musste das Bienenwachs für die Kerzen gebleicht sein, was seinen Preis wegen des langwierigen Bleichvorgangs weiter erhöhte.

Nach Erfindung der Paraffin- und Stearinkerzen in der ersten Hälfte des 19. Jahrhunderts sanken zwar die Kosten für Kerzen, doch noch bis zur Einführung der Elektrifizierung gab es für den täglichen Bedarf auch Öllampen und Talglichter.

Künstlichem Licht musste zwangsläufig viel Aufmerksamkeit gewidmet werden, damit es weder unabsichtlich verlöschte noch Schaden anrichtete.

Die Leuchtmittel

Kienspäne

Diese einfachsten Leuchtmittel, welche nur eine kurze Brenndauer hatten, waren dem Herdfeuer entnommene brennende Zweige oder Späne, die kurzzeitig ihre Umgebung beleuchten konnten. Es ist die wohl älteste Art einer auch transportablen künstlichen Beleuchtung, die bis in die Mitte des 19. Jahrhunderts gebräuchlich war.[7] Hergestellt wurden die Kienspäne mit speziellen Werkzeugen (Abb. 2) aus sehr harzigem »kienigem« Holz wie Kiefer, Fichte oder Lärche. Das war mühsam, zeit- und kraftaufwendig. Kienspanhalter (Abb. 3) gab es in vielen Formen, das konnten einfache Gestelle zum Festklemmen sein, aber auch modellierte Köpfe von Menschen oder Tieren und vieles mehr.

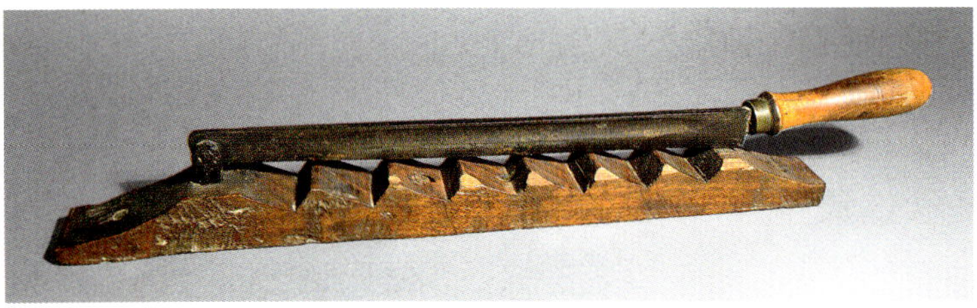

2
Kienspan-Spaltwerkzeug
Deutschland, 19. Jahrhundert
Holz gesägt, gekerbt,
Eisen gegossen, geschmiedet
B 69 cm, T 4,3 cm
Museum für Sächsische Volkskunst
Dresden, Inv.-Nr. F 3385

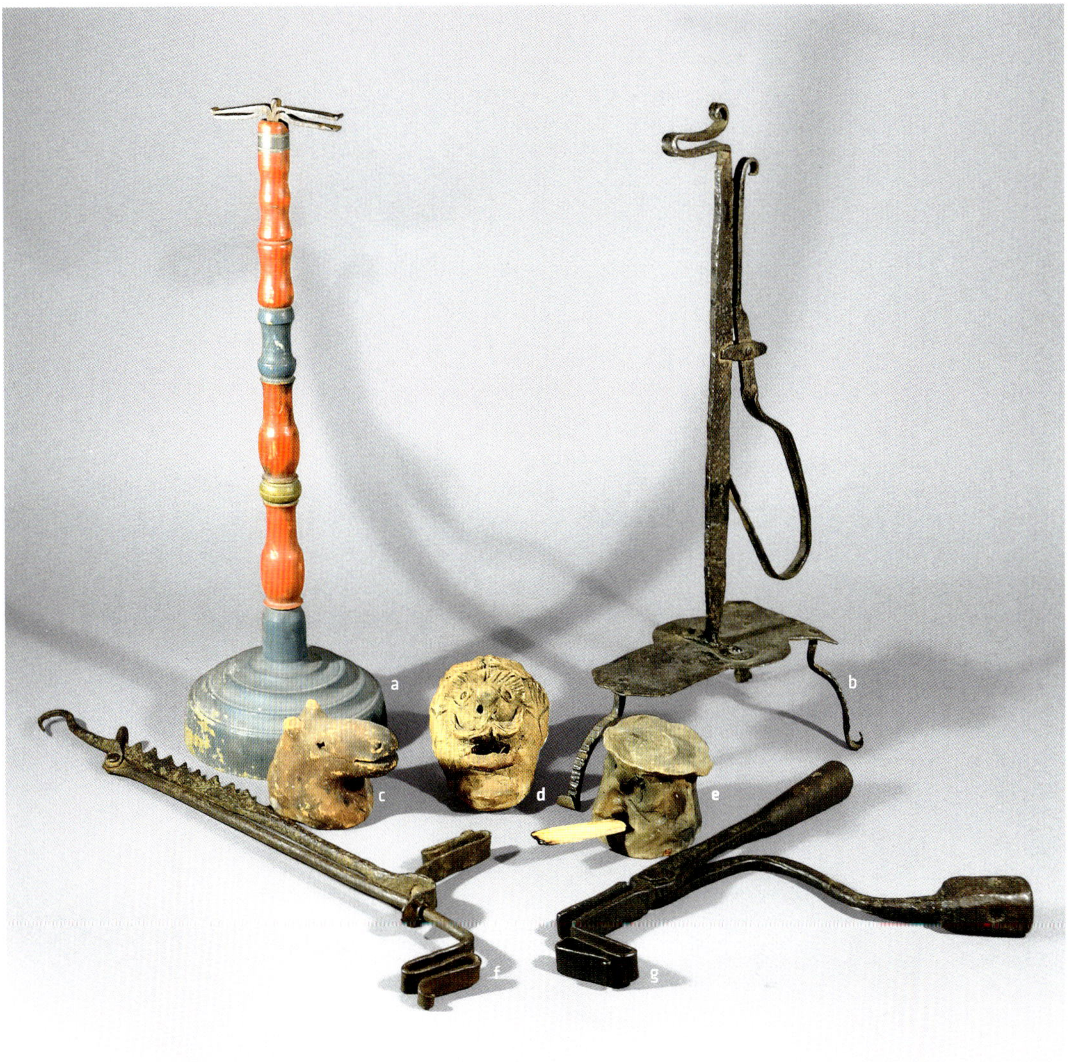

3
Verschiedene Kienspanhalter
Museum für Sächsische Volkskunst
Dresden

3a
Ständer
wohl Lausitz, 19. Jahrhundert
Holz gedrechselt, Eisen geschmiedet
H 45,2 cm, Dm 15 cm
Inv.-Nr. A 417

3b
Stehender Kienspanhalter
Sachsen, wohl Ende 18. Jahrhundert
Eisen geschmiedet
H 49,5 cm, B 25 cm, T 14,6 cm
Inv.-Nr. F 944

3c
Pferdekopf
Deutschland, 18. Jahrhundert
Keramik unglasiert
H 7,6 cm, B 6 cm, T 9,9 cm
Inv.-Nr. C 989

3d
Maske
Deutschland, 18. Jahrhundert
Keramik unglasiert
H 11,8 cm, B 8,6 cm, T 6,2 cm
Inv.-Nr. C 995

3e
Mann mit Hut
Deutschland, 18. Jahrhundert
Keramik unglasiert
H 7 cm, B 8,5 cm, T 9,2 cm
Inv.-Nr. C 992

3f
Höhenverstellbarer Ständer
Sachsen, wohl 18. Jahrhundert
Eisen geschmiedet
H 60,3 cm, B 18 cm, T 2,6 cm
Inv.-Nr. F oN101

3g
Haltegestell zum Aufstecken mit Gegengewicht
Sachsen, wohl 18. Jahrhundert
Eisen geschmiedet
H 30,6 cm, B 19,4 cm, T 3,3 cm
Inv.-Nr. F oN99

Unschlitt, Talg, Inselt

Das seit der Antike und noch bis um 1900 am häufigsten verwendete Material für Leuchtmittel – Unschlitt, Talg oder auch Inselt genannt – ist ein tierisches Produkt, welches heute kaum noch bekannt ist. Die Begriffe sind bedeutungsgleich und werden synonym angewendet. Über die Bezeichnung des Leuchtmittels belehrt uns 1762 der französische Naturwissenschaftler Henri Louis Duhamel du Monceau (1700–1782) in seiner »Kunst des Lichtziehens«: »Man nennet diejenigen kleinen Fackeln Lichter, die aus Unschlitt und einem Dacht von Baumwolle gemacht werden. Denn der Nahme Kerze gebühret eigentlich denen aus Wachs [Bienenwachs] gemachten Lichtern.«[8] Auch der englische Naturforscher und Experimentalphysiker Michael Faraday (1791–1867) verwendete 1848/49 in seinen Vorlesungen

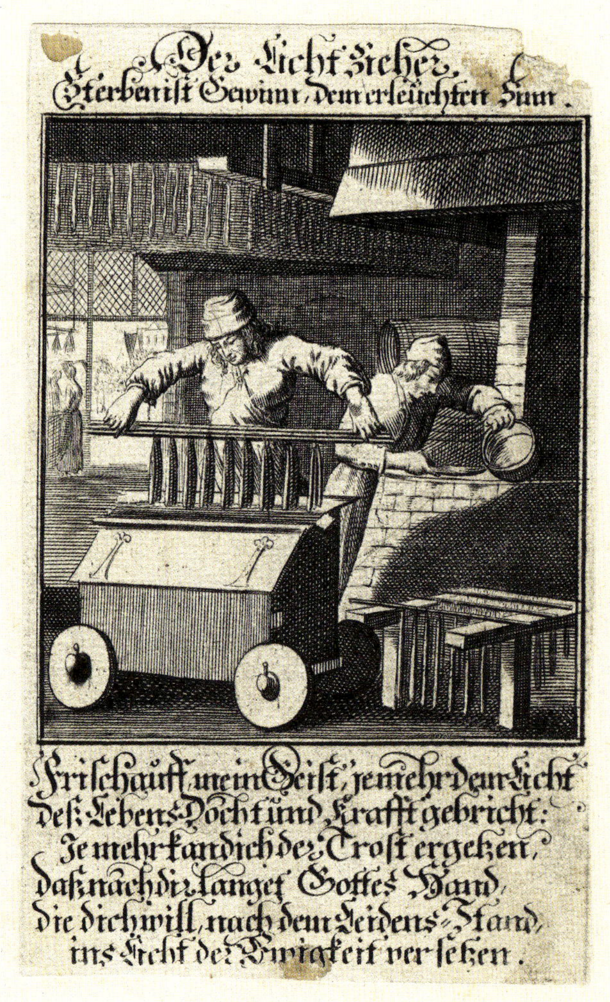

4
»Der Lichtzieher«
Christoph Weigel
Kupferstich aus: Abbildung Der Gemein-Nützlichen Haupt-Stände, Regensburg 1698

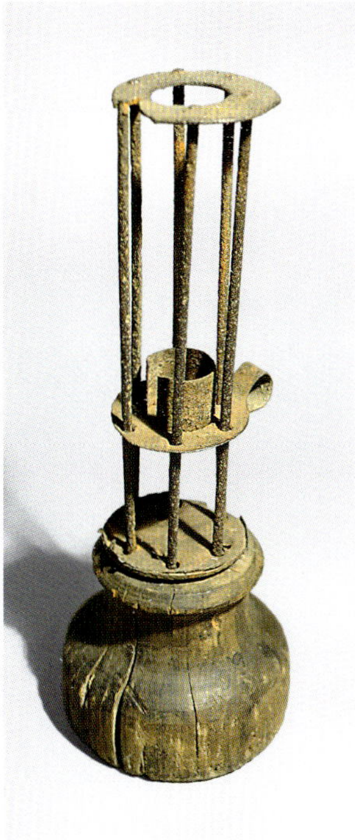

5
Kerzenständer für Talglichter
Deutschland, 2. Hälfte 19. Jahrhundert
Holz gedrechselt, Eisendraht und -blech
H 21,2 cm, Dm 7,8 cm
Museum für Sächsische Volkskunst
Dresden, Inv.-Nr. A 552

zur »Naturgeschichte einer Kerze«[9] die Begriffe »Lichte« für Talglichter und »Kerzen« für Wachskerzen.

»Merck's Warenlexikon« von 1884 definierte den Rohstoff genauer: »Talg (Unschlitt, Inselt, lat. sevum, frz. suif, engl. tallow), bekanntlich die Fettmassen, welche, umhüllt und durchzogen von Zellgewebshäuten, um die Nieren, das Netz und zwischen größern Muskeln der Wiederkäuer liegen [...].«[10] Mit Wiederkäuern sind hier Rinder und »Schöpse« (Schafe und Ziegen) gemeint,[11] denn Fette anderer Tiere eignen sich aufgrund ihrer Konsistenz nicht für diesen Zweck.[12] Eine kurze Zusammenfassung der Methode der Talgherstellung findet sich im selben Lexikon: »Das Ausschmelzen des T. in ursprünglicher Weise geschieht durch Erhitzen der zerkleinerten Rohtalgmassen in Kesseln mit Wasser über freiem Feuer, neuerdings besser mit Dampf, denn wenn auch der Talg in geringer Wärme schmelzbar ist, so ist doch Siedehitze erforderlich, um die Zellen des Hautgewebes zu sprengen, in welches die Fettmasse eingelagert ist. Ein Zusatz von Schwefelsäure zum Siedewasser fördert die Trennung von Fett und Zellgewebe.«[13] Eine Abhandlung vom Anfang des 19. Jahrhunderts[14] beschreibt neben den Rohstoffen und ihrer Verarbeitung die »vortheilhaften Utensilien« für die Herstellung, die Arten des Bleichens und die Methoden, um »geruchlose und wohlriechende« Lichter herzustellen. Auch das Wetter hat bei der Herstellung der Lichter Einfluss auf deren Güte; es darf weder zu heiß noch zu kalt sein. Deshalb werden dafür die Monate zwischen Ende Oktober und März empfohlen (Abb. 4).[15]

Alle historischen Texte widmen der Herstellung und dem Material der Dochte viel Raum, von deren Qualität es abhängig war, wie lange und wie hell ein Talglicht brennt, ob es tropft und ob der Docht oft »geschneuzt«, d. h. geputzt oder beschnitten werden musste (Abb. 5). In diesen Beschreibungen wird ein hochentwickeltes Handwerk lebendig, welches heute längst verschwunden ist.

Pflanzenöl

Aus Pflanzen gepresstes Öl zählt ebenfalls zu den frühesten Leuchtmitteln. Im Erzgebirge waren es das Leinöl und das sogenannte Rüböl, welches aus den Samen von Raps gewonnen wurde, der wegen nicht gut bekömmlicher Inhaltsstoffe noch bis in die 1960er und 1970er Jahre als minderwertig galt und ausschließlich als Lampenöl, Schmiermittel und Grundstoff für die Seifenherstellung verwendet werden konnte.

Das gepresste Öl bedurfte einer Veredelung. Wegen seiner Bedeutung für den täglichen Bedarf gab es auch zu diesem Thema Publikationen, die die Reinigung des Öls zum Inhalt haben.[16] Wieder sind viele Faktoren für ein gutes Ergebnis ausschlaggebend. Auch hier ist ein qualitätvoller Docht wesentlich für das gute Brennen der Lampen.

Bienenwachs

Das kostspieligste Leuchtmittel – Kerzen aus Bienenwachs – war dem Hof und der Kirche vorbehalten. Den Umgang damit hatten fürstliche Hofhaltungen streng geregelt. Die Lichtkammer, in der die Kerzen lagerten, gehörte zur Silberkammer. Der Silberkämmerer war für die Ausgabe zuständig, deren Menge und Qualität dem Rang des Empfängers entsprach. Akribisch geführte Listen dokumentierten den Verbrauch.[17] Kerzen wurden erst dann in die Leuchter gesteckt, wenn sie angezündet werden sollten. Kerzenreste mussten in der Lichtkammer abgeliefert werden, um wieder eingeschmolzen zu werden. In Kirchen war der Umgang mit Kerzen dementsprechend streng geregelt.[18]

Als Rohstoff für Bienenwachskerzen dienen die Waben der Bienen, in denen diese ihre Brut aufziehen und den Honig lagern. Nach der Honigernte wird das Wachs geschmolzen, gereinigt und weiterverarbeitet. Der hohe Wert dieses Rohstoffs wird deutlich, wenn man sich vergegenwärtigt, wie aufwendig dessen Erzeugung ist und welche Mengen dabei entstehen.[19] Ein Bienenvolk kann im Jahr lediglich ein Kilogramm Wachs produzieren. Um die großen Wachsmengen bereitstellen zu können, die schon im Mittelalter allein die Kirchen und später die Fürstenhöfe verbrauchten, hielten viele Bauern Bienen. In Sachsen war das vor allem die Umgebung von Tharandt,

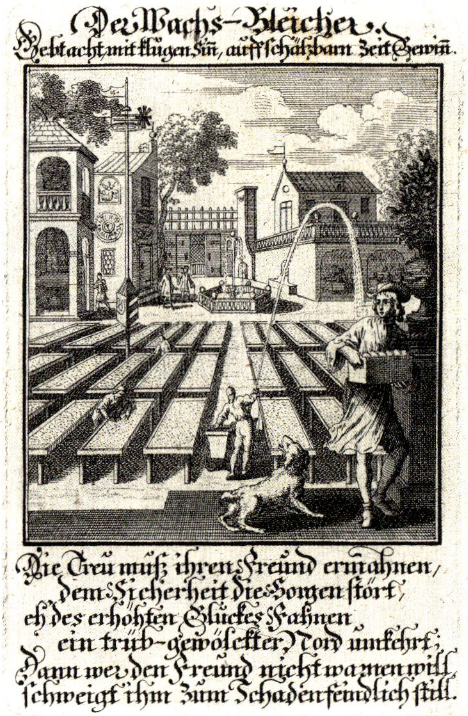

6

Der Wachsbleicher

Christoph Weigel

Kupferstich aus: Abbildung Der Gemein-Nützlichen Haupt-Stände, Regensburg 1698

SLUB Dresden, Technol / A.142

Für die Wachsbleiche wurde das braune Bienenwachs geschmolzen, gereinigt und feine Streifen daraus hergestellt. Ausgebreitet auf mit weißen Leinentüchern bespannten Gestellen lagen diese Streifen im Sommer mehrere Wochen, um vom Sonnenlicht gebleicht zu werden. In Dresden befand sich die Wachsbleiche in der ehemaligen Churfürstlichen Menagerie zwischen Friedrichstraße und Wachsbleichstraße.

wo zahlreiche Imker Honig und Wachs halbwilder Bienenvölker aus Baumstämmen ernteten. In Dresden wurden auf dem Gebiet der heutigen Friedrichstraße in Friedrichstadt im Menageriegarten Bienen gehalten und das Wachs zu Kerzen verarbeitet.[20] Trotzdem bedurfte es noch zahlreicher Importe. Im 16. Jahrhundert waren die wichtigsten Exportländer das Baltikum, die Ukraine und Polen.[21] Im 18. Jahrhundert werden folgende Herkunftsgegenden genannt: »[…] Levante[22], Constantinopel, Alexandria, viele Inseln des Archipelaugus, Candia, Chios, und Samos etc. liefern es in Ueberfluß; es kommt auch welches aus Norden, und vornehmlich aus der Barbarey[23].«[24]

Die Herstellung der Kerzen beschreibt der schon erwähnte Henri Louis Duhamel du Monceau in seiner »Kunst des Wachsziehens«.[25] Großen Platz nehmen darin die Artikel über die Beschaffenheit der Dochte und zum wochenlangen Prozess der Wachsbleiche im Sonnenlicht ein (Abb. 6). Das war notwendig, denn aufgrund der Lagerung des Honigs in den Waben und der Aufzucht der Bienenbrut darin hatte sich das zu Beginn weiße Wachs, das sogenannte Jungfernwachs, gelb bis braun verfärbt und musste deshalb gebleicht werden, um die gewünschte Reinheit versinnbildlichen zu können. Die im frühen Christentum in Kulträumen verwendeten Öllampen ersetzte man im 3. Jahrhundert durch Wachskerzen, denn die »Jungfräulichkeit« der Arbeitsbienen hatte sie zum Symbol des »Leibes Christi« gemacht.[26] Daher ist es nur folgerichtig, dass der Gedenktag der Darstellung Jesu im Tempel, Mariä Lichtmess (2. Februar), zu dem Tag wurde, an dem bis heute in der katholischen Kirche die Bienenwachskerzen für den kirchlichen – und früher in sehr kleinen Mengen für besonderen häuslichen – Gebrauch geweiht werden. Peter Rosegger schreibt dazu, dass »so ein geweihtes Wachslicht […] einen ganz anderen Schein, als die klebrige Talgkerze oder der harzige Brennspan […]« gibt.[27] Das war sicher der besonderen Andacht geschuldet, mit der ein solch kostbares Licht betrachtet wurde.

Zum Verbrauch von Kerzen berichtet das Leipziger »Journal für Fabrik, Manufaktur, Handlung, Kunst und Mode« von 1794, dass vor der Reformation »in der wittenbergischen Schloß- und Stiftskirche allein, wo jährlich 900 Messen gelesen wurden, […] jährlich 35.750 Pfund Wachslichter verbrannt«[28] wurden. Zum Verbrauch von gebleichten Wachskerzen bei repräsentativen und festlichen Anlässen der weltlichen Macht ist zu lesen: »Im Januar 1779 sollen bey einem Festin zu Dresden 14,020 Wachslichter gebrannt haben, und in der einen Nacht überhaupt 6 Centner Wachslichter verbraucht worden seyn. Die bey Gelegenheit der im Jahre 1791 geschehenen Pillnitzer Convention verbrannte Menge Lichter, mag jene wohl noch weit übersteigen.«[29]

Für den höfischen Gebrauch musste eine Kerze eine Elle (ca. 28 cm) lang sein und einen Durchmesser von ca. 2 bis 2,2 cm haben, um die ganze Dauer einer Festlichkeit brennen zu können. Eine solche Kerze wog ca. 125 Gramm. Heute kostet eine Kerze mit diesen Maßen etwa 15 Euro (Abb. 7).

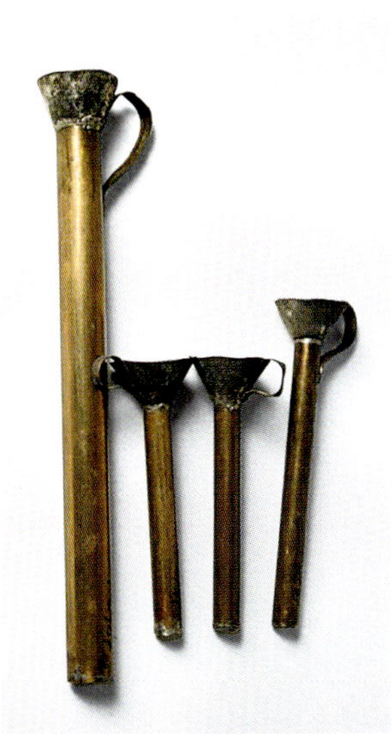

7
Mehrere Formen zum Kerzengießen
Deutschland, 19. Jahrhundert
Messing gebogen und gelötet
H 12,6 cm bis 26 cm, Dm 3,6 cm
Museum für Sächsische Volkskunst
Dresden, Inv.-Nr. F 2967

Identische Formen sind abgebildet bei Henri Louis DuHamel du Monceau: Die Kunst des Lichtziehens, Berlin, Stettin, Leipzig 1762, Tafel III.

Stearin und Paraffin

1818 entdeckte man, dass aus Talg oder Unschlitt durch den Zusatz von gelöschtem Kalk und Schwefelsäure Stearin extrahiert werden konnte.[30] Die »Oekonomische Encyklopädie« des Johann Georg Krünitz (1728–1796) gibt 1839 unter dem Stichwort »Stearin« folgende Kurzbeschreibung: »Wenn man 8 Pfund Rindstalg und 3 Pfund Hammelstalg in kleine Stücke zerschneidet, und mit 1/2 Maaß Wasser, worin 1/2 Loth gepulverter Salmiak aufgelöset worden, 4 Loth Kochsalz und 1 Loth Salpeter kocht, dann den nach der Verdampfung des Wassers geschmolzenen Talg in eine mit Wasser befeuchtete Schüssel gießt, ihn hier auf abermals in gröblichen Stücken mit 1/2 Loth gereinigtem Salpeter schmelzt, etwas kocht, und von dem bräunlichen Schaume befreit, so kann man aus dem auf diese Art gereinigten Talge schon sehr gute Lichter machen.«[31] Stearine können auch aus pflanzlichem Öl, dem Palmöl gewonnen werden.

Kerzen aus Paraffin, einem Nebenprodukt bei der Erdölverarbeitung, welchem zu einem Viertel Stearin zugesetzt wird, wurden 1839 erfunden. Michael Faraday beschreibt die Gewinnung folgendermaßen: »Paraffin wird hauptsächlich durch trockene Destillation gewisser Braunkohlesorten erhalten. Man gewinnt es z. B. aus sächsischen Braunkohlen, die beim Erhitzen in geschlossenen Gefäßen neben anderen Produkten einen Teer liefern, aus dem sich das Paraffin durch weitere Behandlung abscheidet. [...] Chemisch ist Paraffin ein Gemenge aus verschiedenen Kohlenwasserstoffen, die zu derselben Körperklasse gehören wie Benzin, Petroleum, Vaseline usw.«[32]

Beide Arten von Kerzen sind fast geruchlos und weniger kostspielig. Heute werden vor allem Paraffinkerzen hergestellt. Deren Umweltbilanz ist allerdings weitaus schlechter als die der Stearinkerzen.

8
Bergmann mit Grubenlampe, Detail aus dem Bergaltar in der St. Annenkirche von Annaberg
Hans Hesse
1521
Ev.-Luth. Kirchgemeinde Annaberg-Buchholz

9
Bergmännisches Geleucht (Froschlampe)
Erzgebirge, 18. Jahrhundert
Messing gegossen
H 12 cm, B 10,3 cm, T 13 cm
Museum für Sächsische Volkskunst Dresden, Inv.-Nr. F 191

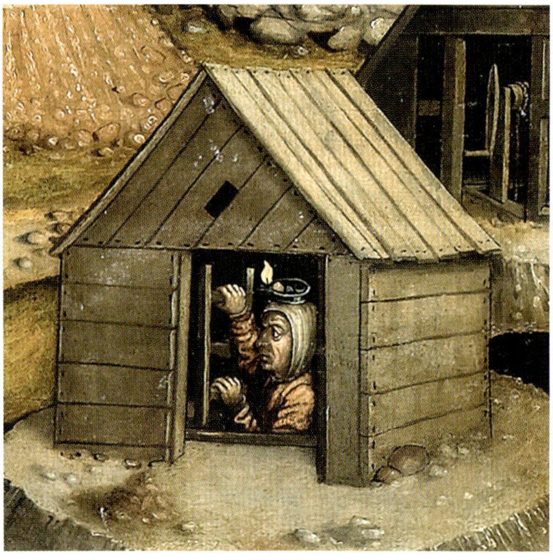

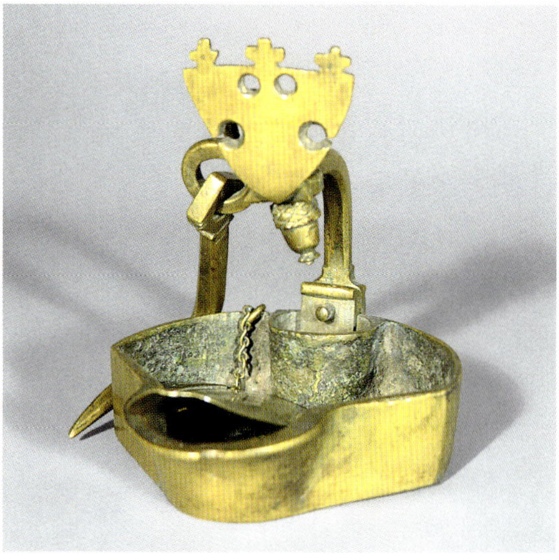

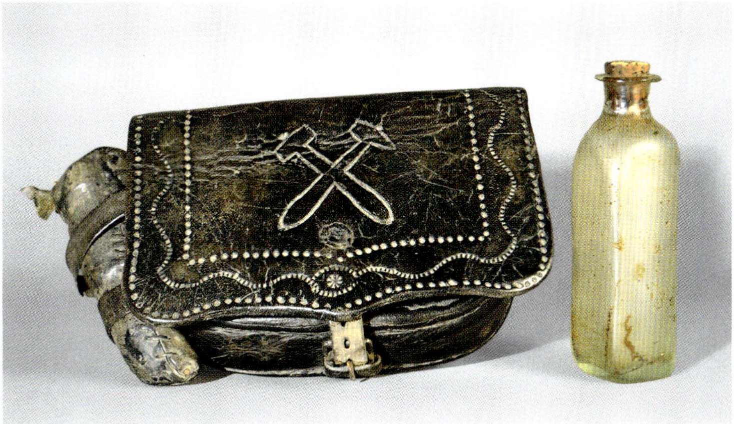

10
Tscherpertasche
Freiberg, erste Hälfte 19. Jahrhundert
Leder genäht und geprägt,
Metall, Glas geblasen, Kork
Tasche: H 11 cm, B 17 cm, T 6 cm
Flasche: H 13 cm, B 3,5 cm, T 4 cm
Museum für Sächsische Volkskunst
Dresden, Inv.-Nr. B 716

In der Tscherpertasche, überlebenswichtigstes Utensil für einen Bergmann unter Tage, befanden sich neben dem Tscherpermesser eine Flasche mit Rüböl, dazu Zunder und Feuerstein, womit ein verloschenes Geleucht wieder entzündet werden konnte.

Das Geleucht – Licht unter Tage

»Der Bergmann gebraucht, um zu seiner Arbeit in der Grube sehen zu können, das Gruben=Licht. Dieses besteht entweder in einer Lampe mit Oehl, oder in einem Leuchter mit einem Talg=Lichte.«[33]

Obwohl im Bergbau eine Arbeit unter Tage ohne Licht unmöglich ist, erhielten diese unverzichtbaren Hilfsmittel der Bergleute in Abhandlungen über den Bergbau bis zum Anfang des 19. Jahrhunderts nicht die Beachtung, die ihnen hätte zukommen müssen. Einzig ein Beitrag von Andreas Becke aus Freiberg über die Geschichte des bergmännischen Geleuchts widmet sich ausführlich und unter Auswertung zahlreicher Quellen und archäologischer Funde vom 16. bis 19. Jahrhundert diesem Thema.[34] Auf historischen Darstellungen ist die Verwendung abgebildet (Abb. 8). Noch im 16. Jahrhundert trugen die Bergleute tönerne Schalenlampen auf dem Kopf oder stellten sie in ausgeschlägelte Lampennischen,[35] um die Hände freizuhaben. Sie waren mit Unschlitt gefüllt und hatten einfache Dochte aus Naturmaterialien. Später wurden aus Eisen oder Messing gegossene Lampen hergestellt, die entweder an der Kleidung oder im Bergwerk selbst angehängt werden konnten. Neben Unschlitt kam seit Ende des 18. Jahrhunderts auch Öl zum Einsatz. Öllampen mussten geschlossen sein, um ein Auslaufen zu verhindern. Für eine achtstündige Schicht wurden ca. 60 ml (zwei Unzen) Öl benötigt. Aufgrund ihrer Form, die an einen sitzenden Frosch erinnert, bürgerte sich der Name Froschlampe ein (Abb. 9). Um immer gegen verlöschendes Licht gewappnet zu sein, war es Vorschrift, dass die Bergleute stets ihre sogenannte Tscherpertasche (Abb. 10) mit sich führten, eine kleine lederne, am Gürtel befestigte Tasche, in welcher sich alle Utensilien zum Feueranzünden befanden: »ein gutes Feuerzeug, bestehend aus Stahl, Stein, Zündschwamm und einigen Schwefelfäden«[36] sowie das dazugehörige Tscherpermesser.

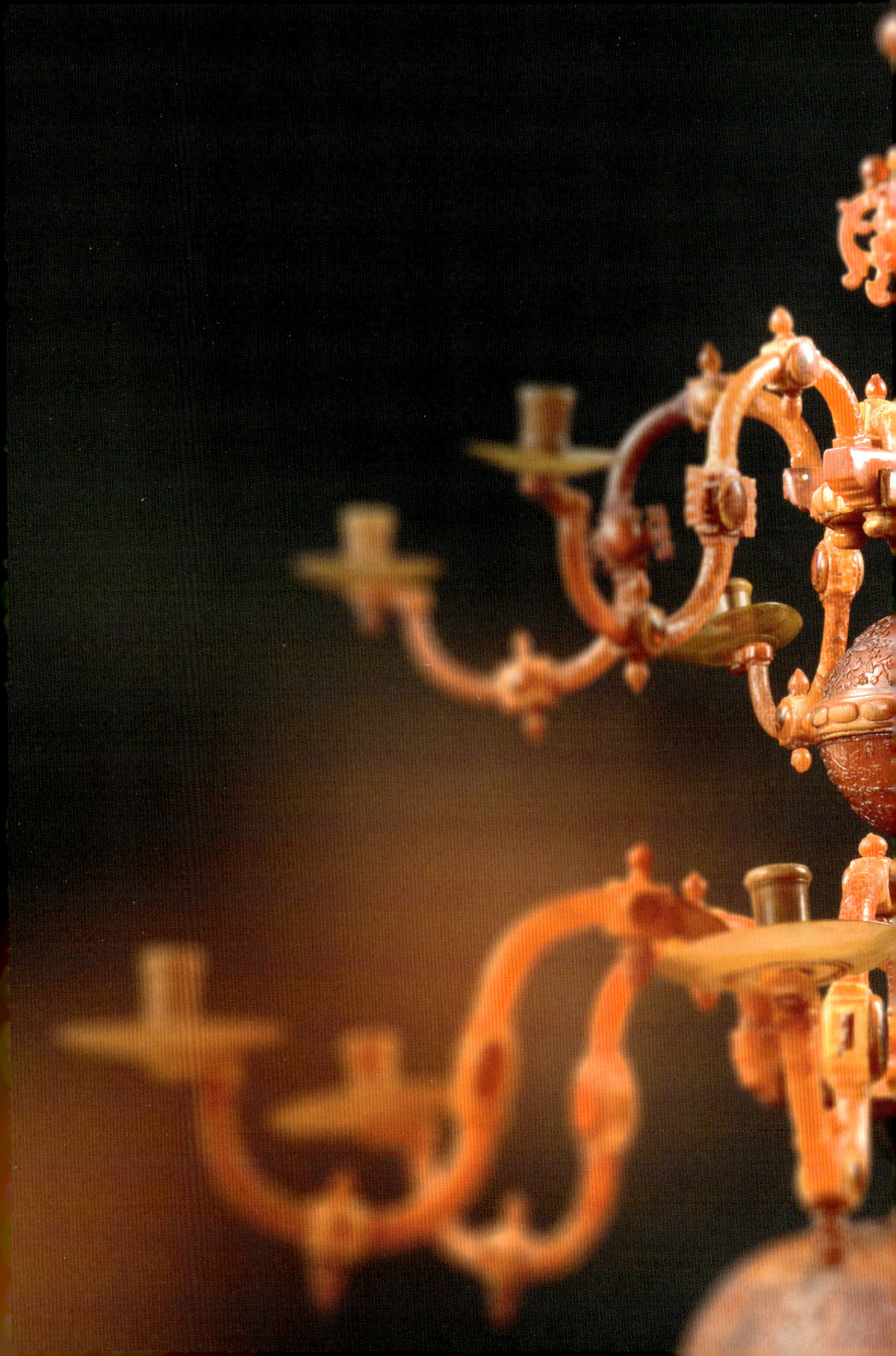

Kronleuchter

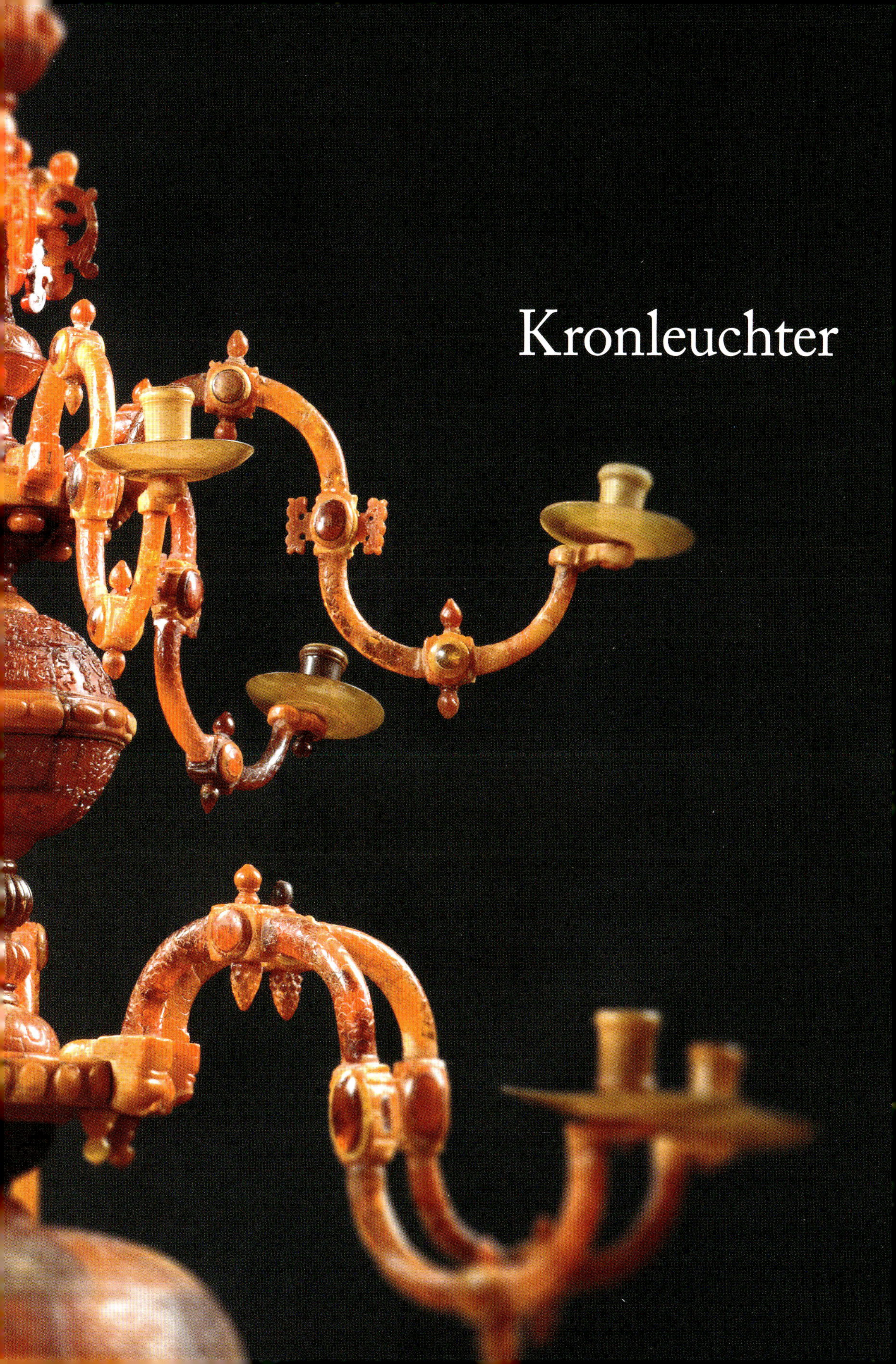

»Die grossen Herren haben auf ihren Schlössern mehrenteils ihre besondern Sähle und Tafel-Gemächer, die auf das prächtigste ausmeublieret, und zumahl bey Solennitäten mit sehr vielen Lustren, Girandolen, Chrystallinen Spiegeln, und dergleichen Wandleuchtern gezieret sind.«[37]

Bedeutung

Kronleuchter nehmen in einem Raum einen höchst prominenten Platz ein, der sie prädestiniert, durch ihre aufwendige Gestaltung repräsentative und symbolische Aufgaben zu übernehmen. In Kirchen konnten sie Objekte der Andacht sein, deren Dekoration Glaubensinhalte zur geistlichen Erleuchtung vermittelte. Handelte es sich dabei um Stiftungen von Privatpersonen, dienten sie der Erinnerung an den Anlass der Schenkung und an die Stifter selbst, welche zugleich zur Stiftung der benötigten Kerzen verpflichtet waren.[38] Deren Licht illuminierte in beiden Fällen lediglich ihr Erscheinungsbild. Im höfischen Bereich waren sie Kunstobjekte, die hinsichtlich ihrer Gestaltung und der verwendeten Materialien unübersehbar der Darstellung einer Standeswürde dienten. Die Menge der Kerzen demonstrierte dort den Wohlstand des Besitzers.

Diese hohe Bedeutung erlangten sie spätestens mit der Verlagerung der höfischen Feste vom Außen- in den Innenraum und vom Tag in die Nacht ab etwa dem 15. Jahrhundert, was eine entsprechende Beleuchtung zwingend notwendig machte.[39]

Die repräsentative Funktion blieb auch noch erhalten, als Anfang des 19. Jahrhunderts nach dem Adel auch das privilegierte Bürgertum Kronleuchter erwerben konnte. Technische Innovationen und preisgünstigere Materialien sowie die Erfindung der Kerzen aus Stearin oder Paraffin machten dies möglich. Selbst mit dem »Abstieg« der Kronleuchter vom Kunstobjekt zum einfachen, nur den Raum ausleuchtenden »Beleuchtungskörper«[40] seit der Einführung des elektrischen Stroms waren und sind hängende Leuchter Einrichtungsgegenstände, die viel über ihre Besitzer aussagen können.

Namen und Begriffe

Die Namen und Bezeichnungen für die hängenden Kunstwerke spiegeln deren Sinngehalt wider. Der Begriff *Krone*, der sich vom lateinischen *corona* ableitet, steht auch für Glanzpunkt, Spitze oder Gipfel. Daraus entstand der Name *Kronleuchter*, oder auch nur *Krone*, *Crone*, *Crohne* oder *Cron*, womit vor allem in Mittel- und Norddeutschland, Skandinavien und den Niederlanden alle hängenden Leuchter bezeichnet werden. Johann Georg Krünitz definierte in seiner »Oeconomischen Encyclopädie« 1791 Kronleuchter als »ein aus mehreren Armen bestehender Leuchter, welcher an einer Schnur in der Mitte eines Zimmers hängt. Von der Aehnlichkeit mit einer Krone«.[41] Auch für die erzgebirgischen hängenden Leuchter wird in den frühesten vorhandenen Quellen vom Anfang des 19. Jahrhunderts dieser Name benutzt.[42] Die Bezeichnung *Spinne* für einen Kronleuchter gibt es in Polen (*świecznik-pająk*) und in Spanien (*arañas*). Im süddeutschen Raum, in Österreich und Frankreich sowie in einigen slawischen Sprachen ist der französische Ausdruck *lustre* für *glänzend* namensgebend gewesen und Kronleuchter werden als *Lustre*, *Lüster* oder *Luster* bezeichnet.[43]

Formen

Aus funktionalen und statischen Erfordernissen gibt es drei Grundformen von Kronleuchtern. Die einzige Form, die tatsächlich einer Königskrone ähnelt, ist die sogenannte Reifenkrone. Mit der Anordnung von Leuchtmitteln auf einem an der Decke hängenden Rad war die erste »Lichterkrone« entstanden.

Neben dieser klassisch zu nennenden und bis jetzt immer wiederkehrenden Form gibt es noch zwei weitere Varianten. Vor allem funktional waren die Arm- oder Schaftkronleuchter, deren Kerzenarme am Schaft in einer oder mehreren Etagen angeordnet sind. Sie entstanden aus einem einfachen hängenden Holzkreuz, auf dessen Enden die Leuchtmittel befestigt waren. Aus diesem schlichten Vorbild entwickelten sich beispielsweise die Messingkronleuchter, die heute so genannten »Flämischen Kronen« und zahlreiche weitere Varianten.

Als Korbform wird die dritte Gruppe bezeichnet. Hier ist die Mittelachse, der Schaft, durch drei oder vier durchgehende seitliche Verbindungsstege in der Art eines Käfigs oder Korbs ersetzt. Der erste nachgewiesene Kronleuchter in dieser Form, der mit Bergkristallbehang geschmückt war, entstand vor 1738 im Auftrag des französischen Königs Ludwig XV. (1710–1774).[44] Es wird vermutet, dass diese Form aus dem Monogramm des Königs, dem gespiegelten »L«, entstand.[45]

Kurzer Abriss der Entwicklung des Kronleuchters

Die ersten Hängeleuchter waren geschmiedete Reifen, Räder oder auch Stämme mit Ästen, woran entweder Halterungen für Kienspäne, Haken für Öllämpchen oder Tüllen für Lichter oder Kerzen befestigt werden konnten. Der Fantasie waren keine Grenzen gesetzt. Auch Geweihe – Jagdtrophäen, die für ihre Besitzer eine hohe Bedeutung hatten – konnten unkompliziert mittels Kerzentüllen zu Lichtträgern umfunktioniert werden.[46]

So entstanden in der Folge mittels kostbarer und vor allem Licht reflektierender Materialien Kunstwerke, die im höfischen Bereich als Glanzpunkt eines Raumes – am Tag durch das Licht der Sonne und bei Festlichkeiten in der Nacht mittels der darauf brennenden Kerzen – von Stolz, Vermögensverhältnissen und Beziehungen des Besitzers kündeten.

Die ältesten erhaltenen Leuchter hatten Adelige im 11. und 12. Jahrhundert für bedeutende Kirchen gestiftet.[47] Diese mittelalterlichen Leuchter, die alle in Form eines Rades oder Reifens gestaltet sind, waren Abbilder des himmlischen Jerusalems, »welches vom Himmel herabkommt und geschmückt ist, wie eine Braut für ihren Mann«.[48]

Die früheste bisher gefundene Quelle aus dem höfischen Bereich stammt vom Anfang des 13. Jahrhunderts. In dem 1200–1210 entstandenen Versroman »Parzival« von Wolfram von Eschenbach (1170–1220) ist an mehreren Stellen von »viel krônen rîch von golde dar ûf kerzen lûhten«[49] in einem Innenraum die Rede.

Die ältesten erhaltenen Kronleuchter im Profanbereich datieren ins 14. Jahrhundert. Sie wurden aus Geweihen von Rot- oder Damhirschen zusammengesetzt und oft mit geschnitzten Heiligen oder anderen mythologischen Figuren kombiniert, die als Leuchtermännchen oder Leuchterweibchen bekannt sind.

Seit dem 15. Jahrhundert hängen in Kirchen häufig sogenannte Marienleuchter. Das waren geschnitzte und farbig gefasste Mariendarstellungen, die Mondsichelmadonnen – mit Kerzen umgebene, beleuchtete Gegenstände der Andacht.[50]

In einigen Gegenden Europas wie den Niederlanden und Belgien, Schweden, aber auch in Deutschland entstanden seit dem 15. Jahrhundert Kronleuchter aus der Legierung Messing.[51] Vor allem Nürnberg war zunächst ein Zentrum der Herstellung. Ab der zweiten Hälfte des 16. Jahrhunderts hielten diese Messingkronleuchter als Stiftungen von Bürgern Einzug in lutherische Kirchen.[52] Fast immer waren sie mit symbolträchtigen Verzierungen ausgestattet.[53] Sie finden sich in höfischen (Abb. 11) und bürgerlichen Festräumen. Ihre seit Mitte des 17. Jahrhunderts annähernd gleich gebliebene Form ist inzwischen als klassisch zu bezeichnen und in zahlreichen Exemplaren überliefert.[54]

11
Detail eines Kronleuchters aus:
Der Riesensaal des Dresdner Schlosses bei der Verleihung des Hosenbandordens an Kurfürst Johann Georg IV. von Sachsen
Johann Samuel Mock (1687–1737)
1693
Deckfarbenmalerei
Staatliche Kunstsammlungen Dresden, Kupferstich-Kabinett, Inv.-Nr. C 1961-113

Deutlich sind die großen Messingkronleuchter mit einem Doppeladler als oberem Abschluss auf der Darstellung sichtbar.

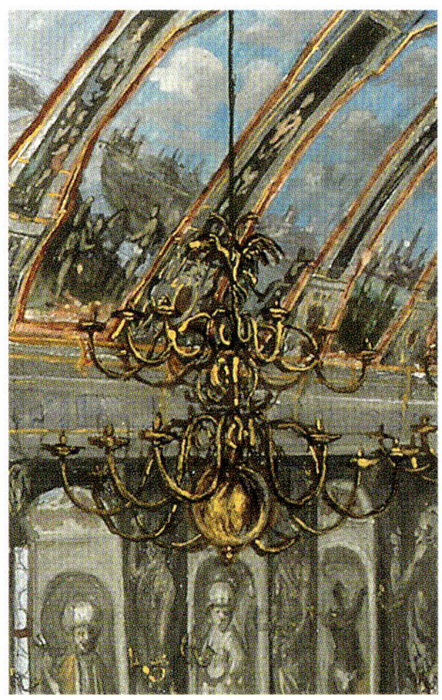

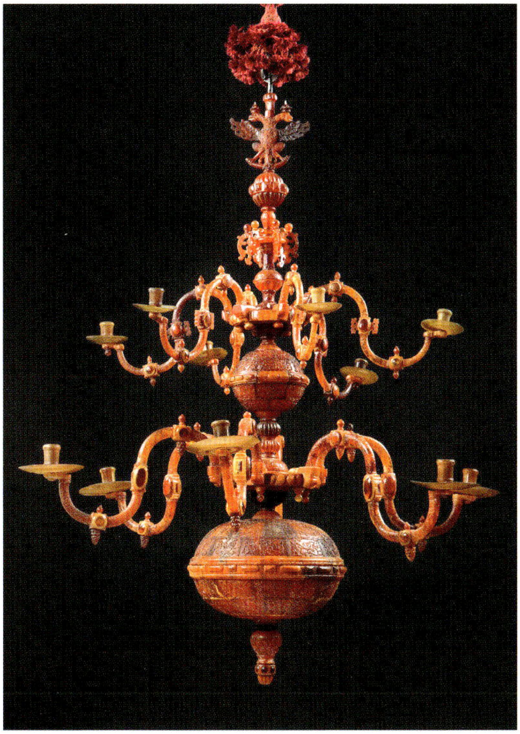

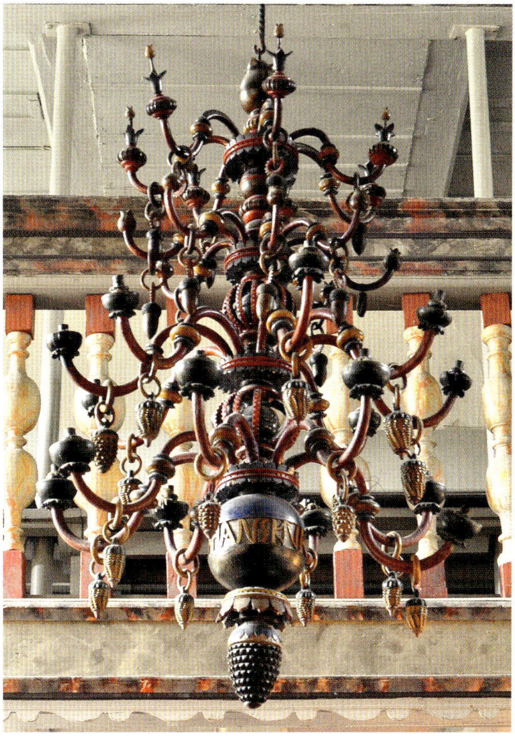

12
Kronleuchter mit zwölf Kerzenarmen
Königsberg, 1660/1670
Bernstein gedrechselt, geschnitzt, Elfenbein, Horn gedrechselt
H 89 cm, Dm 76,8 cm
Stiftung Preußische Schlösser und Gärten Berlin-Brandenburg, Inv.-Nr. VIII 1277

Bei diesem frühesten noch erhaltenen Bernsteinkronleuchter sind sogar die Arme aus Bernstein gedrechselt.

13
Kronleuchter mit 16 Kerzenarmen
Hans Knaster (Stifter oder Hersteller) 1695
Holz gedrechselt, geschnitzt und farbig gefasst
H 130 cm, Dm 90 cm
Eberholzen, St. Bartholomäus-Kirche

Im ehemaligen Ostpreußen wurden spätestens seit Mitte des 17. Jahrhunderts Kronleuchter in dieser Form aus dem Naturmaterial Bernstein, dem »preußischen Gold« gedrechselt und geschnitzt (Abb. 12). Als repräsentative diplomatische Geschenke waren sie aufgrund ihres sehr leicht brennbaren Materials nicht für den Gebrauch, sondern für die Präsentation in Kunstkammern bestimmt. Weltweit sind davon nur noch drei Exemplare erhalten geblieben.[55]

In gleicher Form, nur größer, entstand am Ende des 17. Jahrhunderts ein gedrechselter und geschnitzter hölzerner Kronleuchter mit einer farbigen Fassung für die St.-Bartholomäus-Kirche in Eberholzen/Niedersachsen (Abb. 13), dessen Abschlusskugel die Signatur des Herstellers oder Stifters und das Entstehungsjahr »Hans Knaster Ano 1695« zeigt. Von Beginn an ist er lückenlos in dieser Kirche nachgewiesen. Er hat bereits alle Elemente, die 100 bis 200 Jahre später typisch für viele erzgebirgische Kronleuchter wurden: die aus einem gedrechselten Ring entstandenen Leuchterarme, deren Anschlussstellen mittels eines Wulstes zusammengefügt wurden, die zapfenähnlichen Behänge und der untere Abschluss in Form einer Traube mit seinem darüber befindlichen Blattkranz, die eichelförmigen Behänge, die kunstvoll gedrechselten und beschnitzten Teile des Schaftes, die Blumen in der obersten Etage sowie die farbige Fassung.

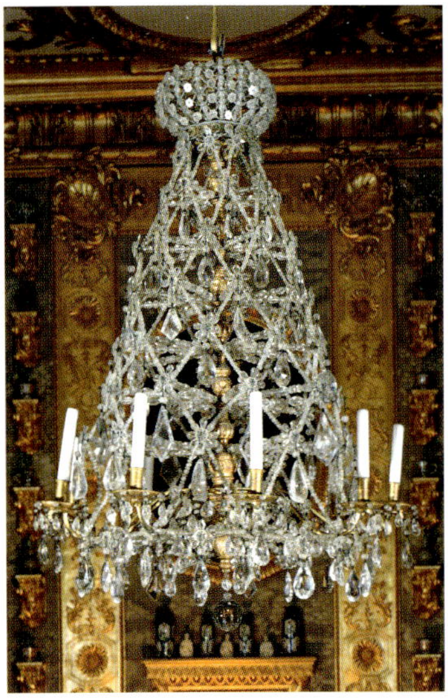

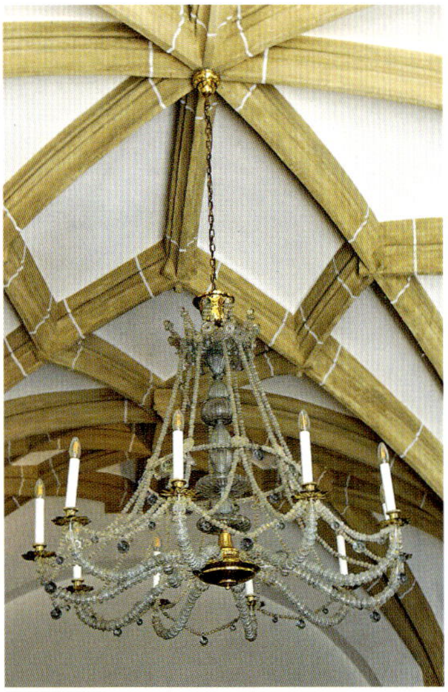

14
Perlkronleuchter »en piramide« mit neun Kerzenarmen
wohl Frankreich, um 1700
Holz gedrechselt und vergoldet, Messing vergoldet, Bergkristall und Glas geschliffen
Stiftung Preußische Schlösser und Gärten Berlin-Brandenburg, Inv.-Nr. VIII 1233

15
Perlkronleuchter in Pyramidenform mit zehn Kerzenarmen
Johann Immanuel Berthold (Stifter oder Hersteller)
wohl Glashütte Heidelbach bei Seiffen oder Böhmen, vor 1693
Metall geschmiedet, Glas geblasen
St. Marien-Kirche Marienberg

Um 1660 wurden in Paris für die Schlösser König Ludwigs XIV. (1638–1715) Kronleuchter in der seit dieser Zeit sehr beliebten Pyramidenform geschaffen.[56] Sie hatten die mit Kerzen bestückten Illuminationsgestelle zum Vorbild. Perlenketten aus geschliffenem Bergkristall bestimmten die Silhouette dieser Kronleuchter »en piramide« (Abb. 14). Der früheste bekannte gläserne Kronleuchter in dieser Art entstand um 1670 in einer Glashütte in Stockholm und ziert seitdem die »Grosse Tafel-Stuben« des Schlosses Skokloster in Schweden. Auch in der Kirche St. Marien in Marienberg im Erzgebirge hängt einer dieser nur noch sehr seltenen Kronleuchter, gestaltet aus Ketten von kleinen Glaskugeln und Glasperlen. Er soll vor 1693 entstanden sein (Abb. 15).[57] Ob dieser Kronleuchter in der Heidelbacher Glashütte in Seiffen oder in Böhmen hergestellt wurde und ob der Übereigner, ein Johann Immanuel Berthold, der Hersteller oder der Stifter war, ist nicht bekannt.

Seit dem Ende des 17. Jahrhunderts wurden in Mailand, einem Zentrum der Bergkristallschleifer, ungewöhnlich große Kronleuchter mit Behang aus unzähligen kleinen facettierten Bergkristallteilen gefertigt. Eine zeitgenössische Abbildung zeigt einen dieser 1694 gefertigten Kronleuchter (Abb. 16).[58]

In allen europäischen Glasregionen, in denen Glashütten Kristallglas erzeugen konnten – ein farbloses, klares, schnell erstarrendes und gut zu bearbeitendes Kali-Kalkglas – entstand nach etwa 1675 eine neue Art von Kronleuchtern, deren Arme erstmals ganz aus Glas bestanden. Federführend waren dabei Hütten in Kursachsen und Anhalt-Dessau, die von venezianischen Glasmachern betrieben wurden (siehe Abb. 22).[59] Zeitgleich

16 ►
»Lampadario« mit Bergkristallbehang
Giuseppe Cattaneo
Mailand, Ende 17. Jahrhundert
Feder, Pinsel, braun laviert
H 222 cm, B 225,5 cm
Sächsisches Staatsarchiv, Hauptstaatsarchiv Dresden, 10006 Oberhofmarschallamt, Plankammer, Cap. 08, Nr. 32 a

Aufgereihte Perlen, in diesem Fall aus facettiert geschliffenem Bergkristall, waren bei diesen frühen Kronleuchtern ein beliebter Schmuck. Es ist zu vermuten, dass ein solcher Kronleuchter, dessen Angebotszeichnung im Hauptstaatsarchiv Dresden archiviert ist, für die Ausstattung des Residenzschlosses erworben wurde.

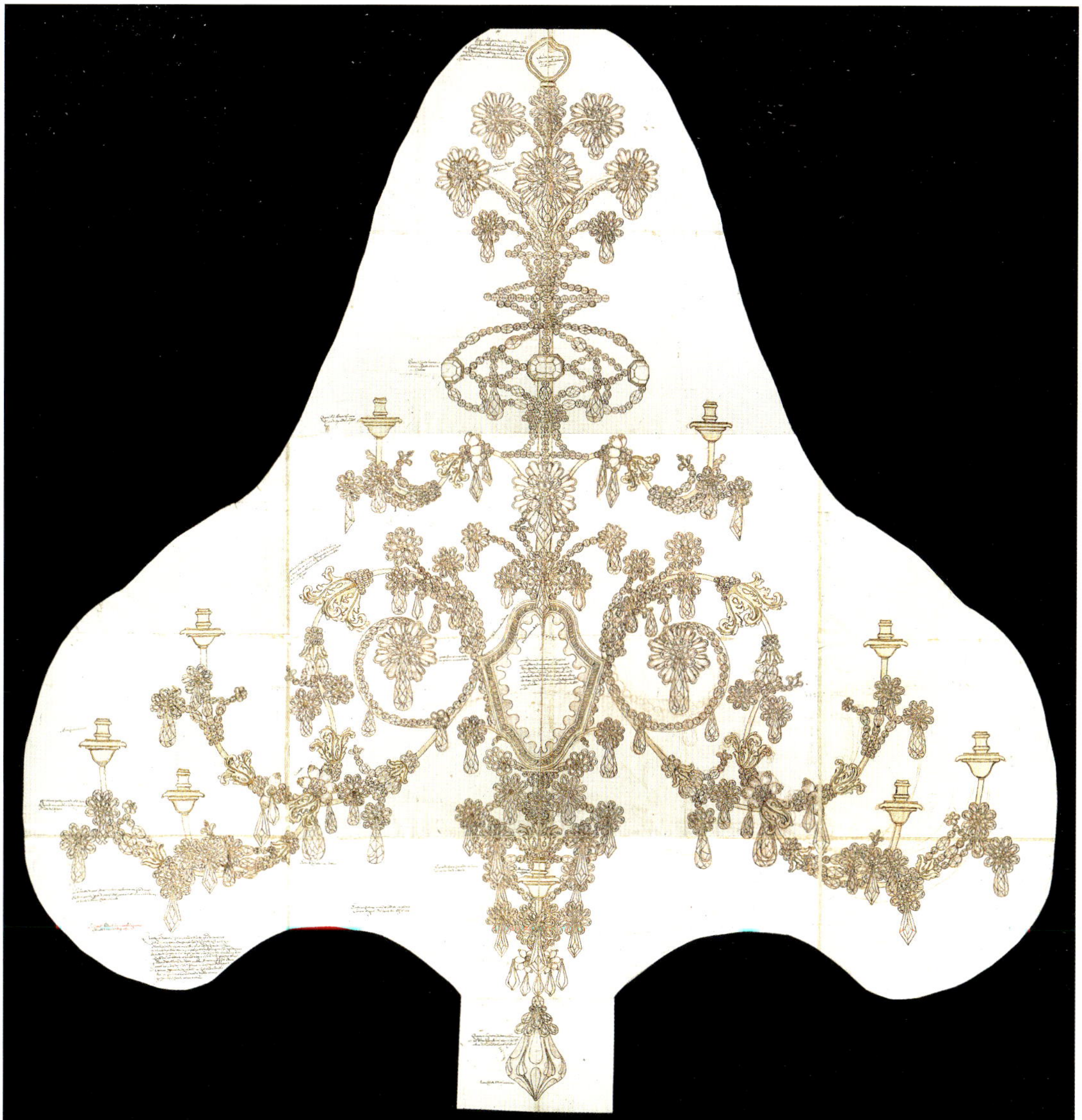

fertigte man in England das besonders reine, gut schleifbare Bleiglas mit hohem Brechungsindex. Auch dort stellten Glashütten solche Glasarmkronleuchter her, die seit den 1730er Jahren bis zum Ende des 18. Jahrhunderts immer raffinierter geschliffen sowie verziert wurden und als typisch englisch zu erkennen sind.[60] In der Potsdamer Glashütte setzte sich diese Entwicklung mit dem 1678 aus Dresden über Wittenberg gekommenen Alchemisten und Glasmacher Johann Kunckel von Löwenstern (1635–1703) und seinen Nachfolgern fort.[61] Bald, vermutlich nicht lange nach 1700, folgte Böhmen mit der Produktion dieser Art Leuchter (siehe Abb. 49).[62]

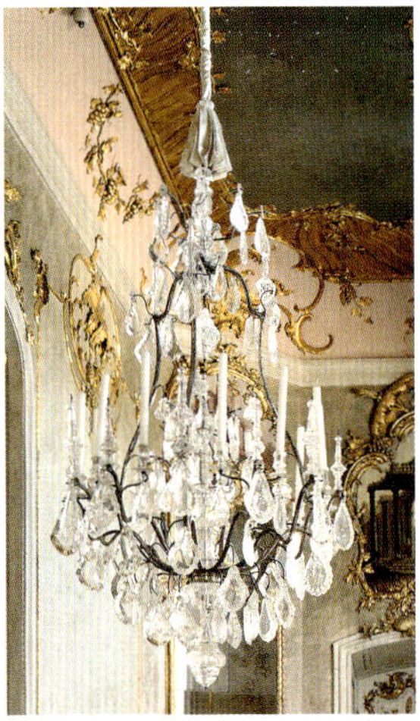 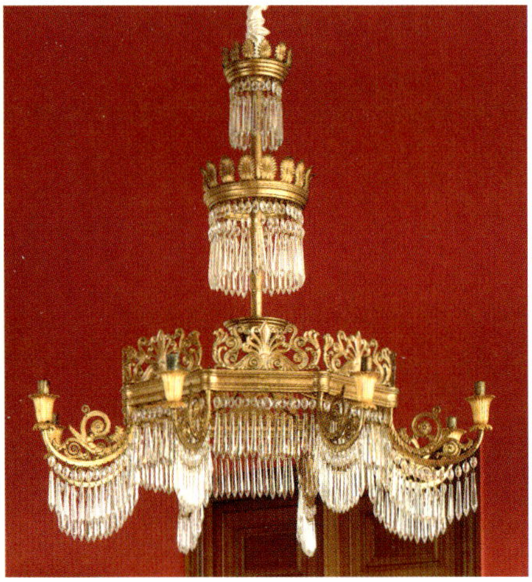

17

Kronleuchter mit zwölf Kerzenarmen
Mailand und Paris, um 1740
Gestell: Messing feuerversilbert, Eisen versilbert, Bergkristall geschliffen und poliert
H 169 cm, Dm 92 cm
Stiftung Preußische Schlösser und Gärten Berlin-Brandenburg, Inv.-Nr. VIII 92

1746 wurde dieser Kronleuchter von König Friedrich II. (1712–1786) für das Schloss Sanssouci in Potsdam erworben.

18

Reifenkronleuchter mit acht Kerzenarmen
Karl Friedrich Schinkel (Entwurf), Holzbronzefabrik Carl August Mencke, Berlin (Hersteller)
Berlin, um 1825–1835
Holz gedreht und vergoldet, Zink/Blei gegossen und vergoldet, Eisen gegossen und bronziert, Glas geschliffen
H 100 cm, Dm 100 cm
Stiftung Preußische Schlösser und Gärten Berlin-Brandenburg, Inv.-Nr. VIII 1317

Als ab Beginn des 18. Jahrhunderts große Funde reinster Bergkristalle in der Schweiz gemacht wurden, entstand gegen 1720 in Mailand eine neue Form von Kronleuchtern mit nun großen Behängen aus geschliffenem Bergkristall und einem Gestell aus Stahl (siehe Abb. 23). Etwa zeitgleich kamen in Venedig (Murano) die berühmten Kronleuchter aus oft auch farbigem Glas auf.

Bis weit ins 18. Jahrhundert hinein blieb Paris der wichtigste europäische Ort für die Kronleuchterherstellung und Vorbild für ganz Europa. Vor allem die barocken Lüster aus feuervergoldeter »Bronze«,[63] wie sie von Pariser Bronziers wie André-Charles Boulle (1642–1732) seit dem Ende des 17. Jahrhunderts geschaffen wurden, waren an allen europäischen Höfen begehrt und blieben bis über die Mitte des 19. Jahrhunderts hinaus hochgeschätzte Insignien der Macht.[64]

Typisch für eine Pariser Provenienz sind die 1738 erstmals erwähnten Schaft- und Korbkronleuchter, entweder mit Behang aus 10 bis 28 cm großen Pendeloquen aus in Mailand geschliffenem Bergkristall (Abb. 17) oder mit ähnlichen, aber kleineren Pendeloquen aus geschliffenem Glas böhmischer Herkunft an einem vergoldeten oder versilberten Messinggestell. Der Hochadel und Adel Europas erwarb sie in Paris und benutzte sie als Vorlage für die eigene Produktion.[65]

In anderen europäischen Ländern, wie Spanien, Russland und Skandinavien setzte mit dem Zeitalter der Aufklärung eine Produktion nach böhmischen und gelegentlich französischen Vorbildern ein.

Seit dem letzten Viertel des 18. Jahrhunderts erreichte die stilistische Entwicklung der Kronleuchter einen weiteren Höhepunkt. Nun fertigten die immer zahlreicher werdenden Manufakturen in den meisten Ländern Europas Kronleuchter unterschiedlichster Gestaltung und mit neuartigem, vorwiegend böhmischem Glasbehang nach Entwürfen von Architekten, wie

19 ►

Zwei kolorierte Federzeichnungen von böhmischen Kronleuchtern
Katalog der Prager Firma Steigerwald nach 1800
H 23,6 cm, B 17,6 cm
The Museum of Decorative Arts in Prague, Inv.-Nr. 2-GS20378, 2-GS20379

Aus der Darstellung des Materials der Kronleuchter kann geschlossen werden, dass es sich beim Kronleuchter mit den vergoldeten Metallteilen (li.: Inv.-Nr. 2-GS20378) um ein hochpreisiges Exemplar handelte. Der andere Kronleuchter (re.: Inv.-Nr. 2-GS20379) in leicht abgewandelter Form war die preiswertere Variante mit unveredelten Metallteilen.

beispielsweise in Berlin Karl Friedrich Schinkel (1781–1841) (Abb. 18). In diesem Zusammenhang sind Hersteller wie die Bronzewarenfabrikanten Werner & Mieth aus Berlin, die »Churfürstliche Spiegelfabrik« in Dresden und Manufakturen in Böhmen zu nennen, die Berühmtheit erlangten. Aber auch in Russland, Schweden und Frankreich entstanden bemerkenswerte Kronleuchter dieses neuen Typs. Charakteristisch ist ihr vergleichsweise komplexer Aufbau aus klar strukturierten Ketten und unzähligen Behangteilen aus geschliffenem Glas.

Den böhmischen Produzenten und Glasmachern gelang es im 19. Jahrhundert, Kronleuchter aus einfacheren Materialien, wie Eisenreifen und Ketten aus kleinen, mühevoll in Heimarbeit geschliffenen Glasteilen, die je nach Lichteinfall wirkungsvoll funkelten, zu günstigeren Preisen herzustellen (Abb. 19). Diese Leuchter schmückten – abhängig von ihren Maßen – bürgerliche Haushalte oder Kirchen (Abb. 20).

Seit den 1850er Jahren stieg nochmals die Zahl der Kronleuchterhersteller, denn das Bedürfnis nach diesen prunkvollen Repräsentationsobjekten, die nun vor allem aus Elementen vorangegangener Stilepochen bestanden, war im Bürgertum angekommen. Neben Venedig blieb Böhmen bis heute der wichtigste Produzent und Exporteur von Kronleuchtern.

Eine hervorgehobene Rolle bei der Herstellung und dem Gebrauch von Kronleuchtern hatte seit Ende des 17. Jahrhunderts Sachsen inne.

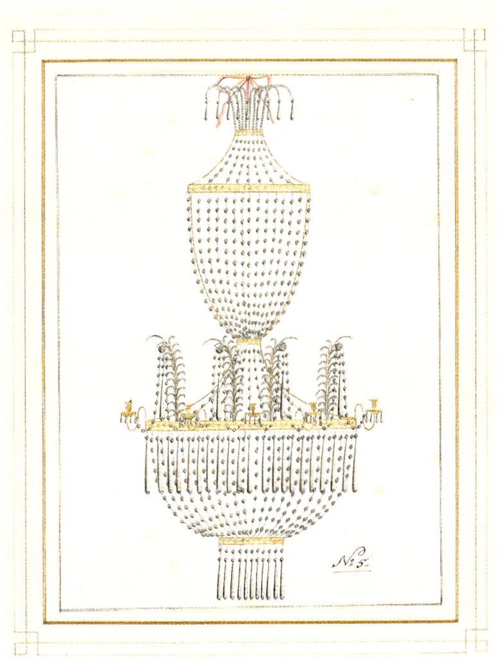

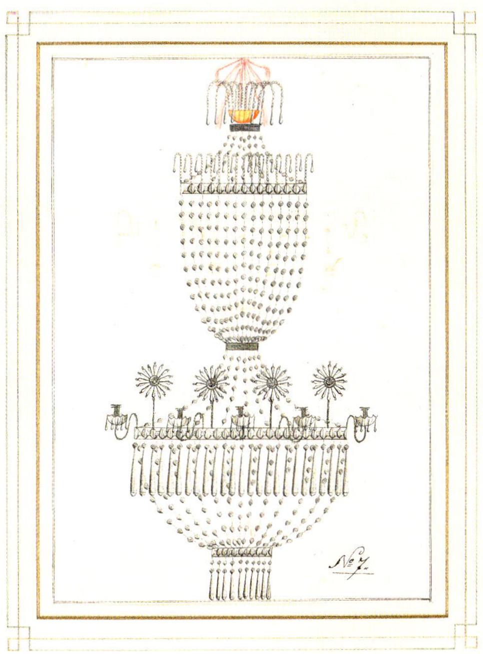

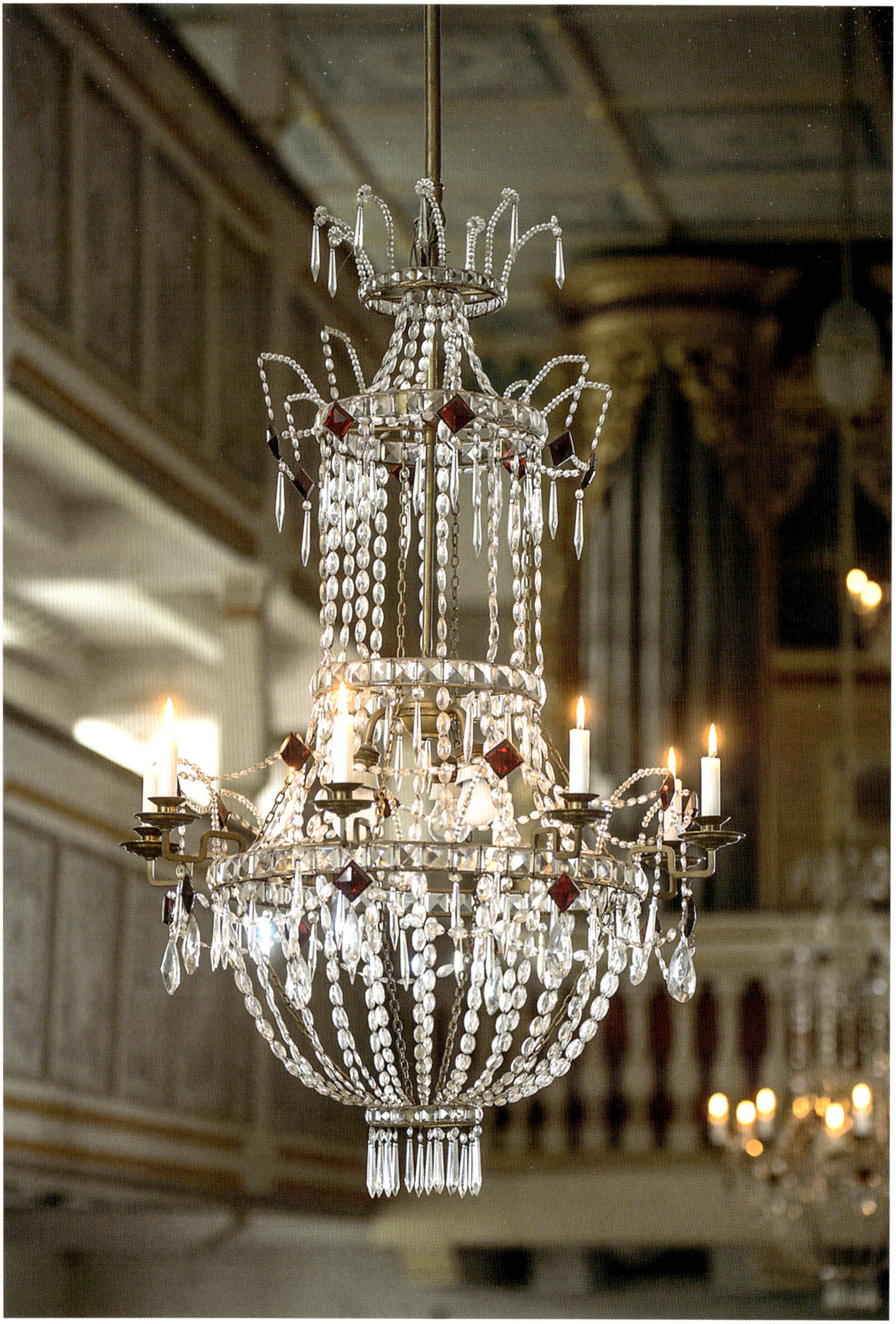

»Sachsens Glanz« – Kronleuchter und Illuminationen in Sachsen[66]

Im Reigen der europäischen Fürstenhöfe nahm Sachsen bei der Entfaltung seines schon fast als sprichwörtlich zu bezeichnenden Glanzes mittels festlicher Illuminationen und Kronleuchter eine Sonderstellung, ja sogar einen Spitzenplatz in Europa ein, nicht nur zur Regierungszeit Augusts des Starken (1694–1733), sondern bis zum Anfang des 19. Jahrhunderts. Der kurfürstlich sächsische königlich polnische Hof in Dresden und Warschau fiel nicht nur durch seine außergewöhnlich glänzenden Feste auf. Spätestens seit Anfang des 18. Jahrhunderts, vermutlich aber bereits davor, schmückten in den Dresdner Schlössern Kronleuchter – wie in Versailles – ganze Raumfluchten. Dies bezeugen auffallend viele bildliche und schriftliche Quellen, jedoch nur noch sehr wenige originale Leuchter.

Es lohnt sich, einen Blick auf einige dieser Kronleuchter zu werfen. Außer zahlreichen schriftlichen Quellen sind die Kupferstiche zur geplanten, aber nicht vollendeten Dokumentation der Hochzeit des Kurprinzen 1719[67] die wichtigste Grundlage, denn darauf sind alle bei den Hochzeitsfestlichkeiten hängenden Leuchter bis ins kleinste Detail porträtiert.

Als einzige in der »Eigentliche[n] Beschreibung Des Prächtigen Einzugs Ihrer Hoheit Des Königl. und Chur-Printzens von Sachßen« erwähnt, ist eine »maßive goldene Crone, worauf weiss Wachs-Lichter steckten«, die im Eckparadesaal der Paradekammern des Dresdner Schlosses, wo am 3. September 1719 das Festessen stattfand, »vor der Tafel hieng«.[68]

Anzunehmen ist, dass einige der abgebildeten Kronleuchter silberne Gestelle, dem Material des Erzgebirges, hatten. Einige Darstellungen lassen vermuten, dass die Anfang des 18. Jahrhunderts modernsten Kronleuchter des französischen Bronziers und »Ebeniste du Roi« André-Charles Boulle ebenso wie Messingkronleuchter am sächsischen Hof vertreten waren.

Die beim »Bankett im Türkischen Palais« 1719 (Abb. 21) über der Tafel hängenden Kronleuchter lassen sich anhand typischer Merkmale mit fünf im Schloss Moritzburg erhaltenen Glasarmkronleuchtern vergleichen (Abb. 22), die jeweils acht oder 16 Arme ganz aus Glas in ein oder zwei Etagen haben. Mit großer Sicherheit handelt es sich dabei um Erzeugnisse der kursächsischen Glashütte Körbin bei Pretzsch unter der venezianischen Glasverlegerin Ludovica Savonetti (erwähnt Ende 17. Jahrhundert) ab 1690/91. Diese hatte zuvor schon in ihrer »Italiänischen Glashütte« in Dessau Kronleuchter herstellen lassen, welche allerdings nicht mehr erhalten sind. Damit dürften die Moritzburger Kronleuchter die frühesten erhaltenen mit Armen ganz aus Kristallglas sein, und sie können auch als die ersten von Venezianern gefertigten Kronen bezeichnet werden. Sie hingen nicht nur in den Dresdner Schlössern in größerer Zahl.[69] Selbst der damalige Kurfürst Friedrich III. von Brandenburg-Preußen (1657–1713) und spätere

20
Kronleuchter mit acht Kerzenarmen
wohl Böhmen, um 1800
Eisen, Glas, geschliffen, zum Teil farbig
Kirche St. Georg, Pfaffroda

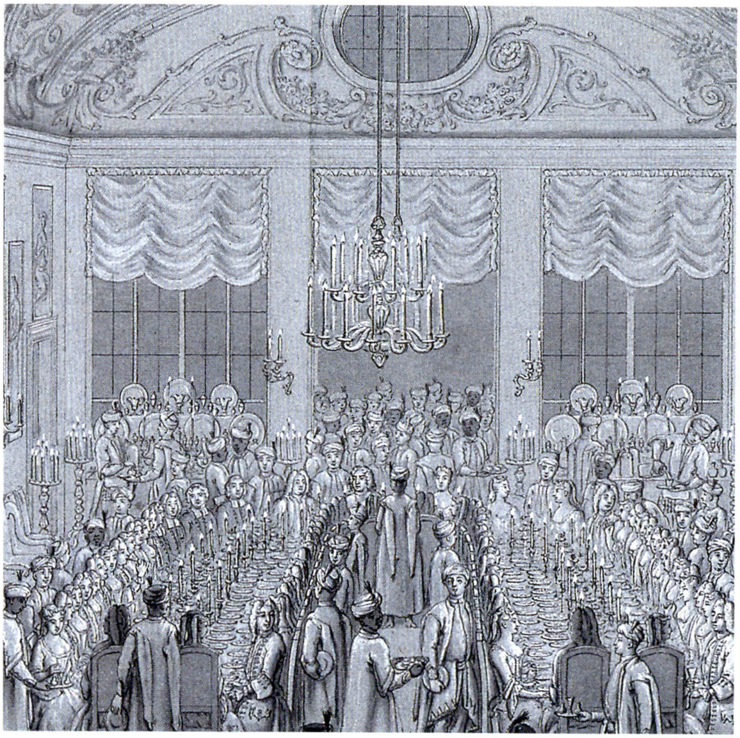

21
Detail der Kronleuchter beim Bankett im Türkischen Palais während der Vermählungsfeierlichkeiten 1719
Carl Heinrich Jacob Fehling
nach 1729
Feder und Pinsel in Grau und Schwarz, weiß gehöht, auf blauem Papier, Einfassungslinien Feder in Schwarz, aus zwei Bögen zusammengeklebt
Gesamtes Blatt: H 57,1 cm, B 88,2 cm
Staatliche Kunstsammlungen Dresden, Kupferstich-Kabinett, Inv.-Nr. C 6681 (Ca 200, Bl. 37)

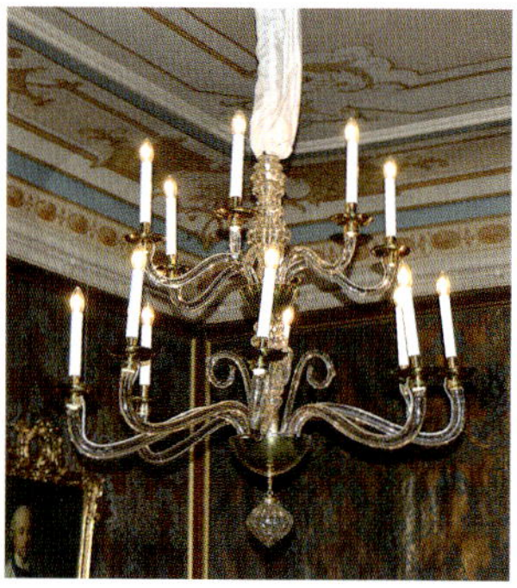

22
Glasarmkronleuchter mit 16 Kerzentüllen
wohl Glashütte Körbin bei Pretzsch, 1693
Glas geblasen und heiß geformt, Holz, Messing vergoldet
H 100 cm, Dm 100 cm
Staatliche Schlösser, Burgen und Gärten Sachsen gemeinnützige GmbH, Schloss Moritzburg, Kurfürstenzimmer, Quartier 5, R. 2, Inv.-Nr. 717/79

König Friedrich I. in Preußen kaufte 1692 drei dieser Leuchter für 600 Taler.[70] Die Herstellung dieser relativ einfach anmutenden Leuchter mit Armen ganz aus Glas hatte um 1677/78 die verbesserte Rezeptur für ein stabiles Kristallglas durch den Zusatz von Kalk in Form von Kreide ermöglicht.

Ein Teil der auf den Kupferstichen der Fürstenhochzeit 1719 dargestellten Leuchter hatte ein Metallgestell und trug Behang. Dass dieser Behang nicht nur aus geschliffenen Glasteilen, sondern aus kunstvoll verziertem Bergkristall bestand, lassen zwei im Sächsischen Hauptstaatsarchiv bewahrte aquarellierte Zeichnungen vermuten, die von Mailänder Bergkristallschleifern stammten und zwar von Giuseppe Cattaneo (Ende 17. Jahrhundert) (siehe Abb. 16) und Giovanni Battista Metellino (gest. vor 1724) (Abb. 23).[71] Von Letzterem wurden auch Gefäße für das Grüne Gewölbe erworben.

Aus einem außergewöhnlichen Material, welches ebenfalls in der Festbeschreibung genannt wurde, sind beim Fest des Saturnus im Festgebäude im Plauenschen Grund 1719 zwei »von Erz gemachte Cron-Leuchter«[72] (Abb. 24). Bei diesem Werkstoff muss es sich um das Erz gehandelt haben, aus dem Silber, welches selten in seiner reinsten Form vorkommt, gewonnen wird. Andere Bezeichnungen dafür sind *Glaserz* oder *Silberglas*.[73] Dieses Mineral (auch Schwefelsilber, Silberglanz, Argentit, Silbersulfid [Ag_2S] genannt)

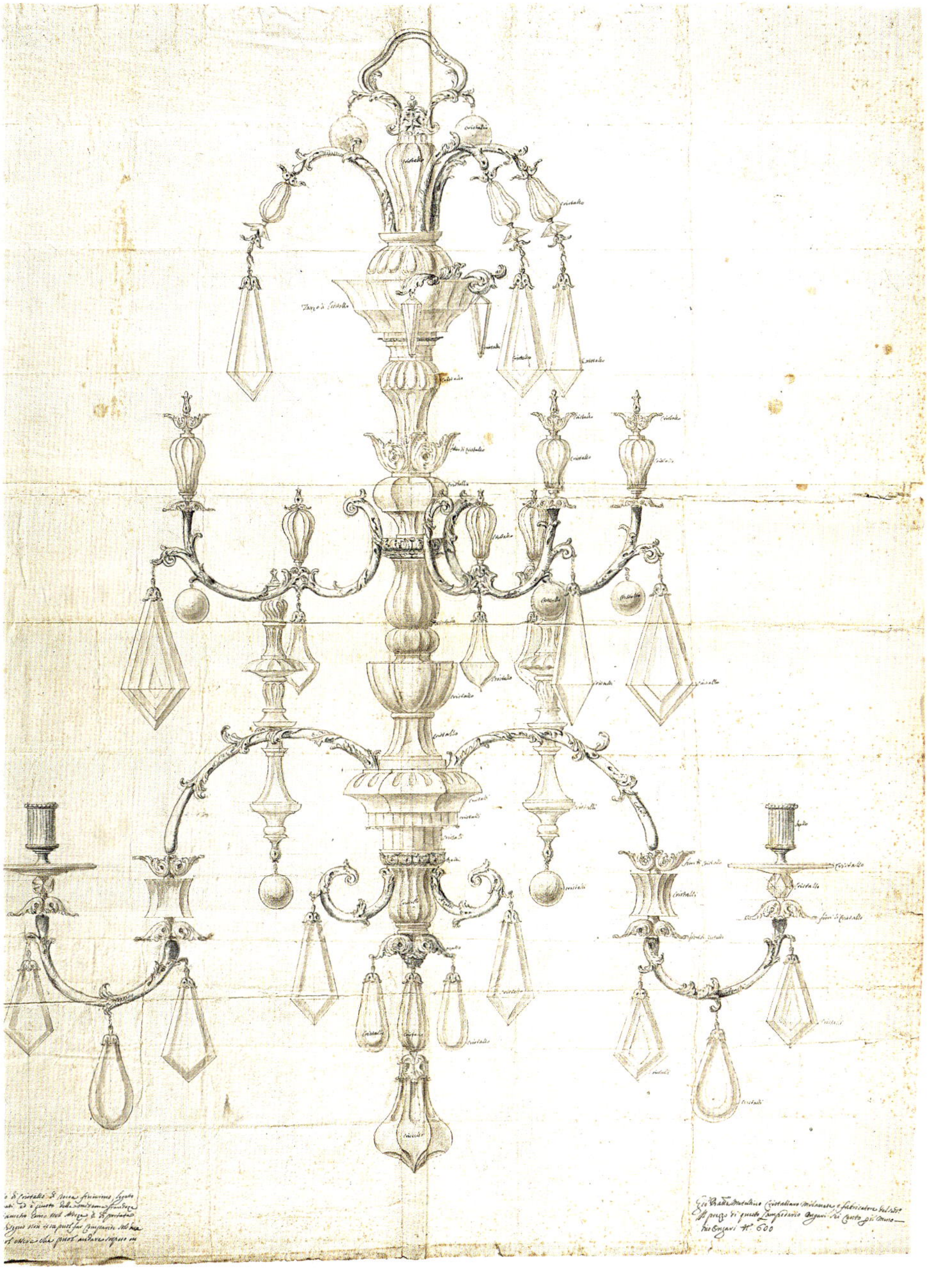

23

Entwurf für einen Kronleuchter mit einem Gestell aus poliertem Stahl und Behang aus Bergkristall

Giovanni Battista Metellino (Werkstatt)
Mailand, wohl 1720–1724
Feder blau und schwarz laviert
H 94,5 cm, B 112 cm
Sächsisches Staatsarchiv, Hauptstaatsarchiv Dresden, 10006 Oberhofmarschallamt, Nr. Cap. 08, Nr. 32 a

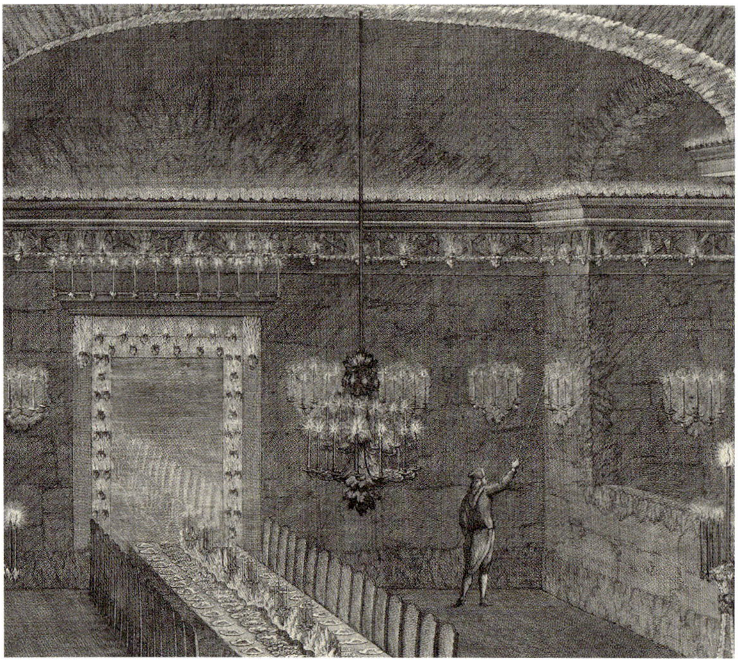

24
Detail des Kronleuchters aus »Königliche Tafel mit Bergwerksdekoration beim Saturnusfest oder Bergwerksfest 1719 im Plauenschen Grund«
Carl Heinrich Jacob Fehling
1729
Staatliche Kunstsammlungen Dresden, Kupferstich-Kabinett, Inv.-Nr. A 1995-1945

ist sehr gut zu bearbeiten.[74] Das zeigen zahlreiche in St. Joachimsthal vom Künstler Caspar Ulich (nachweisbar 1555–1576) im dritten Viertel des 16. Jahrhunderts gearbeitete Handsteine.

Ein anderes besonderes Material wird im »Inventarium über das Palais zu Alt-Dresden« (dem späteren Japanischen Palais) von 1721[75] beschrieben. Dort sind neben anderen auch »lacquirte Cronleuchter« genannt, die 1759 in einer Auflistung der Möbel, die von dort in das Königliche Schloss gebracht wurden, noch einmal auftauchen, nämlich »Fünff lackirte Cron Leuchter, nebst dazugehörigen Armen«.[76] Wie man sich diese ungewöhnliche Art Kronleuchter, zu denen auch Wandleuchter gehörten, vorzustellen hat, ist nicht bekannt.

Kronleuchter mit chinesischen oder japanischen Porzellanen, montiert an Metallgestellen, waren schon vor der Erfindung des europäischen Porzellans in Meißen eine große Kostbarkeit.[77] So kann der »Porsalainen Cronen leuchter, mit all vollkomenen stücken, wie er gebraucht wird«, der schon vor 1713 im Schloss in Pretzsch im Audienzzimmer von Christiane Eberhardine (1671–1727), der Gemahlin Augusts des Starken, hing, nur aus asiatischem Porzellan zusammengesetzt gewesen sein. Nur wenige Jahre nach der Gründung der Meißner Manufaktur 1710 entstand im Jahr 1726 der erste Kronleuchter aus diesem Porzellan (Abb. 25). Er war für die Ausstattung des Japanischen Palais in Dresden-Neustadt vorgesehen und hatte als Vorbild Glasarmkronleuchter aus einer sächsischen Hütte.[78]

25 ►
Kronleuchter mit sechs Kerzenarmen
Porzellanmanufaktur Meißen
Meißen, um 1726
Porzellan bemalt, Messing feuervergoldet
Rijksmuseum Amsterdam, Inv.-Nr. BK-17463

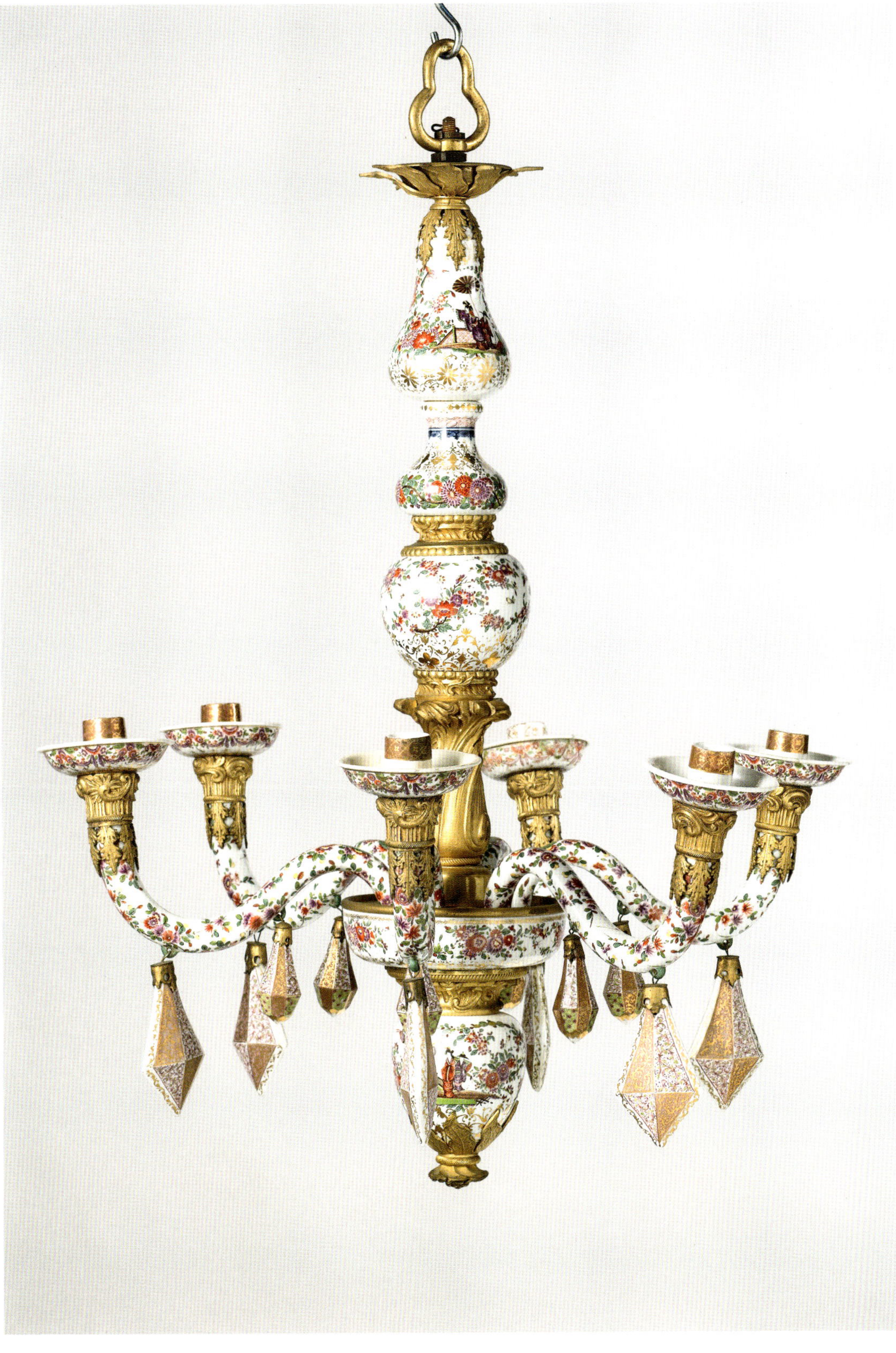

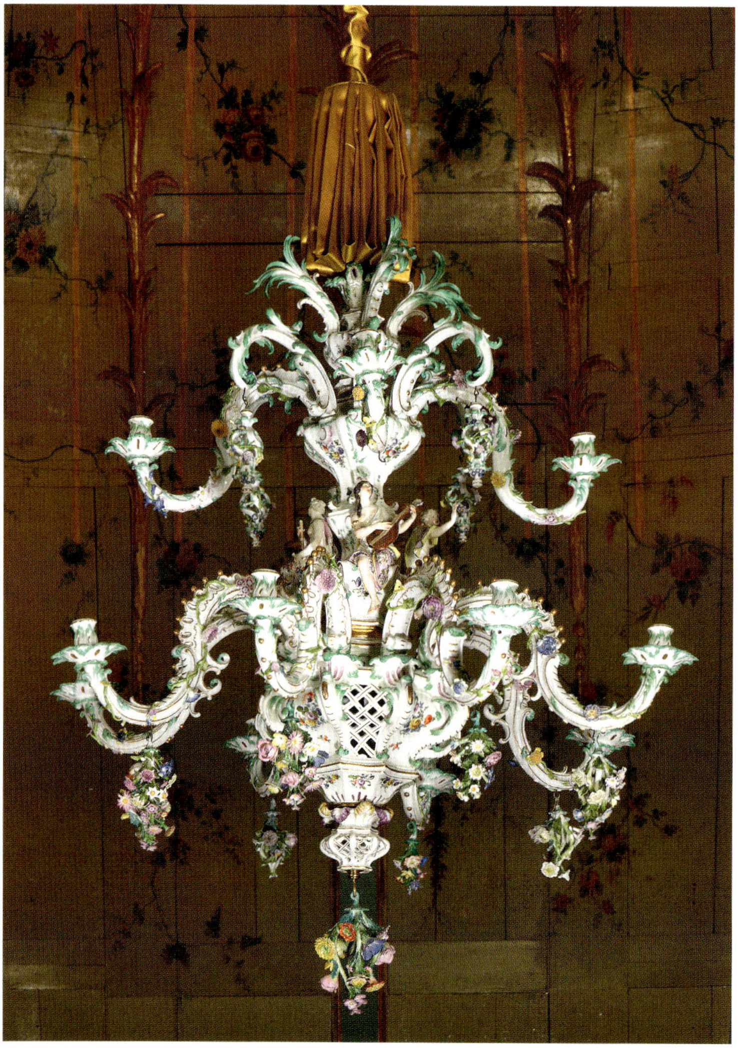

26

Kronleuchter mit zwölf Kerzenarmen
Porzellanmanufaktur Meißen,
Johann Joachim Kaendler (Modelleur)
1762
Porzellan, Aufglasurmalerei,
teilweise vergoldet
H 106 cm, Dm 84 cm
Stiftung Preußische Schlösser und Gärten Berlin-Brandenburg (Neues Palais, R. 160), Inv.-Nr. XII 2779

Von den weiteren, nach den Modellen von Johann Joachim Kaendler (1706–1775) entstandenen Porzellankronleuchtern des 18. Jahrhunderts, zu denen mehrere für den Grafen Heinrich von Brühl (1700–1763) gefertigte zählen, sind nur noch zwei im Neuen Palais im Park Sanssouci in Potsdam erhalten (Abb. 28).[79]

Auch in den Schlössern Hubertusburg – 1761 im Auftrag des Preußenkönigs Friedrich II. (1712–1786) vollständig geplündert – und Warschau befanden sich besondere Kronleuchter, die jedoch nicht mehr erhalten sind. Den Inventaren des Taschenbergpalais, der Residenz des Kronprinzenpaares Friedrich Christian (1722–1763) und Maria Antonia (1724–1780) in den Jahren 1747–1763, ist die große Anzahl vor allem »gläserner« Kronleuchter zu entnehmen, die einst dort hingen.[80]

Von 1790 bis zum Anfang des 19. Jahrhunderts produzierte die »Churfürstl. Spiegelfabrik in Dreßden«[81] außergewöhnlich gestaltete Kronleuchter, die im Weimarer »Journal des Luxus und der Moden« abgebildet wurden und in einigen europäischen Sammlungen vertreten sind (Abb. 27).

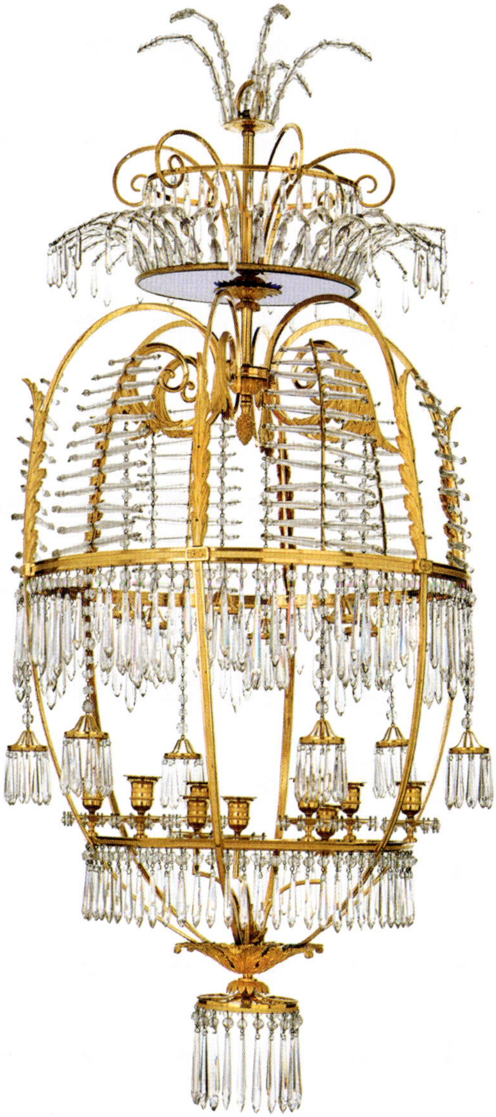

27
»Ein eyförmiger Kronleuchter vom neuesten Geschmacke, mit innwärts stehenden Lichtern« und neun Kerzenarmen
»Churfürstlich Sächsische Spiegelfabrik«, Dresden
um 1800
Messing feuervergoldet, Glas geschliffen
Staatliche Kunstsammlungen Dresden, Kunstgewerbemuseum, Inv.-Nr. 57363

Höfische Illuminationen

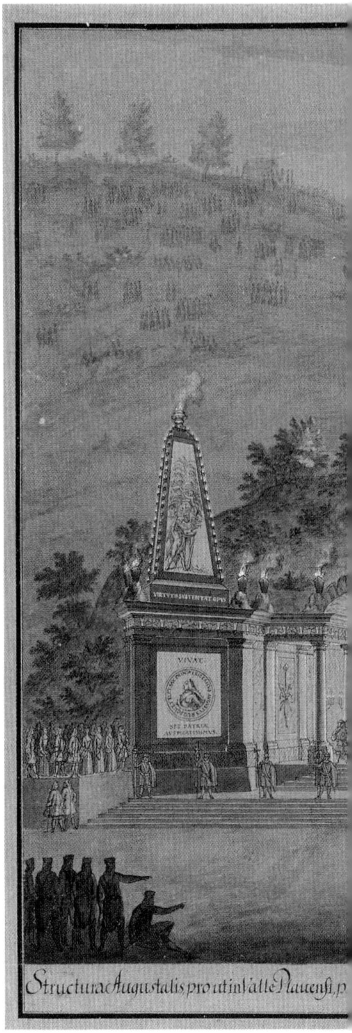

»Die Illuminationen sind gewisse nach den Regeln der Bau=Kunst und Perspective ausgesonnene Stellungen der Leuchter, Lampen und Fackeln, mit welchen nebst der Mahlerey und andern darzu kommenden Auszierungen bey nächtlicher Weile gantze Gebäude, oder auch Plätze, Gärten u.s.f. erleuchtet werden.«[82]

So erläutert der sächsische Autor Julius Bernhard von Rohr (1688–1742) in seiner 1733 erschienenen »Einleitung zur Ceremoniel-Wissenschaft der grossen Herren« diese besondere Festdekoration.

Das Universallexikon von Johann Heinrich Zedler (1706–1751) aus der ersten Hälfte des 18. Jahrhunderts stellt fest: »Illumination ist eine feyerliche Freuden-Bezeigung, durch angezündete Lichter [...] an einem Hause oder auf einem Platze, in gewisser Ordnung angestellet und angezündet. [...] Bey ungemeinen Freuden-Bezeigungen Licht anzünden ist eine sehr alte Weise.«[83]

Illuminationen wurden in Ortschaften veranstaltet, wobei auch Häuser, Straßen oder die ganze Stadt einbezogen waren.[84] Vor allem aber eigneten sich Parks und Gärten für diese Art der Festbeleuchtung. Tausende farbige Lampen erleuchteten Plätze, Beete, Wege und Bäume eines Parks und ließen im Licht der Dämmerung die Einzelheiten der Gartenanlage in Erscheinung treten. In der Regel entwarfen namhafte Architekten die gesamte Gestaltung, die aus Gestellen in geometrischen Formen wie Bögen, Arkaden oder Sternen bestanden, ausgestattet mit Fackeln und Leuchtkörpern unterschiedlicher Art. Die Lichtträger waren aus verschiedenen Materialien. Es gab Näpfe aus Ton oder Metall, gefüllt mit Talg (Unschlitt) und versehen mit einem Docht. Bevorzugt wurden Lämpchen aus Glas – vor allem Farbglas, mit dem Leuchtmittel Öl. Sehr beliebt waren mit Ölpapier oder Textilien überzogene Gestelle, worauf Botschaften wie Namen, Monogramme, Wappen, Symbole und Wahlsprüche gemalt wurden, welche dahinter platzierte Lampen sichtbar machten. Beim Saturnfest 1719 im Plauenschen Grund kamen alle diese Methoden zum Einsatz. Zusätzlich beleuchteten Froschlampen, das Geleucht der Bergleute, die Deckenkehle im Inneren des Saturntempels (Abb. 28).

Alles zusammen übermittelte vor allem die Botschaft, dass Luxus die Repräsentation mit Licht ist. Kosten verursachten nicht nur die Honorare der Architekten für die Entwürfe, sondern auch die der Hersteller des gesamten technischen Equipments inklusive der Lampen und der Leuchtmittel. Zudem machte die hohe Anzahl der Dienerschaft, die die Lichtträger platzieren, anzünden, beaufsichtigen, löschen, einsammeln und danach auch reinigen mussten, einen weiteren großen Kostenfaktor aus.[85]

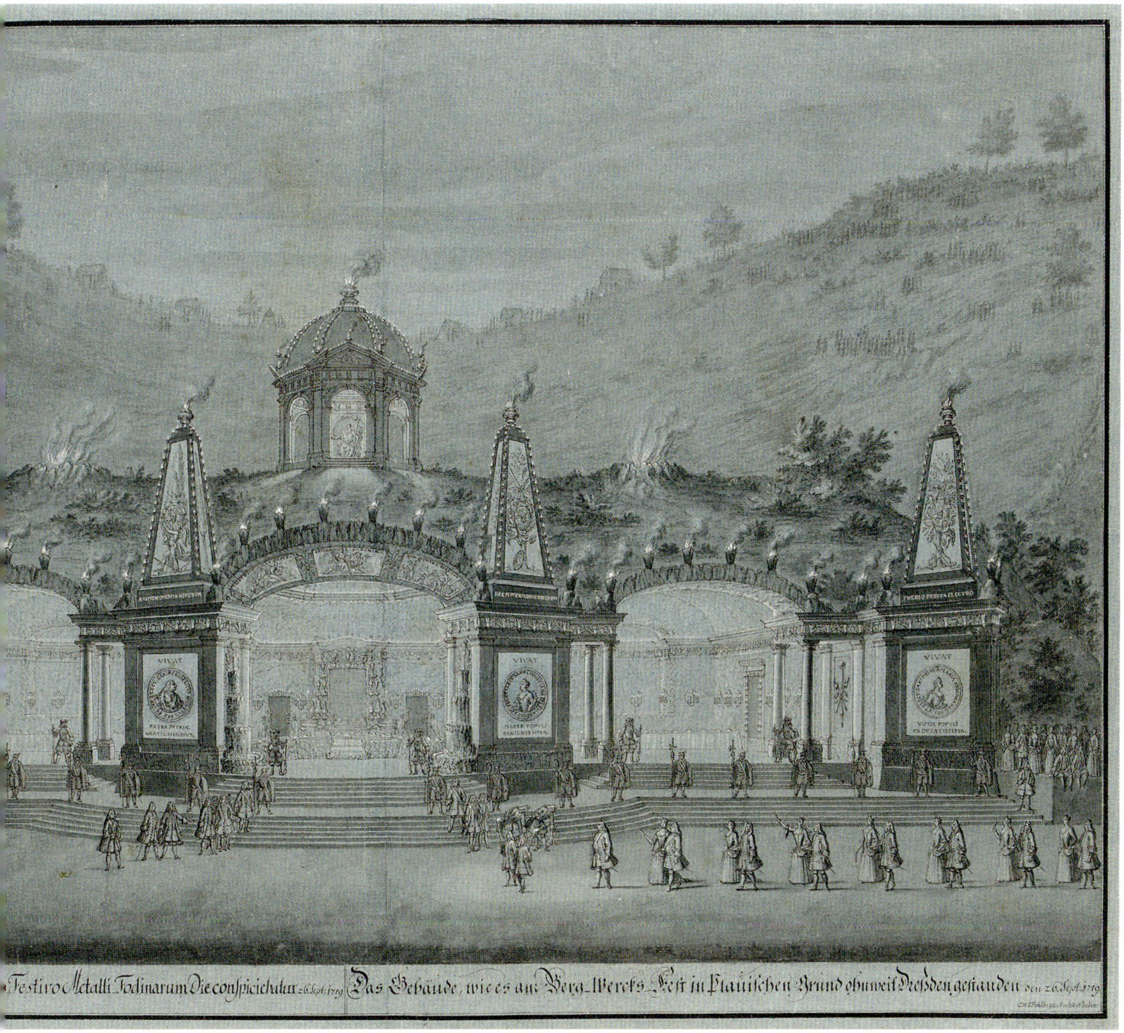

28

Fassade des Festgebäudes beim Saturnfest 1719

Carl Heinrich Jacob Fehling

1724

Feder und Pinsel in Grau und in Schwarz über Graphit, weiß gehöht auf blauem Papier

H 55, 4 cm, B 87,1 cm

Staatliche Kunstsammlungen Dresden, Kupferstich-Kabinett, Inv.-Nr. C 6772, Ca 201, B. 21

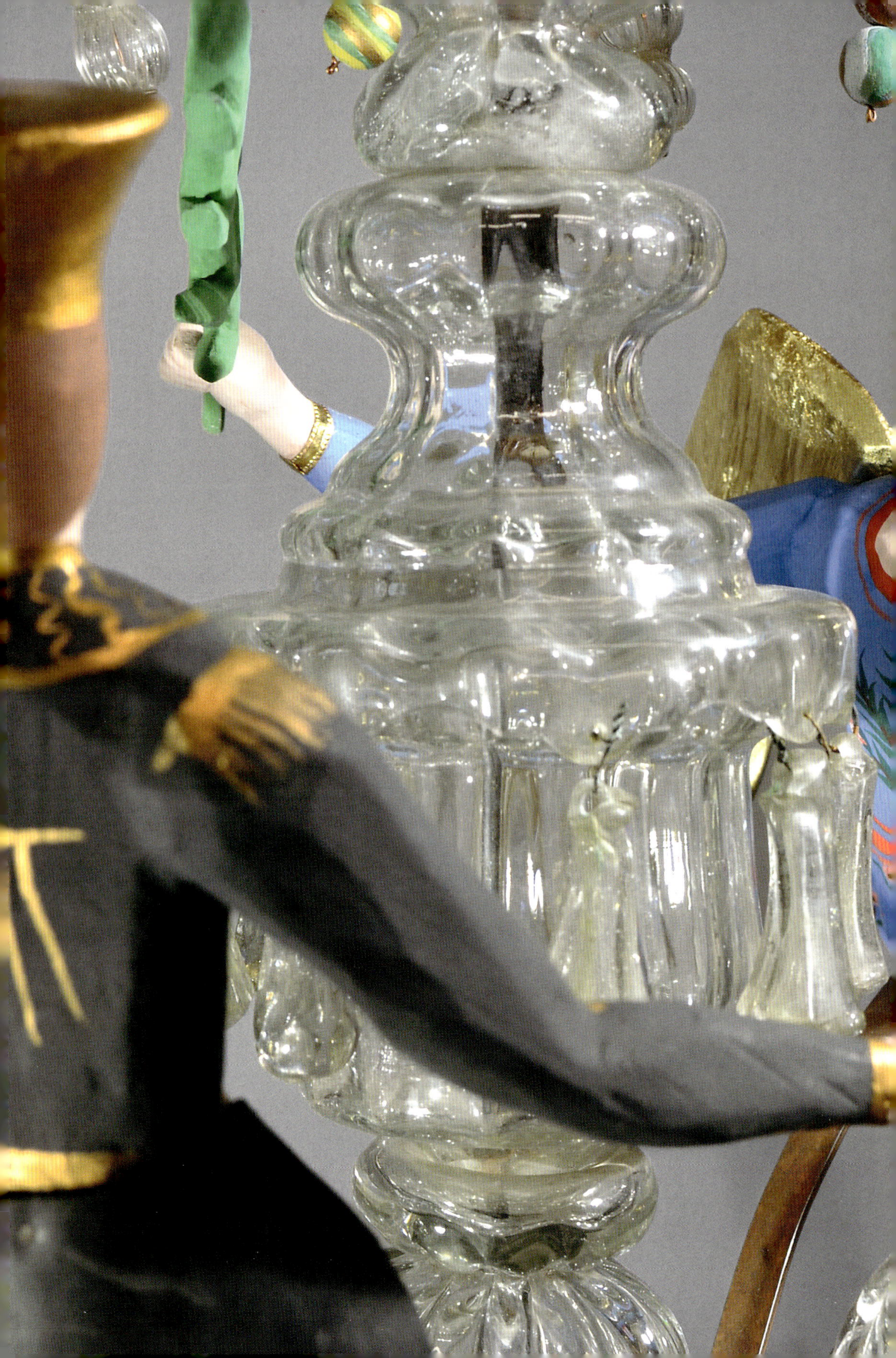

Der Weg der Kronleuchter ins Erzgebirge

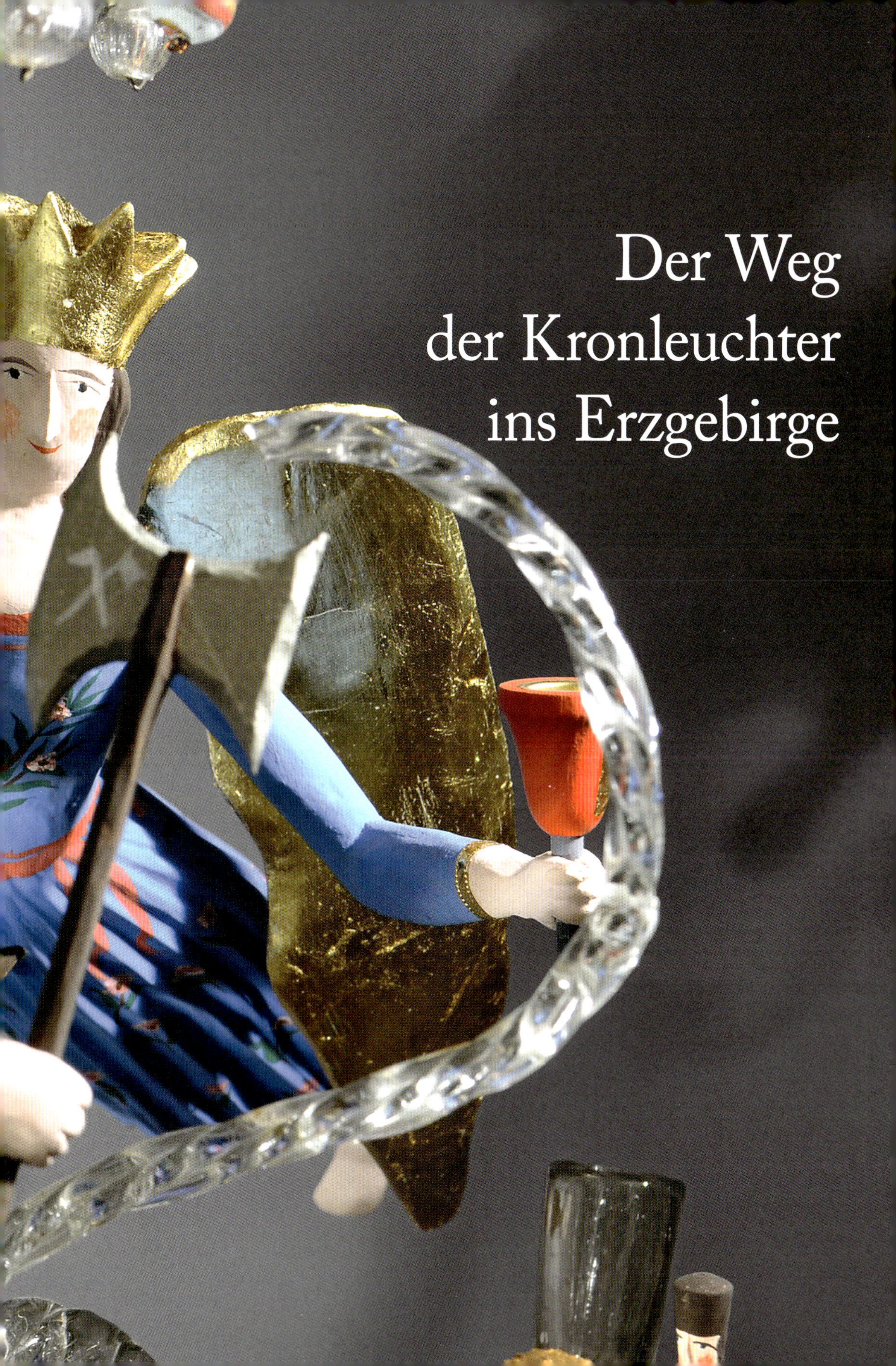

Das Erzgebirge ist das einzige europäische Bergbaugebiet, in welchem sich ein spezielles Weihnachtsbrauchtum entwickelte, das im 19. Jahrhundert immer reichhaltiger wurde, am Anfang des 20. Jahrhunderts eine Blütezeit erreichte und nach wie vor gepflegt wird.

Ein Bestandteil dieser Kultur sind Kronleuchter, ursprünglich Statussymbole von Fürsten und reichen Bürgern. Dass sie – mit einfachen Mitteln nachgebaut und geschmückt mit belehrenden Botschaften und Glaubensinhalten – für die Inszenierung des Weihnachtsfests Aufnahme in die Stuben kleiner Leute fanden, bedarf der Erklärung. Wie ist es dazu gekommen?

Erzgebirgische Verhältnisse

Reiche, scheinbar unerschöpfliche Bodenschätze unterschiedlicher Art[86] hatten das Erzgebirge zur größten Wirtschaftsregion Mitteleuropas werden lassen. Die Bevölkerung bestand aus Einwanderern mit unterschiedlichen sozialen und kulturellen Traditionen, denn nach dem »Ersten Berggeschrey« von 1168 lockte das Erzgebirge mit seinen großen Silberfunden und der Aussicht auf profitable Geschäfte neben Bergleuten und Wanderarbeitern auch Handwerker, Händler, Kaufleute, Künstler, Baumeister und Gelehrte aus ganz Europa an. Gleiches geschah nach dem »Zweiten Berggeschrey« ab 1470, auch »Großes Berggeschrey« genannt. Durch den Zuzug und den internationalen Handel war der erzgebirgische Wirtschaftsraum geprägt von einem regen Austausch mit anderen Regionen.[87] Und da der erzgebirgische Bergbau ein sehr hohes technisches, wirtschaftliches und organisatorisches Niveau hatte[88] und die »sächsischen Bergleute zu den geschicktesten in ganz Europa gerechnet worden sind«,[89] ließen sich einige von ihnen in andere europäische Regionen abwerben, z. B. nach Ungarn, Neapel, Schweden, Amerika[90] oder Sibirien.[91] Die Rückkehrer dieser weitgereisten Bergleute brachten ihrerseits neue kulturelle Anregungen in ihre alte Heimat mit.

Stolz und Standesbewusstsein der Bergleute

In der Vorstellung der Menschen galten Bodenschätze bis ins 18. Jahrhundert als Gottesgaben, die mit Gottvertrauen, Spezialkenntnissen, Durchhaltevermögen und finanziellen Mitteln gefördert werden mussten.[92] Für Letzteres wie für die Lebensumstände der Bergleute war vor allem der Bergherr, der Kurfürst, zuständig. Im Wissen um die Gefährlichkeit der Arbeit unter Tage sorgte er mittels zahlreicher Freiheiten und Vergünstigungen, den »Bergfreiheiten«, für gute Voraussetzungen und begünstigte diejenigen, die die Bodenschätze aus der Erde holten und achtete ihre Arbeit. Diese Wertschätzung äußerte sich in vielerlei Privilegien.[93] So beschränkte sich die Arbeitszeit unter Tage in der Regel auf fünf Tage in der Woche und acht Stunden täglich, inbegriffen eine Gebetsstunde.[94] Darüber hinaus erhielten die im Bergbau Tätigen Steuerermäßigungen, waren befreit von Jagddiensten, Einquartierungen und vor allem vom Militärdienst und sie durften sich »durch eigene Uniformen unterscheiden«.[95] Außerdem hatten sie 21 bis 25 bezahlte Feiertage im Jahr[96] und wurden unabhängig von der Ausbeute bezahlt. Oft verfügten sie über eigene Häuschen, hatten einen Garten und hielten Kleintiere.[97] Überdies waren sie in den sogenannten Knappschaften organisiert, die ihnen eine Versorgung bei Krankheit und im Alter sicherten.

Ihre im Vergleich mit den meisten anderen Einwohnern kurze Arbeitszeit ermöglichte es ihnen, Feierabendarbeiten auszuführen, die zur Verbesserung des Verdienstes beitrugen.[98] Der Landesherr, der sich selbst als oberster Bergmann verstand, demonstrierte seine Verbundenheit mit dem gesamten Bergbausystem, indem er sich zu gegebenen Anlässen entsprechend kleidete und Bergparaden in die Gestaltung höfischer Feste einbezog.[99] Auch Bergsänger mit ihren Instrumenten waren Teil dieser Feste.[100] Die Begegnungen zwischen Bergleuten und oberstem Bergherrn bei städtischen Empfängen und Bergparaden wurden zu Inszenierungen gegenseitiger Anerkennung und Versicherung genutzt. So war es nur folgerichtig, dass Bergleute den Ruf hatten, »treu seiner Obrigkeit und dem Landesherrn« zu sein.[101]

Neben den vom Kurfürsten und den Kommunen bewirtschafteten Zechen gab es auch eine große Zahl sogenannter Zubußzechen,[102] bei denen sich Bürger mit regelmäßigen Zahlungen engagieren und manchmal auch Gewinn erwarten konnten.[103] Auf diese Weise nahm die sächsische Bevölkerung Anteil am erzgebirgischen Bergbau.

Die Wertschätzung durch Obrigkeit und Volk hatte zu dem ausgeprägten Stolz und Standesbewusstsein der Bergleute geführt. Ein weiteres Spezifikum ist ihre tiefe Frömmigkeit, denn für die Ausübung ihrer außerordentlich gefährlichen Arbeit war der Schutz Gottes existentiell.

Die gegenseitige Achtung und Fixierung aufeinander kann als die Grundlage für das Entstehen des außergewöhnlichen, nur im Erzgebirge verbreiteten Weihnachtsbrauchtums bezeichnet werden.

Die Entwicklung

Der Auftakt – Bergbau-Memorabilien (18. bis Anfang 19. Jahrhundert)

Wann und für wen tatsächlich der erste Kronleuchter im Erzgebirge angefertigt wurde, ist unbekannt. Schriftlich nachweisbar sind erste Exemplare im 18. Jahrhundert. Die früheste bisher bekannte Erwähnung lässt auf eine gewerbliche Herstellung in dieser Zeit schließen. Karl August Engelhardt berichtet darüber in der 1804 von ihm stark überarbeiteten Auflage von Dankegott Immanuel Merkels »Erdbeschreibung von Kursachsen und den jetzt dazugehörigen Ländern« von 1797, in welcher vor allem das wirtschaftliche Potenzial Sachsens beschrieben wird. Er schildert darin, dass in Johanngeorgenstadt »[…] (jetzt nur noch von wenigen Personen) verschiednes Spielwerk, das auf den Bergbau sich bezieht, gefertigt und von den sogenannten Landreisenden besonders in Gegenden vertrieben, wo es keinen Bergbau giebt. So macht man z. B. hölzerne Kronleuchter mit einzelnen Darstellungen aus Bergwerken, grose hohle Bergleute, in deren Leibern Bergleute, Bergwerksmaschienen, u. dergl. zu sehen und zu drehen sind, Hackebretter oder sogenannte Cymbale, ein uraltes Bergmusikinstrument,

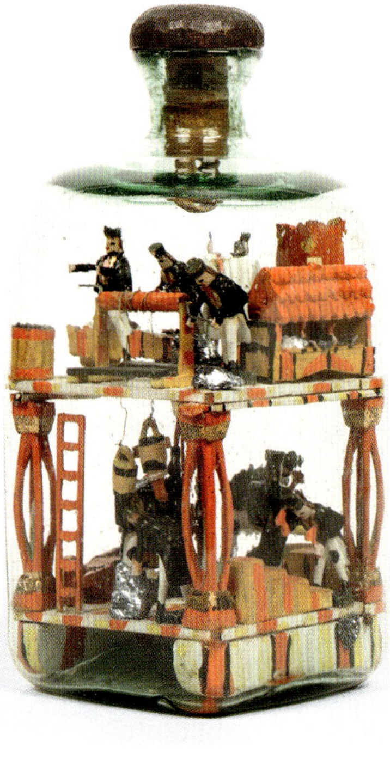

29
»Geduldsflasche« mit Bergleuten im Bergwerk (Eingerichte)
wohl Johanngeorgenstadt, vor 1787
Glas geblasen, Holz farbig gefasst, Metalle
H 18,5 cm, B 8 cm, T 8 cm
Museum – Naturalienkabinett Waldenburg, Inv.-Nr. NAT 0292

Belegt im Linck-Index III (1787), S. 123, No. 168: »Metalifossores, in vitro quadrangulari artificiose inclusi. Bergleute, die im Bergwerk arbeiten, künstlich in ein Glas eingeschlossen. Davon ein großes und ein kleines Glas (aufgestellt No. 168).«

Guckkästen, die das Ein- und Ausfahren der Bergleute, das Arbeiten der Häuer, das Karrenlaufen der Bergjungen, Bergaufzüge u. dergl. anschaulich und beweglich darstellen, Bergwerksmodelle in Glasflaschen etc.«[104] Seine in Klammern gesetzte Bemerkung, dass »jetzt nur noch von wenigen Personen« derartiges »Spielwerk« hergestellt wird, verdeutlicht, dass diese Produktion vor 1800 noch häufiger war. Bislang konnten keine erhaltenen Exemplare dieser Beschreibung zugeordnet werden.

Anders sieht es mit den ebenfalls beschriebenen »Bergwerksmodelle[n] in Glasflaschen«, den sogenannten »Geduldsflaschen«, aus. Eine davon hat sich in der Linck-Sammlung im Museum und Naturalienkabinett Waldenburg erhalten (Abb. 29). Sie ist im 1787 erstellten Inventar der Sammlung aufgeführt und entspricht genau der Beschreibung der Johanngeorgenstädter Produktion. Ob aber deren sehr einfache und laienhaft wirkende Schnitzerei den Darstellungen auf den Kronleuchtern entspricht, muss dahingestellt bleiben, denn bei der Flasche liegt das Hauptaugenmerk auf dem komplizierten Verschluss, die Qualität der Schnitzerei war Nebensache. Auf den Kronleuchtern hingegen war die Schnitzerei die Hauptzierde. Bei den Abnehmern dieser offenbar professionellen Produktion kann es sich nur um finanzkräftige Menschen mit einem Bezug zum Bergbau gehandelt haben, die sich – fasziniert vom höfischen Vorbild – einen repräsentativen Deckenschmuck mit Darstellungen ihres eigenen Standes leisten konnten.

»Bergbauliche Repräsentationskultur«

Das Verhältnis der gegenseitigen Anerkennung zwischen dem kurfürstlichen Bergherrn und den Bergleuten drückten beide Seiten mit symbolischen Gesten aus. So trugen etwa die Bergleute als Zeichen ihrer Privilegien zum Berghabit die mehr oder weniger reich geschmückten Bergbarten, die nicht auf bergmännisches Werkzeug (Beile), sondern auf die Waffenfähigkeit ihrer Träger (Hellebarden) zurückzuführen sind.[105] Der Kurfürst zeigte sich dagegen in seiner Eigenschaft als Bergherr im Berghabit.

Höhepunkt dieser bergmännischen Repräsentationskultur war der »Große Bergaufzug« beim Fest des Saturnus am 26. September 1719 anlässlich der Hochzeit des sächsischen Kurprinzen Friedrich August (1696–1763) mit der österreichischen Kaisertochter Maria Josepha (1699–1757). Dabei wurde den zahlreichen Hochzeitsgästen aus dem Hochadel des Heiligen Römischen Reiches die Quelle des sächsischen Reichtums, der sächsische Bergbau, mit allen zur Verfügung stehenden Mitteln vorgeführt. Diese bis dahin größte Bergparade mit weit über 1600 Berg- und Hüttenleuten feierte das gesamte System Bergbau mit seinen Maschinen, seiner Organisation und Hierarchie, der Wissenschaft und Technik sowie seiner Menschen und Schätze.

In diesem Zusammenhang wies Igor Jenzen 2019 darauf hin, dass die Jahrhundert-Hochzeit nicht nur den gesamten Hochadel des Heiligen Römischen Reiches tief beeindruckte, sondern auch seine Wirkung auf die teilnehmenden Bergleute nicht verfehlte. Deren Augen waren bei der mehrstündigen Parade auf den illuminierten Saturntempel gerichtet, in welchem die höfische Gesellschaft tafelte – als Publikum und zugleich als Darsteller. Deshalb vermutet Jenzen, dass die aus allen Bergbauregionen Sachsens herbeigerufenen Bergleute, die hier die überwältigende Illumination des Festraums erlebt hatten, in den Pyramiden und Schwibbögen des Saturntempels die Inspiration für ihre eigenen festlichen Weihnachtsilluminationen fanden.[106] Wenn dies stimmt – und Einiges spricht dafür – gilt dieser Rezeptionsvorgang auch für Kronleuchter, denn die Teilnehmer der Bergparade konnten die im offenen Saturntempel hängenden Kronleuchter bewundern, die ihnen sonst mangels Zugang zu den inneren Gemächern des Hofes verborgen blieben. Diese Kronleuchter (siehe Abb. 24) über den Festtafeln des wie ein Bergwerk gestalteten Raumes waren aus Silbererz (»Glaserz«)[107] geschnitten, dem Material, aus welchem das Silber geschmolzen wird.[108]

Die Hersteller der Kronleuchter mit Bergbau-Motiven in Johanngeorgenstadt werden ein bis zwei Generationen später bei Engelhardt zwar nicht näher benannt, doch schreibt er an anderer Stelle,[109] dass Bergleute im Nebenverdienst auch »Bergbaumodelle etc.« fertigten. Der erzgebirgische Pfarrer und Heimatdichter Christian Gottlob Wild (1785–1839) bestätigte 1809 in seinen vor allem die Vorzüge der erzgebirgischen Landschaft hervorhebenden »Interessante[n] Wanderungen durch das Sächsische Ober=Erzgebirge«, dass ein in einem Zechenhaus wohnender Mann, »Namens Unger«, der 1806 noch lebte, »allerlei kleine Modelle vom Bergbau und Darstellungen desselben schnitzt«.[110] Da er im Zechenhaus wohnte, wird es auch ein Bergmann gewesen sein. An anderer Stelle schreibt Wild: »Während der ganzen Adventszeit arbeitet und schnitzt der fleißige und speculative Bergmann an allerlei mechanischen Spielereien, welche meistentheils Modelle des Bergbaus sind und ihm manchen Schweißtropfen kosten.« Diese Arbeiten waren offenkundig zum Verkauf bestimmt, »damit er Feiertagsgeld habe.« Daraus kann geschlossen werden, dass talentierte Bergleute, die aufgrund ihrer 40-Stunden-Woche Zeit für Feierabendtätigkeiten hatten, diese Bergwerksdarstellungen herstellten. Wenn sie nicht verkauft wurden »illuminiert [er] sie zur Freude seiner Familie am heiligen Abend.«.[111] Diese Quelle vereint Bergbau-Memorabilien mit besonders begabten Bergleuten und ihrem Nebenverdienst und berichtet von einer Verwendung als Weihnachtsdekoration. Offensichtlich haben wir es hier mit dem Ursprung der erzgebirgischen Weihnachtsleuchter zu tun. Ungewiss bleibt jedoch, ob darunter bereits die Kronleuchter zu verstehen sind, die später in den Weihnachtstagen die einfachen Stuben im Erzgebirge schmückten.

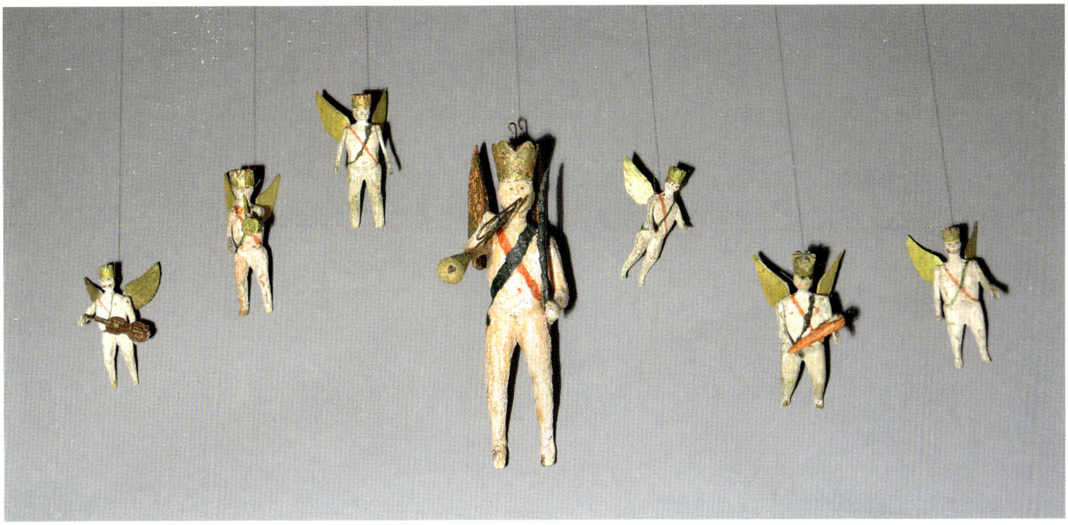

30
Engelbehang eines Kronleuchters
Unbekannter Schnitzer
Erzgebirge, wohl Anfang 19. Jahrhundert
Holz geschnitzt und farbig gefasst
H 7,5 bis 18,5 cm
Museum für Sächsische Volkskunst
Dresden, Inv.-Nr. G 9989

Beginn der Verwurzelung (erste Hälfte 19. Jahrhundert)

Die nächste Quelle zu Beginn des 19. Jahrhunderts zu Kronleuchtern ist ein Lied in erzgebirgischer Mundart. Darin beschreibt der schon erwähnte Christian Gottlieb Wild wohl kurz vor 1815 erzgebirgische Weihnachtsbräuche. Wenn es in der dritten Strophe des Liedes »Ne Hannel sei Weihnachtsliedel« heißt »Fix, ne Kronelechter ro, den ich zammgebitzelt ho un vergoldt su machtig!«,[112] dann wird klar, dass der Kronleuchter für den eigenen Bedarf »zammgebitzelt« (zusammengebastelt) wurde und es sich nicht um eine Erwerbung handelte und dass dies nichts Neues, sondern übliche Praxis war. Im zweiten Teil der Strophe »Satt die goldign Engele! Zwischen Straichele wackeln se – ach, dos sieht su prachtig!« und in der folgenden vierten Strophe »Su, nu is er agezündt. Ei, wie schie daar Lechter brinnt – Aah de Schwarzbeerstraichle sei, agesaah bei Licht, su fei, tunne racht schie klaadenn s' kloppt mir'sch Herz ver Fraaden!« wird der Schmuck des Leuchters beschrieben: vergoldete Engel und Zweige der Schwarzbeersträucher (Heidelbeerzweige).

Engel als Behang trägt auch der älteste Kronleuchter im Volkskunstmuseum (siehe Abb. 61), den laut der dazugehörigen Beschreibung um 1810 ein »invalider« Bergmann, ein sogenannter »Bergfertiger«, hergestellt hat. Aus dieser Zeit, der ersten Hälfte des 19. Jahrhunderts, sind noch weitere Kronleuchter in Museums- wie Privatbesitz erhalten, deren Engel sich stark ähneln und die vor allem im Raum Freiberg entstanden waren. Bei mehreren von ihnen sind die Arme aus gesägten Monogrammen – wiederum ein ursprünglich höfisches Motiv[113] – und manchmal aus Jahreszahlen gestaltet.

Das typisch Erzgebirgische daran ist, dass diese Monogramme die Gestaltung der Arme dominieren.

Eine weitere Quelle, die Kronleuchter als Element der Weihnachtsdekoration in erzgebirgischen Stuben beschreibt, ist das wohl schon vor 1830 entstandene berühmte »Heiligabendlied« (»Heiligohmdlied«)[114] der Johanne Amalie von Elterlein geb. Benkert (1784–1865). Hier wird als weihnachtlicher Schmuck ebenfalls ein an der Decke hängender Leuchter (»Ich ho men Lechter ohgezünd't, Säht 'nauf ihr Mähd die Pracht«[115]) genannt.[116]

Es kann demnach festgehalten werden, dass bereits im ersten Viertel des 19. Jahrhunderts der Brauch des Weihnachtskronleuchters auch in einfachen erzgebirgischen Stuben entsprechend verbreitet und mehrfach belegt ist.

Konsolidierung und Entfaltung (Mitte 19. Jahrhundert bis etwa 1880)

Seit Mitte 19. Jahrhunderts hatte der Bergbau stark ab- und der Prozess der Industrialisierung des Erzgebirges zugenommen. Damit verschlechterte sich die soziale Lage der Bergleute und war nicht mehr mit der zu Beginn beschriebenen privilegierten Situation zu vergleichen. Die Weihnachtskultur hatte sich offenkundig erweitert.
In der 1852 erschienenen »Beschreibung des Königreiches Sachsen« von Ernst Wilhelm Richter (1802–1874) war es wiederum ein an der Decke hängender »Leuchter, mit kleinen hölzernen Engeln geschmückt, welcher das Zimmer erleuchtet«.[117] Allerdings fehlen die Informationen, in welcher Art Haushalt der Leuchter hing und wer ihn gefertigt hat. Die Art der Schilderung lässt jedoch erneut auf eine gängige Tradition schließen.

Über die Herstellung geben die Erinnerungen des bekannten, aus Langenau bei Brand-Erbisdorf stammenden erzgebirgischen Bildschnitzers Ernst Dagobert Kaltofen (1841–1922) Auskunft.[118] Er schildert, wie sein Vater und andere Bergleute im Ort vor Weihnachten in Feierabendtätigkeit »bergmännische Sachen, wie es im Gebirge Brauch ist: Kronleuchter [...], Engel an den Kronleuchter zu hängen« schnitzten. Gleiches berichtet Kaltofen über sich selbst: »Neben der Bergarbeit schnitzte ich fleißig [...]. Kunststeiger Böhme [...] bestellte bei mir 12 Engel, welche er an einen Kronleuchter hängen wollte.«[119] (siehe Abb. 30). Diese wenigen Quellen verdeutlichen, dass sich die Entwicklung des Kronleuchters für den privaten Gebrauch zu Weihnachten, auch in den Stuben anderer Bewohner des Erzgebirges fortsetzte. Immerhin war der Kauf eines Kronleuchters zunächst den besser bezahlten Bergbeamten, den Bergoffizianten, vorbehalten, wie dem bei Kaltofen genannten Kunststeiger. Kronleuchter blieben demnach weiter Luxusobjekte, es sei denn, man fertigte sie selbst.

Eine ausführliche Schilderung selbst hergestellter Kronleuchter und anderer Elemente des bergmännischen Weihnachten aus der Zeit vor 1860 veröffentlichte der Lehrer Brandt (vor 1860 – nach 1901) aus Unterwiesenthal 1901 in den Mitteilungen des Vereins für Sächsische Volkskunde.[120] Bei diesem nachträglich aufgeschriebenen Bericht muss berücksichtigt werden, dass sich dabei möglicherweise die Erinnerungen mit der nach 1860 stattgefundenen Entwicklung der weihnachtlichen Bräuche vermischt haben. Es geht in der Schrift um Bergleute aus Grumbach bei Jöhstadt, die in einem Bergwerk in Preßnitz (Přísečnice) im böhmischen Wald gearbeitet hatten und wie sie ihre Mettenschicht[121] vorbereiteten. Darin werden die »sogenannten Bergspinnen und Bergleuchter[n]«[122] mit ihrem Schmuck »Bergmann [...] Hirsche, Rehe, Jäger, Bäume und biblische Personen« eingehend beschrieben. Neu sind jetzt Dekorationen wie Jagddarstellungen und »biblische Personen«.[123] Es stellt sich die Frage, ob diese Bergleute selbst die Idee für den neuen Schmuck hatten oder ob nach bereits vorhandenen Vorbildern gearbeitet wurde. Immerhin war inzwischen die Zeit der Kunstgewerbeschulen angebrochen und Volkskundler befassten sich mit dem Erzgebirge.

Beginn der Professionalisierung

Ab etwa 1870, möglicherweise auch früher, begannen Seiffener Drechsler und Spielzeughersteller Kronleuchter als virtuose Schaustücke für den eigenen Bedarf zu fertigen. Diese hochkomplexen Einzelstücke rezipierten ausnahmslos die seit der ersten Hälfte des 19. Jahrhunderts in Mode gekommenen Glasbehangkronleuchter aus Böhmen, die meist als Stiftungen in Kirchen hingen und bereits manche bürgerliche Wohnung schmückten (siehe Abb. 19, 20).

Gefertigt waren sie hauptsächlich aus Holz. Das betrifft nicht nur das tragende Gestell, sondern auch die aus gedrechselten Holzperlen nachgeahmten Glasketten und anderen Glasbehang. Unübersehbar ist die Absicht, mit den zur Verfügung stehenden einfachen Mitteln die Originale nachzubilden. Einige Gestaltungen erhielten noch Steigerungen, indem der Kronleuchter mit einer Pyramide kombiniert zum »Laufleuchter« wurde. Diese erhielten dann auch figürlichen Schmuck, bei dem es sich außer Engeln, Bergleuten und Jagddarstellungen vor allem um Krippenfiguren handelte.

Das »Konzept Volkskunst« und die Folklorisierung der erzgebirgischen Weihnachtskultur (Ende 19. Jahrhundert bis 1933)

Ende des 19. Jahrhunderts begann ein neues Kapitel für die im Erzgebirge hergestellten Kronleuchter. Die Lebensbedingungen und damit die soziale Lage der Menschen hatten sich mit der weiter fortschreitenden Industrialisierung wieder stark geändert und sogar weiter verschlechtert. Das hatte jedoch keine Auswirkungen auf die weihnachtlichen Traditionen und die künstlerischen Tätigkeiten nach Feierabend. Im Gegenteil, diese wurden nicht nur fortgesetzt, sondern immer zahlreicher.

Der Fortschritt der Industrialisierung und die Krise, in der sich die Spielzeugindustrie befand, hatten zur Folge, dass sich unter der Mittel- und Oberschicht der Stadtbevölkerung die Sorge vor den bereits deutlich sichtbaren Auswirkungen ausbreitete. Diese Gesellschaftsschicht hatte schon im 19. Jahrhundert nicht nur das Erzgebirge und seine besondere Landschaft entdeckt. Auch die Kultur des einfachen erzgebirgischen Volkes rückte nun als ein schützenswertes Gut in ihren Blickpunkt. Darin drückte sich die »Sehnsucht nach ehrlichen, einfachen und überschaubaren Verhältnissen auf dem Land«[124] und nach einer vermeintlich »früher« dagewesenen Ursprünglichkeit und Natürlichkeit – auch im Sinne von Authentizität und Unberührtheit – aus. Dieses Ursprüngliche und Natürliche glaubte man in den einfachen, für die Inszenierung des Weihnachtsfestes selbst geschnitzten und gedrechselten Werken der Erzgebirger zu finden und man wollte das eigene Weihnachtsfest ebenfalls mit diesen Weihnachtsattributen verschönern. So wurde die »traditionelle handgemachte Volkskunst [...] das perfekte Trostmittel gegen die unterschwellige Angst vor dem unberechenbaren neuen Industriezeitalter«, wie es Igor Jenzen 2015 formulierte.[125]

Auf diese Weise war der Nährboden entstanden für das Konzept der Volkskunst, welches seit dem Ende des 19. Jahrhunderts als Ausweg aus der Krise der erzgebirgischen Spielwarenindustrie und als Reaktion auf die Krise des historisierenden Kunstgewerbes gefunden wurde.[126] Der Dozent und spätere Professor für Zeichnen an der Königlichen Kunstgewerbeschule Dresden Oskar Seyffert (1862–1940) hatte daran mit all seinen Aktivitäten bis hin zur Gründung des 1913 eröffneten »Landesmuseums für Sächsische Volkskunst« – welches er bis 1940 leitete – erheblichen Anteil.

Jetzt waren es bürgerliche Kreise, Bildungsbürger aus den Städten, die neben allen anderen Elementen der Weihnachtskultur auch die erzgebirgischen Kronleuchter in ihr Umfeld integrieren wollten. So kehrte sich der einstige Prozess der Übernahme von Statussymbolen der Vermögenden in die erzgebirgischen Stuben wieder um, und die einfachen, eigentlich als ein »Ersatz« für die höfischen Leuchter selbst »gebastelten« Kronleuchter wurden nun zu Objekten der Begierde des städtischen Bürgertums.

Damit begann in größerem Stil die Folklorisierung, das Kopieren und Nachahmen der erzgebirgischen Volkskultur und des Brauchtums für Abnehmer außerhalb des Erzgebirges. Ein Mittel zu diesem Zweck waren die zahlreichen, seit etwa 1870 in Sachsen gegründeten Heimat-, Schnitz-, Krippen- und Weihnachtsvereine,[127] in denen man gemeinsam volkskünstlerischen Beschäftigungen aller Art nachging, sich austauschte, die Traditionen pflegte und erforschte. Gleichzeitig diente dieses Engagement der wirtschaftlichen Förderung des Erzgebirges, denn nicht nur die Spielzeugindustrie befand sich in einer Krise.

31
Der Schnitzer und »Männelmacher« Gustav Louis Otto (1896–1937) aus Arnsfeld (bei Mildenau) bei der Herstellung von Spinnen
Foto: Hermann Krauße (1865–1945)
Steinbach, 1915
Deutsche Fotothek Dresden, Nr. df_hauptkatalog_0007190

Auf dem Foto von 1915 ist deutlich sichtbar, dass es sich hier um eine gewerbsmäßige Anfertigung von Spinnen mit gedrechseltem Schaft (»Docke«) und s-förmig gebogenen Drahtarmen handelte (siehe Abb. 32).

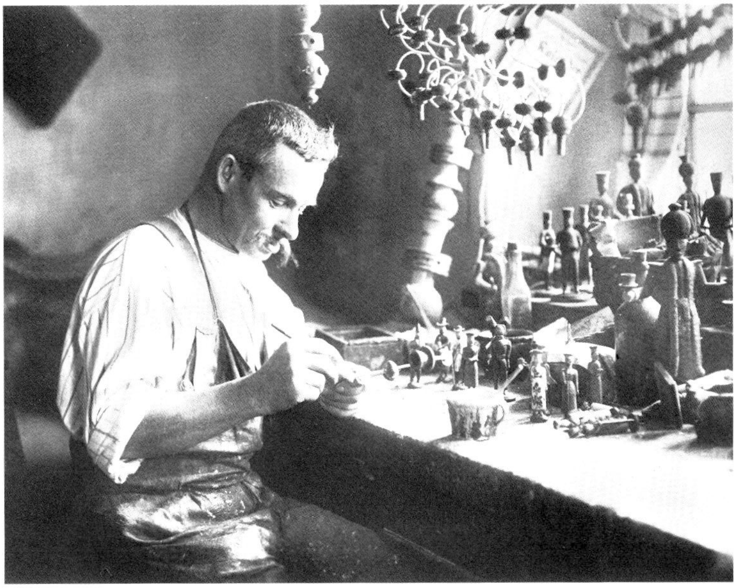

Diese nun entstehende »neue« Volkskunst wurde nach dem Konzept Oskar Seyfferts gefördert und gelenkt.[128] Das geschah unter anderem dadurch, dass jetzt für die 1852 in Seiffen entstandene Spielwarenschule[129] und die 1879 in Grünhainichen gegründete Fachgewerbeschule neue Ausbildungsziele formuliert wurden, die der Verbesserung des Geschmacks der Produkte dienten. Dort entstanden mittels neuer Entwürfe ganz aktiv »volkskünstlerische« Erzeugnisse, die für eine serielle Herstellung geeignet waren.

Infolgedessen vergrößerte sich nun stetig der Kreis der Hersteller von Kronleuchtern. Neben den Privatpersonen, für die der Erwerb von manufakturmäßig gefertigten Leuchtern oder als Auftragswerk nach wie vor zu teuer gewesen wäre, waren es jetzt auch die Spielzeughersteller, die Kleinserien fertigten.[130] Das zeigt beispielsweise ein Foto von Gustav Louis Otto (1869–1937), einem Drechsler aus Arnsfeld (Abb. 31), der Spinnen herstellte.[131]

Aus den Jahren zwischen dem Ende des 19. und dem ersten Drittel des 20. Jahrhunderts blieben besonderes viele Kronleuchter erhalten. Im Dresdner Museum für Sächsische Volkskunst stammt mehr als ein Drittel des Gesamtbestands von etwa 70 Leuchtern aus der Zeit zwischen 1880 und 1900; ein ähnlich großer Teil entstand ab 1900 bis 1920/1930.Beeindruckend ist die Vielfalt der Formen, Gestaltungen und Motive ihres Schmuckes. Neben den omnipräsenten Bergleuten und ihrer Arbeitswelt sowie den ebenfalls fast überall anwesenden Engeln gehören religiöse Darstellungen der Weihnachtsgeschichte mit allen Facetten dazu. Weiterer Schmuck sind Blumen, Glocken, Zapfen, die Jagd und Spielzeug. Eine Besonderheit bilden die sogenannten Wiesaer Affenleuchter oder die Adlerleuchter mit mehreren Adlern als oberem Abschluss und als Schlangen gestalteten Armen. Außergewöhnliche Schöpfungen sind die schon genannten, vor allem in Seiffen für den eigenen Gebrauch gefertigten Kettenleuchter.

Doch es ist bislang noch nicht mit Gewissheit zu sagen, ob es manche Gestaltungsformen von Leuchtern tatsächlich erst seit dem Ende des 19. Jahrhunderts oder nicht bereits vorher gab.

Ideologisierung, Standardisierung, Massenware (ab 1933 bis 1989)

Nationalsozialismus (1933 bis 1945)

Nach ihrer Machtübernahme 1933 förderten auch die Nationalsozialisten die erzgebirgische Volkskunst.[132] Damit einher ging eine Marginalisierung der christlichen Zusammenhänge der erzgebirgischen Weihnachtskultur zugunsten eines Germanen-Mythos.[133] Um im Erzgebirge die regionalen kulturellen Aktivitäten steuern zu können, wurde 1936 das »Heimatwerk Sachsen – Verein zur Förderung des sächsischen Volkstums e.V.« gegründet.[134] Sein Vorsitzender, der Schwarzenberger Unternehmer Friedrich Emil Krauß (1895–1977), war 1937/1938 maßgeblich an der Organisation der vielzitierten und stark beachteten und besuchten »Feierohmd-Schau«[135] in Schwarzenberg beteiligt, die alle wichtigen Bestandteile der erzgebirgischen Volkskunst präsentierte. Bedingung dabei war allerdings, dass es bei der Gestaltung keine orientalischen Motive mehr geben durfte, sondern dass alles »erzgebirgisch« sein musste. Dazu erschienen die »Feierohmd-Bilderbögen« (siehe Abb. 41). Die darauf beispielhaft abgebildeten Gegenstände der Weihnachtskultur waren mit den Namen der Hersteller und des Ortes gekennzeichnet und dienten als Vorlagen. Die abgebildeten Hängeleuchter eigneten sich durch ihre Vereinfachung gut für eine serielle Fertigung. Einige der abgebildeten Leuchtertypen waren bzw. sind in der Sammlung des Dresdner Museums für Sächsische Volkskunst vertreten. Im privaten Bereich wurden weiter die überlieferten Schmuckformen verwendet.

Es ist erstaunlich, wie die ideologisch beeinflussten Entwürfe nach und nach akzeptiert wurden und heute nicht mehr mit dem Nationalsozialismus in Verbindung gebracht, sondern sogar als typisch erzgebirgisch wahrgenommen werden. Bekanntestes Beispiel ist das 1937 entstandene Schwibbogenmotiv nach dem Entwurf von Paula Jordan (1896–1986) für die »Feierohmdschau« mit Bergleuten, Klöpplerin und Spielzeugmacher, mit welchem die bis dahin wenig bekannten Schwibbögen in ganz Sachsen und darüber hinaus Verbreitung fanden.[136] Auch die von Max Schanz (1895–1953) entworfenen Striezelmarktkinder oder die Kurrendesänger vor der Seiffener Kirche zählten zu diesen neuen Motiven.

DDR (1949 bis 1989)

In der DDR wurde die Volkskunst als Kultur der Arbeiterklasse verstanden. Über sie nahm man Einfluss auf die Menschen. Mit einer »Neuinterpretation der überkommenen Traditionen«[137] sollte eine sozialistische Volkskunst ohne Bezug auf die Religion entstehen.[138] Vor allem wurde die »Lichtersehnsucht des Bergmanns« als Ursprung für die erzgebirgische Lichterbetonung des Weihnachtsfestes definiert.[139] Die Frömmigkeit der Erzgebirger und ihre Zugehörigkeit zur Kirche, die bis heute höher als im übrigen Sachsen ist, blieben dabei außer Acht.[140] Da die erzgebirgische Volkskunst aber ein wichtiger Faktor für Export und die Erwirtschaftung von dringend notwendigen Devisen war, wurde die christliche Thematik für diesen Zweck geduldet. In den offiziellen Schnitzzirkeln mussten sich die Schnitzer jedoch den ideologischen Vorgaben beugen. Im privaten Bereich konnten derartige Vorschriften umgangen werden. Hier entstand unzensierte Volkskunst, wobei die in der DDR herrschende Mangelwirtschaft die Kreativität der Hersteller herausforderte, schon weil der offizielle Erwerb im Handel selten möglich war. Die meisten der produzierten Leuchter waren für den Export ins »nichtsozialistische« Ausland bestimmt. Deshalb lohnten sich Eigenanfertigungen (siehe Abb. 97 und 99), die die Traditionen fortschrieben, aber auch die Vorstellungs- und Lebenswelten ihrer Hersteller widerspiegelten.

Freiheit ohne Norm (seit 1989)

Nach der politischen Wende 1989 eröffneten sich zahlreiche neue Möglichkeiten für die private Herstellung. Alle einst knapp gewesenen Materialien und Werkzeuge stehen seither zur Verfügung und der Erwerb eines erzgebirgischen Kronleuchters ist nun jederzeit möglich.

Den ideologischen Problemen folgten jetzt wirtschaftliche. Die erzgebirgischen Hersteller mussten sich verstärkt der Konkurrenz aus Fernost und deren Billigangeboten stellen und zugleich neue Absatzmöglichkeiten erschließen. Doch nach wie vor reagieren sie auf aktuelle Ereignisse oder den Zeitgeist mit neuen Entwürfen für die professionelle Herstellung. Das zeigen Räuchermänner, die Persönlichkeiten des öffentlichen Lebens porträtieren.

Der hohe Preis für die aufwendige Handarbeit hatte die Kronleuchter wieder zu Repräsentationsobjekten werden lassen. Von Künstlern und Werkstätten im Erzgebirge hergestellte Kopien alter Kronleuchter in neuen Gewändern oder neu interpretierte alte Formen weckten nun den Wunsch, diese ganzjährig zu nutzen. Dem wird mit dem Angebot von Wechsel-Schmuck, sogenannter Sommer- und Winterbestückung, entsprochen.[141] Eine andere Möglichkeit ist, Leuchter ohne Bestückung zu erwerben und den Figurenschmuck nach eigenen Vorstellungen auszusuchen.

Das Brauchtum ist in den Hintergrund geraten. Bei der Repräsentation geht es den Besitzern der neuen Objekte heute eher darum, ihre emotionale Verbundenheit mit dem Erzgebirge zu betonen.

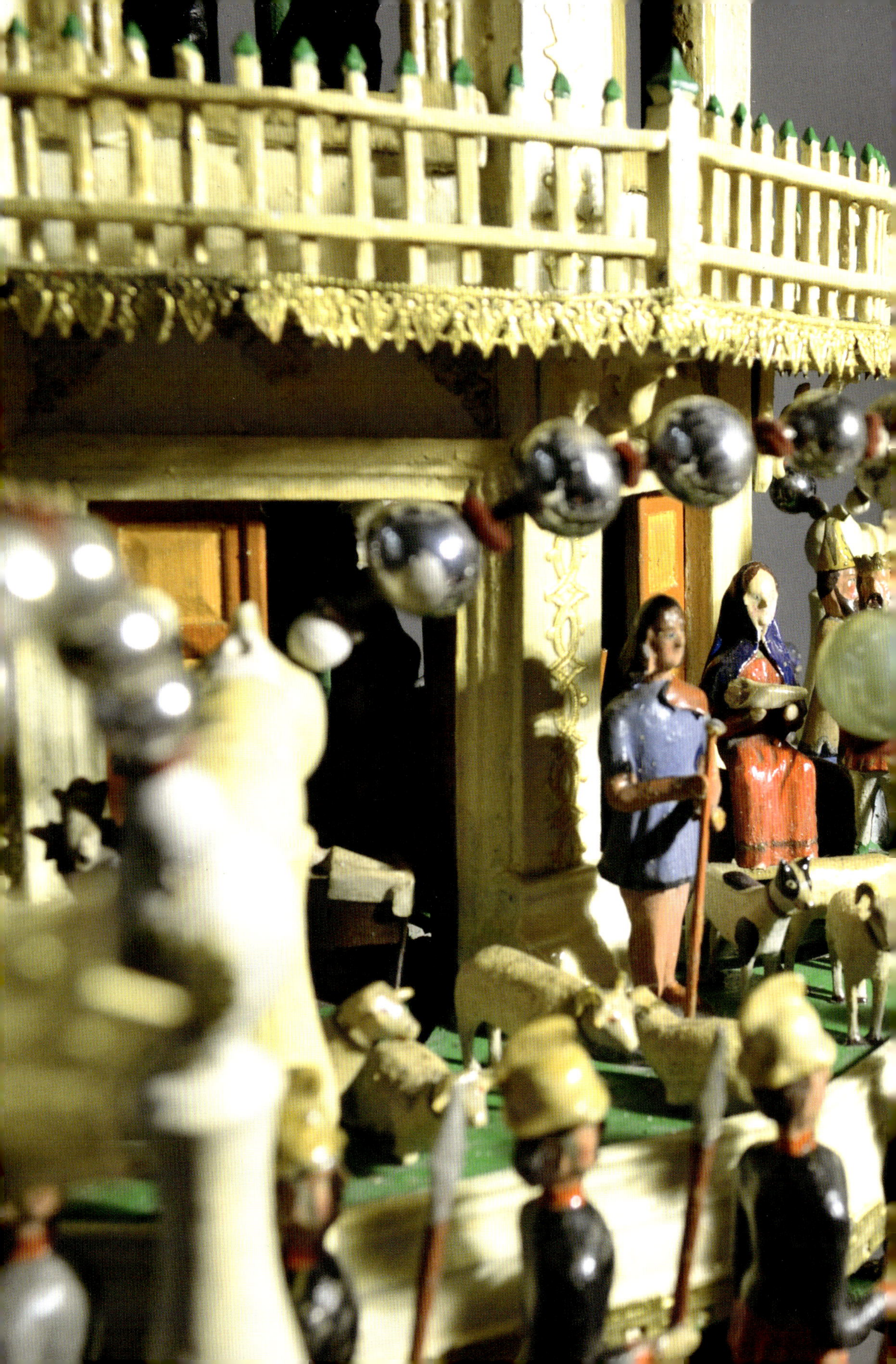

Erzgebirgische Weihnachtskronleuchter

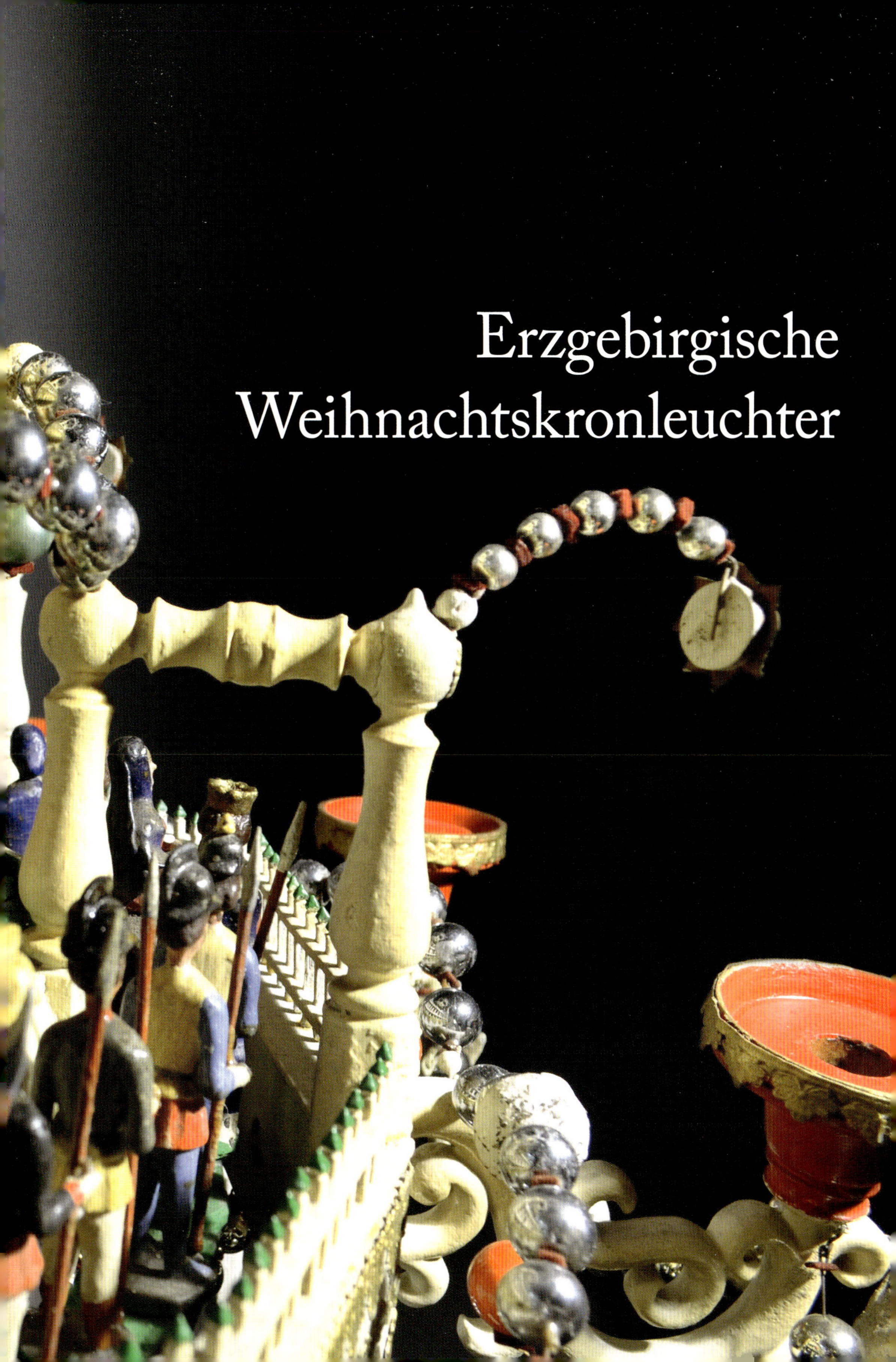

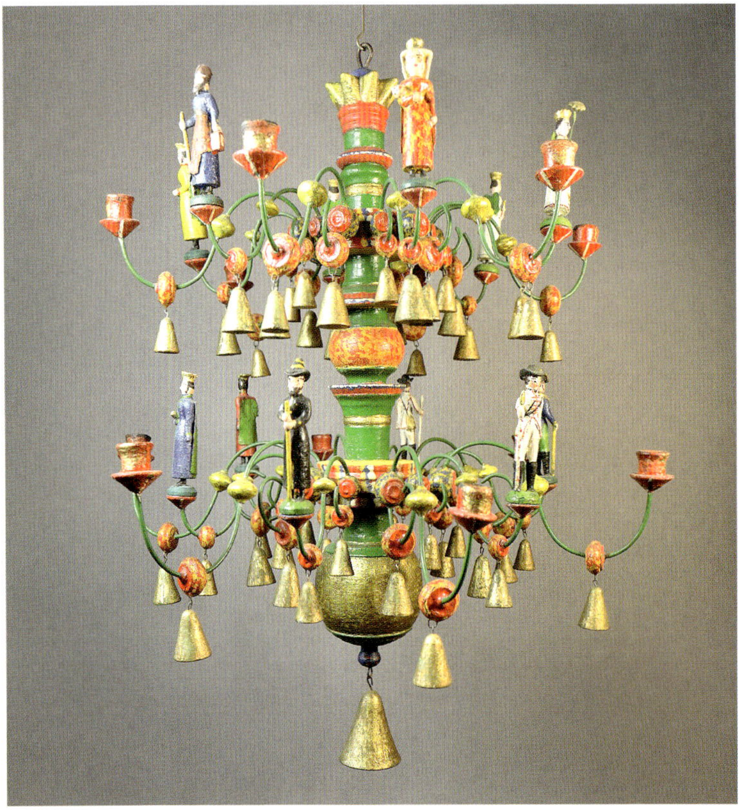

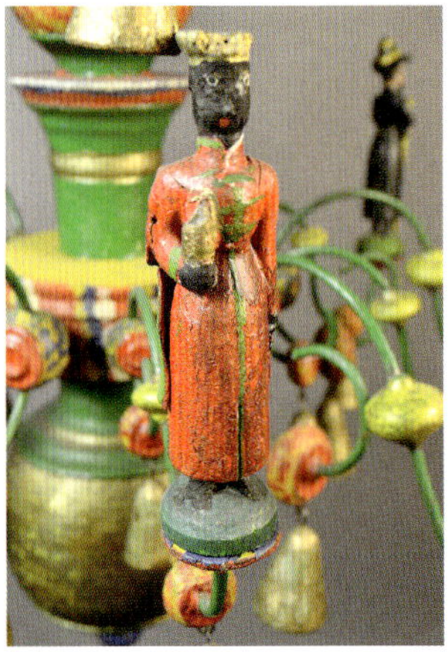

32
Spinne mit zwölf Kerzenarmen
Gustav Louis Otto
Arnsfeld, um 1930
Holz gedrechselt, geschnitzt und farbig gefasst, Metall
H 65 cm, Dm 54 cm
Museum für Sächsische Volkskunst Dresden, Inv.-Nr. G 8875

Diese klassische Spinne mit farbig gestaltetem Schaft hat in zwei Etagen je sechs Drahtarme mit Kerzentüllen. Die Zwischenarme tragen vom Hersteller gedrechselte und geschnitzte Krippenfiguren; weiterer Schmuck sind gedrechselte und bronzierte Behänge in Glockenform.

Wie ihre Vorbilder bei Hofe dienten die erzgebirgischen Kronleuchter nicht dazu, den Raum zu beleuchten. Das war de facto gar nicht möglich. Auch eine Hängung inmitten einer der niedrigen erzgebirgischen Stuben war undenkbar und hätte zudem die Bewegungsfreiheit der Bewohner erheblich gestört. Als Festelemente waren sie jedoch ideal. Deshalb erhielten sie meist über dem Tisch ihren Platz, wo sie sich im Blickpunkt der ganzen Hausgemeinschaft befanden.

Die ersten selbstgefertigten Weihnachtskronleuchter waren noch beleuchtete »Andachtsbilder«. Seit der Mitte des 19. Jahrhunderts wurden sie zu unentbehrlichem Zubehör und später zu Requisiten der Weihnacht aus Tradition. Spätestens im 20. Jahrhundert entstand ihr Schmuck oft nicht mehr eigenhändig, er wurde in Auftrag gegeben oder war häufig Katalogware, die »man« verwendete, weil es Brauch war und dazugehörte oder weil er zur Verfügung stand.

Die meisten Leuchter zeugen von Erfindungsreichtum, Geschicklichkeit und Beherrschung von Material und Techniken. Als Produkte der Volkskunst entziehen sie sich jeglicher Systematik. Deshalb wurden nachfolgend Gruppen gebildet, in denen – geordnet nach Formen, Herkunft oder Symbolen – deren Hintergründe erläutert werden.

Begriffe, Materialien, Formen, Vorbilder

Begriffe

So vielfältig wie die Gestaltungen der Kronleuchter, so vielfältig sind im Erzgebirge deren Bezeichnungen und Namen. In den frühesten Quellen vom Anfang des 19. Jahrhunderts wird analog dem höfischen Vorbild der Name *Kronleuchter* benutzt.[142] Ernst Wilhelm Richter spricht 1852 nur vom *Leuchter*, der hängt.[143] Erst danach, in der zweiten Hälfte des 19. Jahrhunderts, kommt der nach wie vor am häufigsten verwendete Begriff *Spinne*, wie auch *Bergspinne*, *Spinnenleuchter* oder *Leuchterspinne* auf. Die Namensänderung von *Kronleuchter* zu *Spinne* markiert gleichzeitig den Abschluss des Konsolidierungsprozesses vom höfischen Ursprung ins erzgebirgische Brauchtum. Namensgebend war die Ähnlichkeit mit einer Spinne, hervorgerufen von den meist acht, am gedrechselten Schaft angebrachten, gebogenen Kerzenarmen aus Draht.

Die früheste bisher bekannte Erwähnung dieses Begriffs steht in einer Schilderung von Mettenschichten erzgebirgischer Bergleute, die vor 1860 stattfanden. Hier wird erstmals von »sogenannten Bergspinnen« gesprochen und diese von »Bergleuchtern« unterschieden und beschrieben.[144] *Bergspinnen* (siehe Abb. 32) sind »klein und möglichst einfach; ausser einige Blumen, Sternen und Ringen zeigten sie keinen besonderen Zierrat.« *Bergleuchter* hingegen (Abb. 33) »waren ziemlich zusammengesetzt und hatten mehr die Gestalt unserer Kronleuchter. Sie zeigten in der ersten Docke einen Bergmann, zwischen den Armen Hirsche, Rehe, Jäger, Bäume und biblische Personen.« Der Begriff *Bergleuchter* beschreibt Schaft-Kronleuchter mit geschnitzten, gedrechselten oder gesägten Armen aus Holz.

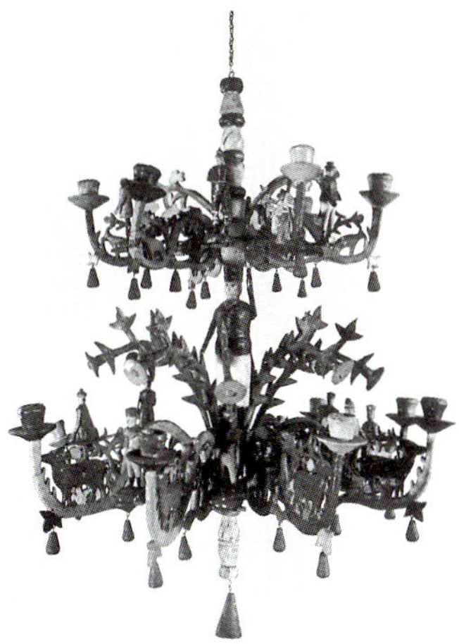

33
Bergleuchter mit 14 oder 16 Kerzenarmen
wohl E. Stimpel
Grumbach, wohl vor 1900
Holz gedrechselt, geschnitzt und farbig gefasst
Foto: Else-Marie Wunderlich, um 1935/vor 1944
Deutsche Fotothek Dresden, Nr. df_hauptkatalog_0149013

Der Schaft dieses zwischen 1935 und 1944 im Dresdner Museum für Sächsische Volkskunst fotografierten Leuchters ist als Bergmann gestaltet. Hierbei handelt es sich um einen Kriegsverlust. Möglicherweise zählte dieser Leuchter zu den in der Beschreibung einer Mettenschicht durch den Lehrer Brandt genannten »Bergleuchtern« mit einem »Bergmann in der ersten Docke« oder er wurde nach diesem Vorbild gefertigt.

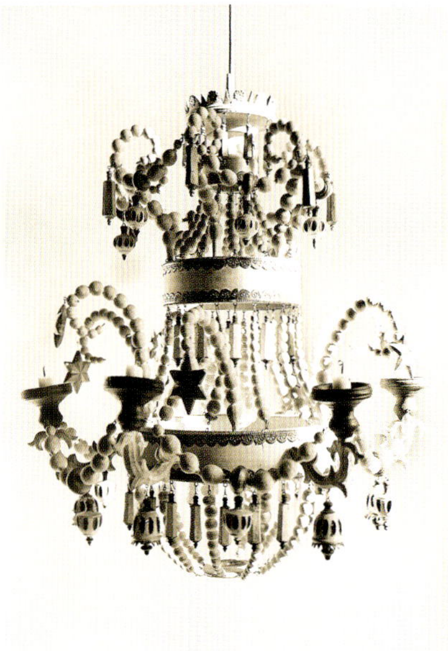

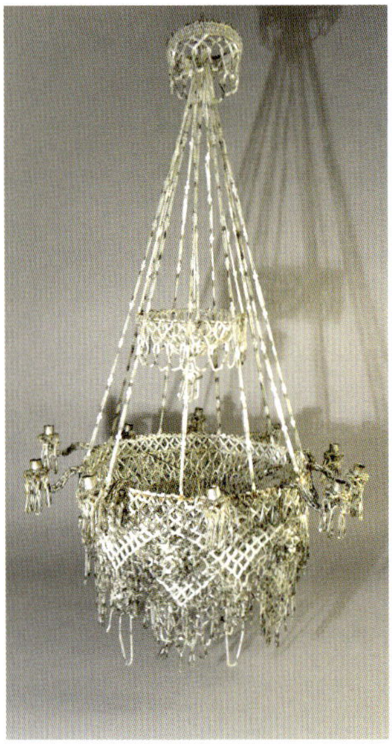

34
Kettenleuchter mit sechs Kerzenarmen
Erzgebirge, vor 1930
Holz gedrechselt und geschnitzt, Papierprägeborten
Foto: 1930
Deutsche Fotothek Dresden, Nr. df_hauptkatalog_0007852

Vorbild war hier ein böhmischer Kronleuchter in Reifenform mit Behang aus kleinen, facettiert geschliffenen Glasteilen.

35
Glasperlenleuchter mit zehn Kerzenarmen
Vogtland, um 1900
Drahtreifen, röhrchenförmige Glasperlen, Kristall mit Silbereinzug und Atlasweiß (Atlasperlen) auf Garn gefädelt
H 98 cm, Dm 59 cm
Museum für Sächsische Volkskunst Dresden, Inv.-Nr. G 11209

Es gibt auch *Doppel-* und *Dreifachspinnen*, bei denen die je acht Kerzenarme in zwei oder drei Etagen angeordnet sind. Eine Steigerung sind die als Kronleuchter gestalteten hängenden Pyramiden, die – regional unterschiedlich – als *Drehspinne*, *Laufleuchter*, *Deckenlaufleuchter*, *Hängelaufleuchter*, *Hängepyramide im Rahmen* oder *Drehleuchter* genannt werden. Als *Kettenleuchter* werden meist diejenigen bezeichnet, deren Gestalt aus Reifen mit vielen verbindenden Ketten aus Holz- und manchmal auch Glaskugeln gebildet ist. Der Volkskundler Adolf Spamer (1883–1953) nennt diese Form »Kettenleuchter nach höfisch-patrizischen Vorbildern« (Abb. 34).[145] Mitunter erhalten auch die aus kleinen, sehr unterschiedlichen Glasperlen von Posamentierern gefädelten *Glasperlenleuchter* oder *Perlleuchter* (Abb. 35) den Namen *Kettenleuchter*.

Alle Bezeichnungen sind individuell und regional unterschiedlich; es gibt im Erzgebirge keine Norm, deshalb wird als Oberbegriff der Name Kronleuchter beibehalten.

Materialien

Mittels der verwendeten Materialien zeigten sowohl die Hersteller als auch die Besitzer, was sie sich leisten konnten. Die Qualität der Schnitz- und Drechselarbeiten und der Bemalung offenbarte nicht nur künstlerisches Geschick, sondern auch die zur Verfügung stehenden Werkzeuge und Farben.

Grundmaterial war in der Regel das Holz der Fichten und Linden, aber auch andere, gut zu bearbeitende Holzsorten.[146] Daraus entstanden Einzelteile wie der Schaft – im Erzgebirge als *Docke* bezeichnet – in unterschiedlichsten Ausführungen und die meist s-förmig geschwungenen Kerzenarme sowie die sich dazwischen befindlichen Brettchen zur Aufnahme von geschnitzten Figuren und weiteren Verzierungen. Die Arme waren ausgesägt, geschnitzt oder gedrechselt. Hatten die Hersteller Zugang zu starkem Eisendraht, entstanden daraus die Leuchterarme, auf denen entweder metallene Rüböllämpchen oder gedrechselte Kerzentüllen angebracht wurden. Die Holzteile erhielten eine farbige Fassung und manchmal auch weitere, lichtreflektierende Verzierungen wie Metallpapierprägeborten oder Glasflitter. Oft sind die schmückenden Figuren aus einem Komposit, einer auch als Masse bezeichneten Substanz, die modelliert oder in Formen gegossen oder gedrückt wurde. Diese Masse bestand bei manchen Herstellern aus mit Leim oder Kleister gebundenem »Kehrmehl« aus Bäckereien, einige fügten Sand oder Gips bei. Auch eine modellierbare Masse aus Papiermaché mit anderen Beimengungen wurde verwendet.[147] Weitere Materialien waren Leder, Textilien, Pappe, Papier oder Stroh, manches Mal Abfallprodukte aus der ortsansässigen Industrie bis hin zu Zigarrenschachteln. Glaskugeln und andere Glasteile in vielfältigen Varianten, die meist aus dem nahen Böhmen, aber auch aus Lauscha stammten, waren ebenfalls ein beliebter Schmuck.

Exkurs | *von Christina Nehrkorn-Stege*

Prägeborten aus Metallpapier – ein Zierrat aus maschineller Produktion

An vielen erzgebirgischen Kunstobjekten wurden zur zusätzlichen Dekoration vorgefertigte Verzierungen angebracht. Zu diesen gehören die geprägten Schmuckborten aus Metallpapier, die auch an einigen Kronleuchtern aus der Sammlung des Museums für Sächsische Volkskunst appliziert wurden. Gestalterische Absichten sind sowohl das Erzielen strukturgebender Akzente in der Gesamtkomposition als auch das Gewinnen von Goldreflexen – insbesondere bei Kerzenbeleuchtung. Hierbei betonen die Metallpapierborten die konstruktiven Grundelemente der Leuchterarchitekturen (Abb. 36, siehe Abb. 38, 46, 52, 84).

Die nötige Flexibilität für die Applikation der Verzierungen liegt in ihrer Materialität begründet; es ist ein Verbundmaterial aus Papier und einer meist goldglänzenden Metallauflage. In der Literatur werden drei mögliche Arten der Metallauflage beschrieben.[148] Für mehrere Objekte aus der Museumssammlung ab 1853 konnte insbesondere eine Verwendung der Papiere mit galvanisch niedergeschlagener Metallauflage nachgewiesen werden. Ihre Produktion war nach Patenten von 1840 möglich.[149]

Papierunterlage und Metallauflage werden in weiteren Arbeitsschritten miteinander mustergeprägt. Noch 1841 wird das händische Prägen in einer Spindelpresse beschrieben[150] und es werden bereits Papierprägeanstalten im süddeutschen Raum genannt.[151] Ab der zweiten Hälfte des 19. Jahrhun-

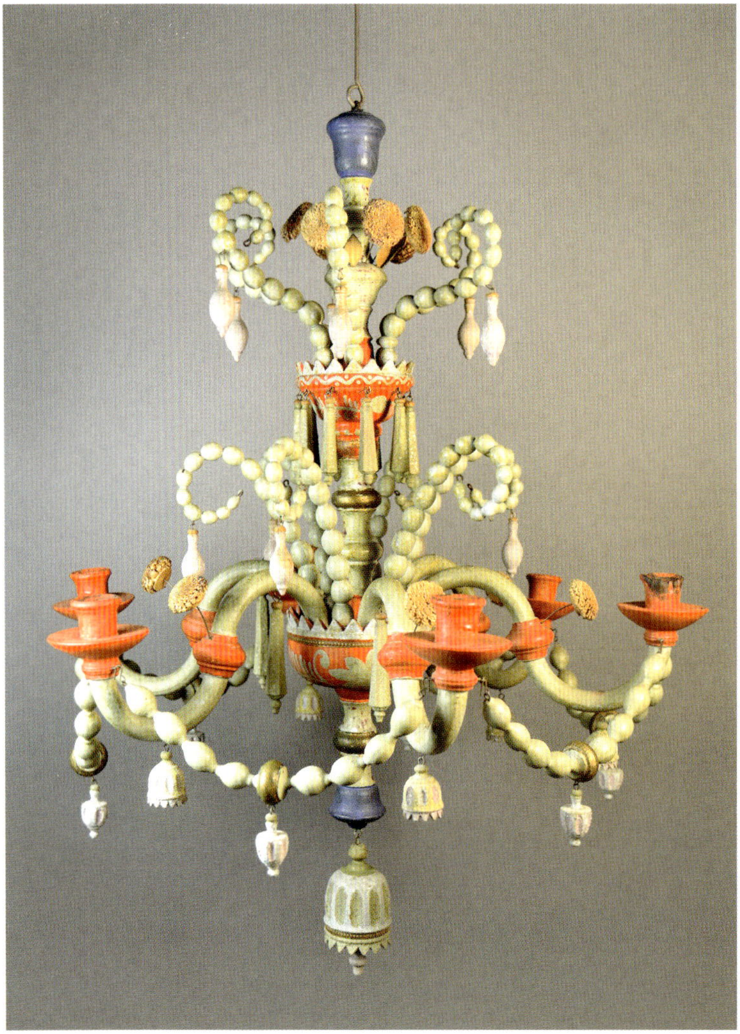

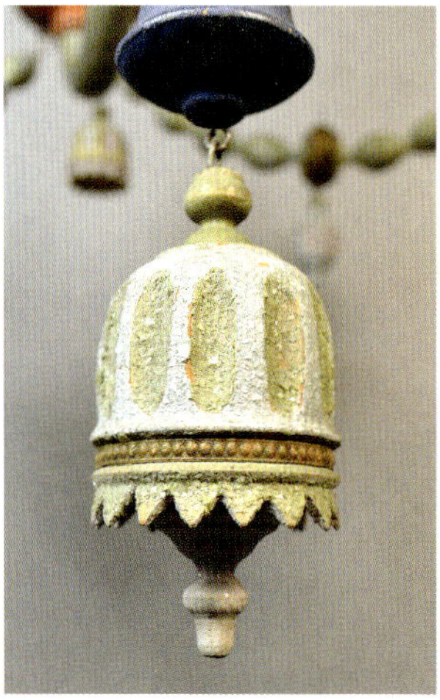

36

Kronleuchter mit sechs Kerzenarmen

Erzgebirge, um 1900
Holz gedrechselt, beschnitzt und bemalt, Applikation von geprägtem Metallpapier aus Bogenware (einfaches kleines Perlstabornament, geprägte Riefelung des Fonds und halbplastische Kugelformen, Papierunterlage, rote Farbunterlegung, goldfarbene Blattmetallauflage), Schlagmetall, Streuverzierung auf den hängenden Schmuckelementen, farblos transparenter Glasbruch in verschiedenfarbige Farbuntergründe eingedrückt
H 58 cm, Dm 47 cm
Museum für Sächsische Volkskunst Dresden, Inv.-Nr. A 752

Dieser Kronleuchter hat als Vorbild böhmische Glasarmkronleuchter aus der 2. Hälfte des 18. Jahrhunderts. Erhalten sind zwei solcher Kronleuchter in der Stadtkirche in Zöblitz (siehe Abb. 47). Nach diesem Modell hat auch Albin Neuber (1884–1965) gearbeitet.

derts ist auch Sachsen ein wichtiger Standort. So werden 1878 allein in Leipzig acht Papier-Prägeanstalten erwähnt,[152] ein weiteres Zentrum entwickelt sich in der erzgebirgischen Stadt Buchholz.[153] 1872 wird zur Produktion und Verzierung von Verpackungen die »Spitzenpapier- und Prägeanstalt Otto Mäckel« in Burgstädt gegründet.

Im Maschinenpark der heute noch produzierenden Firma lässt sich die weitere Verarbeitung der Metallpapiere ablesen. Hier kann das Herstellen von Rollenware mit Endlosmuster und Bogenware unterschieden werden. Nach dem Zuschnitt der Metallpapiere kommen für das maschinelle Musterprägen verschiedene Prägepressen und -walzwerke zum Einsatz. Hierfür ist ein Fundus zahlreicher Patrizen und Matrizen mit mannigfaltiger Musterung notwendig. Die Muster wurden den Prägewalzen oder -werkzeugen

37
»Deckenlaufleuchter« mit acht Kerzenarmen
Erzgebirge, um 1900
Holz gesägt, gedrechselt und beschnitzt, Pappe geprägt, Metall (Zinn) farbig gefasst
H 80 cm, Dm 47 cm
Museum für Sächsische Volkskunst Dresden, Inv.-Nr. G 8498

Die Idee bei der eigenwilligen Gestaltung dieses bisher einmaligen Leuchters war wohl der Gedanke, die ungewöhnlichen zur Verfügung stehenden Materialien für eine hängende Pyramide zu verarbeiten.

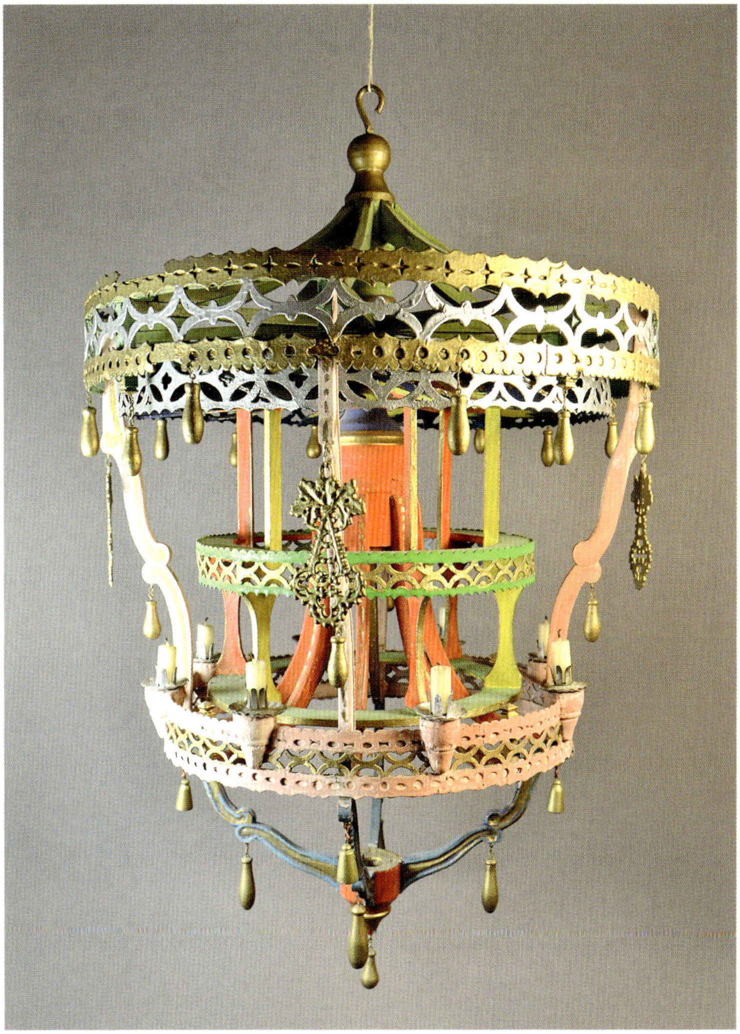

in den Herstellerbetrieben der papierverarbeitenden Maschinen eingraviert. Diese technisch ausgefeilten, auf verschiedene Oberflächenveredlungen spezialisierten papierverarbeitenden Maschinen etablierten sich ab der Mitte des 19. Jahrhunderts. Sowohl Spezialkataloge als auch die Vielfalt und Quantität der im Museumsbestand gefundenen geprägten Schmuckborten aus Metallpapier sind ein Abbild des hochentwickelten Zweigs dieser papierverarbeitenden Industrie.

Die jeweiligen produzierten Musterabschnitte wurden zur Applikation am Kunstobjekt von der Rollenware abgeschnitten oder streifenweise aus der Bogenware herausgelöst. Die Leuchter zeigen die Verwendung verschiedener Musterabschnitte von Metallpapieren mit geprägten Perlstabfriesen, floralen und geometrischen Formen (siehe Abb. 37, 38, 46, 84).

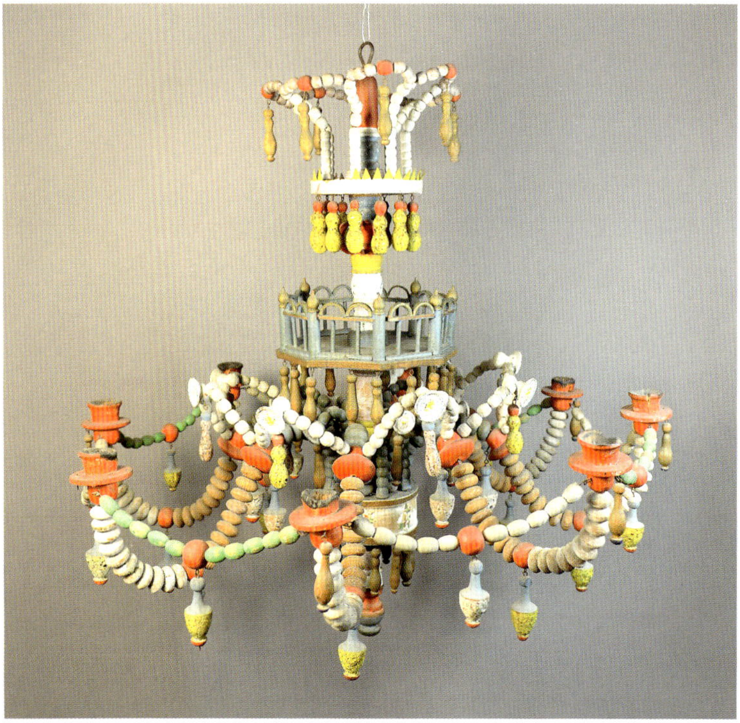

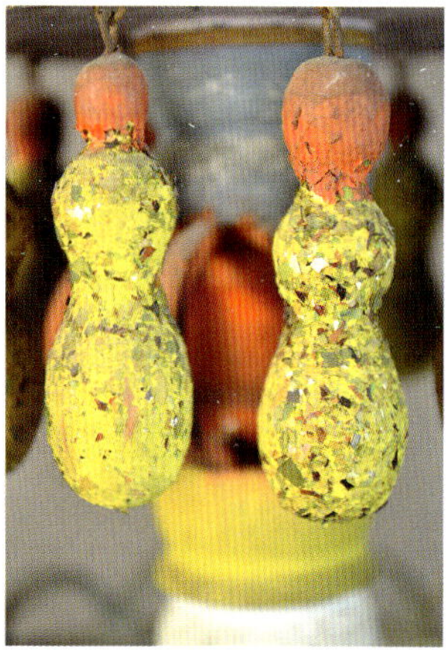

38
Leuchterspinne mit acht Kerzenarmen
wohl Seiffen, Anfang 20. Jahrhundert
Holz gedrechselt, beschnitzt und farbig gefasst, Glasflitter, Papier
H 62 cm, Dm 62 cm
Museum für Sächsische Volkskunst Dresden, Inv.-Nr. G 6448

Exkurs | *von Elisabeth Reker*

Streuarbeiten in der erzgebirgischen Volkskunst[154]

Als Streuarbeit wird eine Schmucktechnik von Oberflächen bezeichnet, bei der meist glänzende Partikel aufgebracht werden. In diesen soll sich einfallendes Licht brechen und hierdurch ein Glitzereffekt erzeugt werden. In der Volkskunst war und ist die Technik bis heute nicht aus der Gestaltungsvielfalt erzgebirgischer Kunstobjekte wegzudenken. Einerseits wurde sie an vielen Bergwerks- oder Krippendarstellungen zur Imitation von Mineralien angewendet. Ein anderer Verwendungskontext lag in einer rein dekorativen Objektverzierung ohne materialimitierende Funktion. Dieser Gestaltungsabsicht sind zumeist auch die Streuarbeiten auf erzgebirgischen Kronleuchtern zuzuordnen. Hauptsächlich wurden dort hölzerne Behänge, welche am Leuchterkorpus sowie den Armen befestigt sind, mit Streumaterial geschmückt.

Untersuchungen der Streuarbeiten an insgesamt drei Leuchtern[155] (Abb. 38, siehe Abb. 36, 52) führten zu der Erkenntnis, dass es sich bei allen vorliegenden Streumaterialien um zerbrochenes Glas handelt. Erkennbar ist diese Materialität vor allem an den muschelig gebrochenen Partikelkanten sowie ellipsenförmigen Lufteinschlüssen in den Splittern. Beide Merkmale sind charakteristisch für Glas. Die Partikel liegen in verschiedenen Farben, Formen und Größen vor, wobei die farbigen Beispiele aus vollständig durchgefärbten Gläsern bestehen. Die Färbung ist auf die Zugabe von verschiedenen Metalloxiden zu den Glasmassen während des Herstellungsprozesses zurückzuführen.

Die Partikel wurden kurz nach der Farbfassung auf die noch feuchte Farbe aufgebracht. Dies geschah wahrscheinlich durch Rollen der frisch gefassten Holzelemente in dem Streumaterial. Da dieses teilweise tief in die Farbe eingesunken und von dieser bedeckt ist, ist ein Auftrag durch reines Aufstreuen unwahrscheinlich. Gläsernes Streumaterial fand in der erzgebirgischen Volkskunst breite Anwendung und hat lange Tradition. Es eignete sich besonders aufgrund einer in dieser Region traditionell engen Verbindung zwischen Drechslern und Glasmachern[156] als Material zum Verzieren von Kunstobjekten. Ob es sich bei den Glaspartikeln um eine Handelsware oder um ein Nebenprodukt der Glasmacherkunst handelte, ist bisher allerdings nicht bekannt. Zwar gibt es verschiedene Hypothesen bezüglich möglicher Herstellungstechniken, so beispielsweise durch Blasen dünnwandiger Glaskugeln, welche anschließend durch Abschrecken in kaltem Wasser zersprangen.[157] Andere Berichte beschreiben das Walzen und Stampfen von geblasenem Glas.[158] Allerdings kann keine dieser Aus-

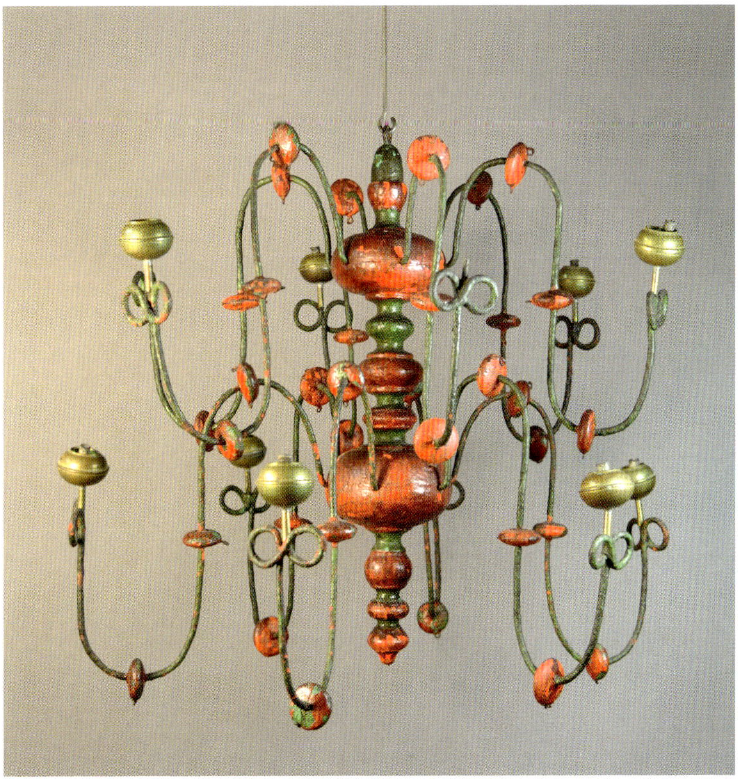

39

Spinne mit Rüböllampen, zwölf Arme

Erzgebirge, Ende 19. Jahrhundert
Holz gedrechselt und farbig gefasst, Eisendraht gebogen, Messingblech
H 38 cm, Dm 45 cm
Museum für Sächsische Volkskunst Dresden, Inv.-Nr. G 969

Die stark s-förmig gebogenen Arme dieser Spinne erhielten unter der Rüböllampe als Verzierung aus dem Draht der Arme eine Schleife, die auch als liegende Acht gedeutet werden kann.

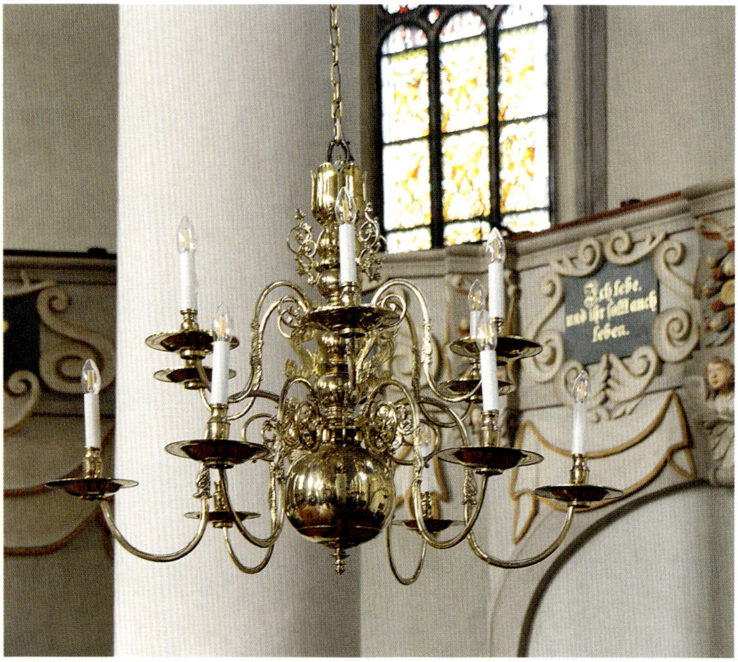

40
Messingkronleuchter mit zwölf Kerzenarmen
17. Jahrhundert
Messing, gegossen
Marienberg St. Marienkirche

Die Gestaltung des Kronleuchters und die Form der Arme können die Anregung für die Gestaltung der Spinnen mit ihren Drahtarmen gewesen sein.

führungen mit Sicherheit auf die Gesamtheit des in der Volkskunst verwendeten Streumaterials übertragen werden. So ist dessen genaue Herkunft und Herstellung zwar ungeklärt, die große Beliebtheit von Glaspartikeln für volkskünstlerische Streuarbeiten ist jedoch angesichts der vielen erhaltenen Beispiele gut belegt.

Formen

Spinnen

Spinnen (Abb. 39) können als vereinfachte Abbilder der Messingkronleuchter bezeichnet werden, welche seit der zweiten Hälfte des 16. Jahrhunderts in lutherischen Kirchen[159] des Erzgebirges wie auch in Schlössern oder Bürgerhäusern hängen (Abb. 40).[160]

Vorlagen für die Gestaltung sind erst aus dem 20. Jahrhundert bekannt. Das sind die 1937 entstandenen »Feierohmd-Bilderbögen« (Abb. 41), mittels derer die Motive der erzgebirgischen Volkskunst deutschlandweit verbreitet wurden. An den Entwürfen für die Leuchter war unter vielen anderen ein Handwerker beteiligt, der in seiner Freizeit aus Freude an der Gestaltung hunderte derartiger Leuchter fertigte, die außer nach Deutschland in viele Teile der Welt, wie Südafrika, Kanada, den Fernen und Nahen Osten sowie in viele europäische Länder gegangen sein sollen.[161] Der gelernte Schmied Albert Franke (1898–1982) aus Glauchau, auch »Spinnenfranke«

41 ►
Feierohmd-Bilderbogen Nr. 6
Glückauf Verlag Schwarzenberg,
Herausgeber: Friedrich Emil Krauß,
Gestaltung: Karl Voss
Schwarzenberg, um 1937
Offsetdruck teilkoloriert
H 52 cm, B 37,5 cm
Staatliche Museen zu Berlin,
Museum Europäischer Kulturen,
Inv.-Nr. MEK_N 33 C 7211 151-1998

Leuchter

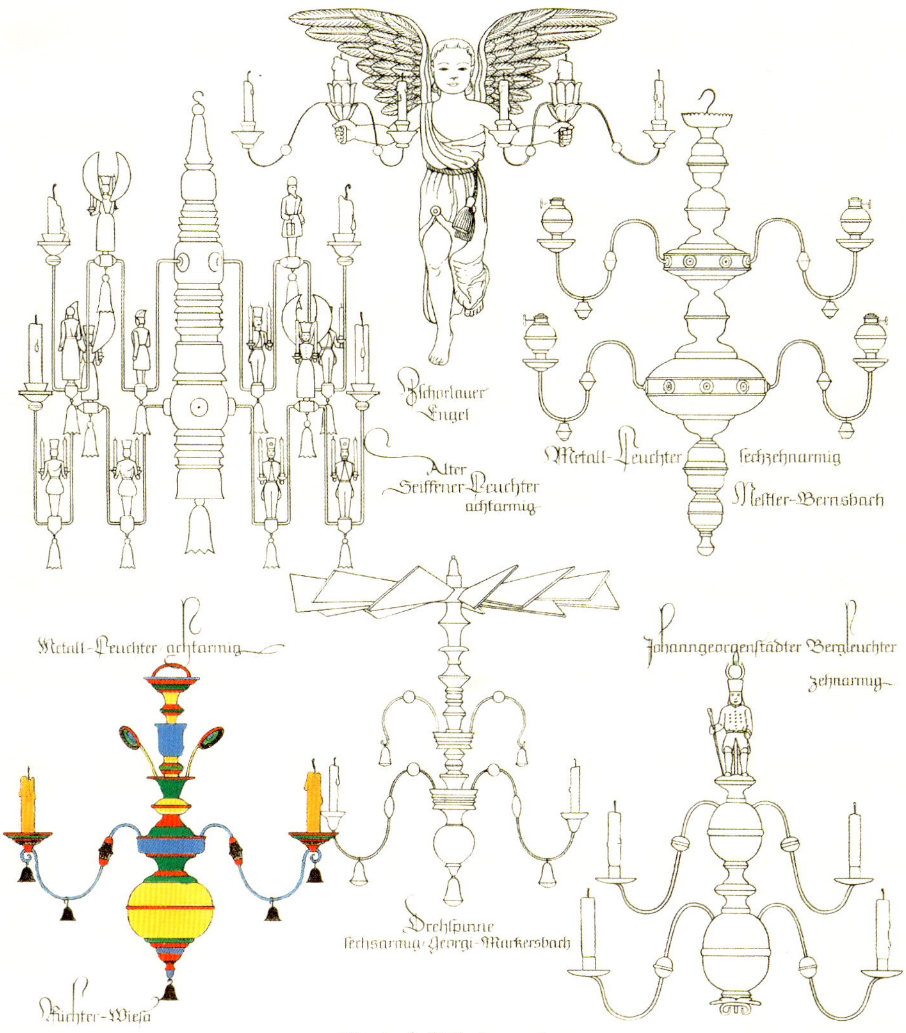

Feierohmd-Bilderbogen Nr. 6

Herausgegeben von F. E. Krauß † im Glückauf Verlag, Schwarzenberg

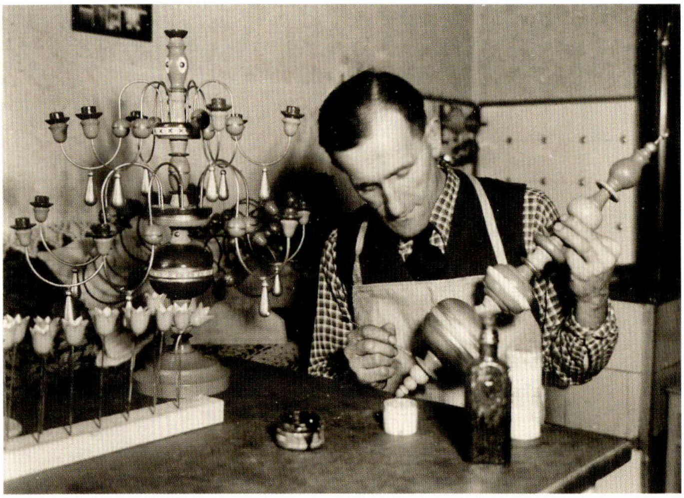

42
Der Spinnenhersteller Albert Franke aus Glauchau bei der Arbeit
Foto: Johannes Pippig
Glauchau, vor 1945
Kreisarchiv Zwickau Sign. Mus G 18

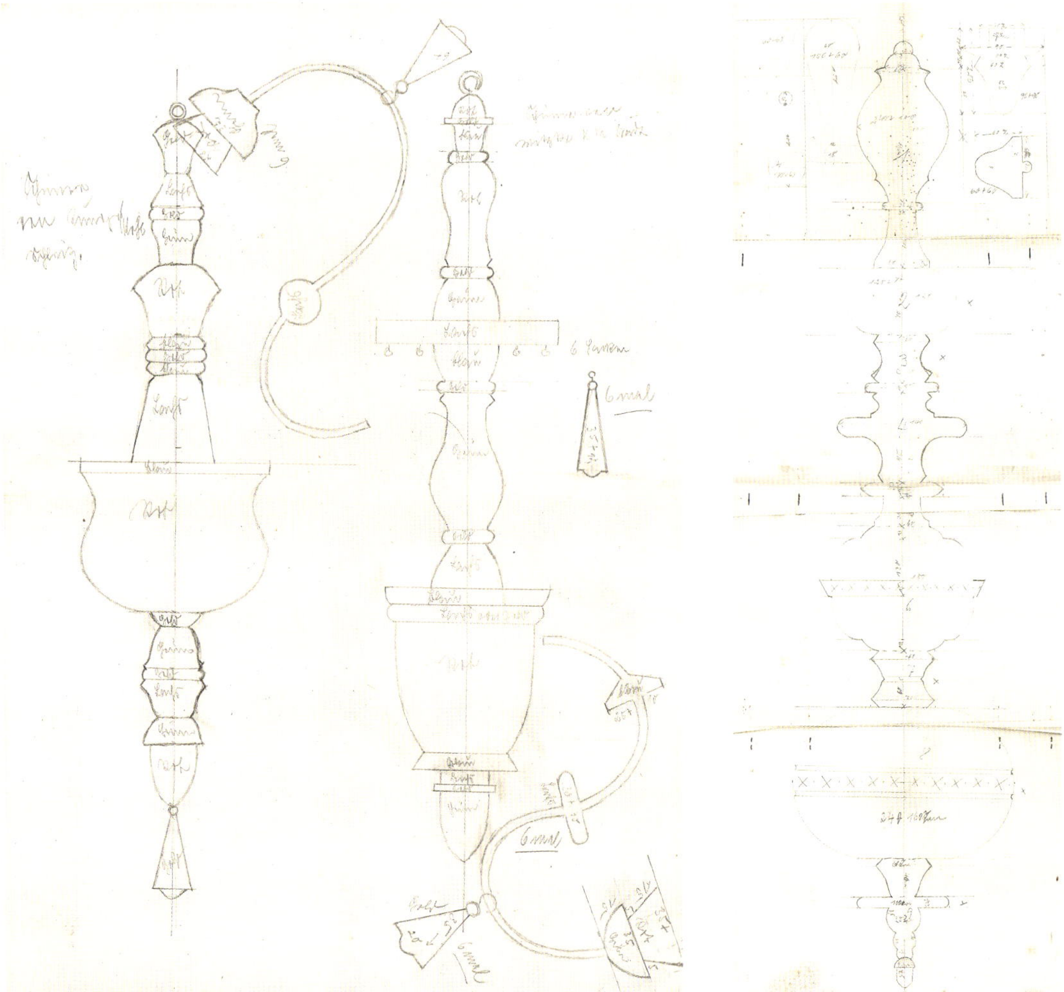

43
Werkzeichnungen von Spinnen
Albert Franke
nach 1937 und vor 1984
Siegfried Franke, Glauchau
Reproduktion

44

Spinne mit 18 Kerzenarmen

Erzgebirge, um 1900
Holz gedrechselt und farbig gefasst, Eisendraht gebogen, Glas innen verspiegelt
H 90 cm, Dm 79 cm
Museum für Sächsische Volkskunst Dresden, Inv.-Nr. G 978

Die schlichte Spinne mit je sechs Kerzenarmen in drei Etagen erhielt einen Schmuck aus Glaskugelketten, welche die einzelnen Arme der Etagen miteinander verbinden.

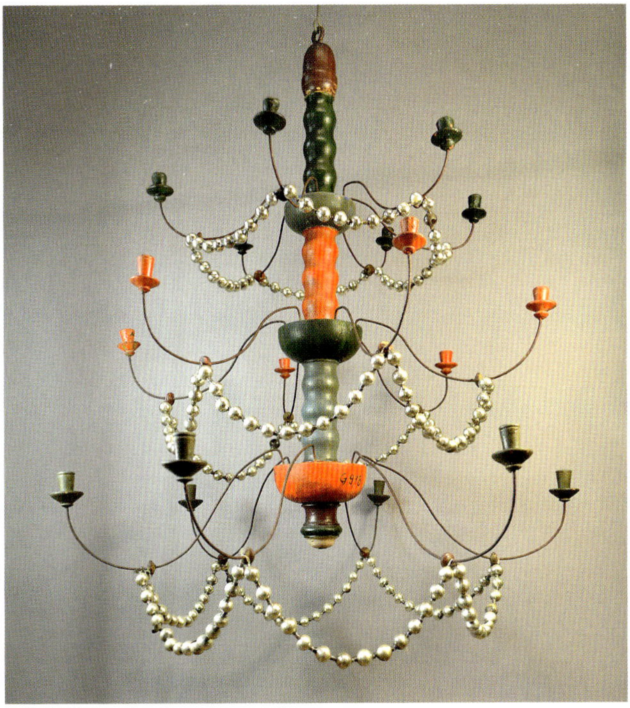

45

Spinne mit acht Kerzenarmen

Erzgebirge, Ende 19. Jahrhundert
Holz gedrechselt, farbig gefasst und bronziert, Eisendraht gebogen
H 50,5 cm, Dm 63 cm
Museum für Sächsische Volkskunst Dresden, Inv.-Nr. G 3349

Diese reich verzierte Spinne mit ihren kunstvoll gebogenen Armen ist vor allem mit Blumen, Eicheln und Glocken als Behang geschmückt.

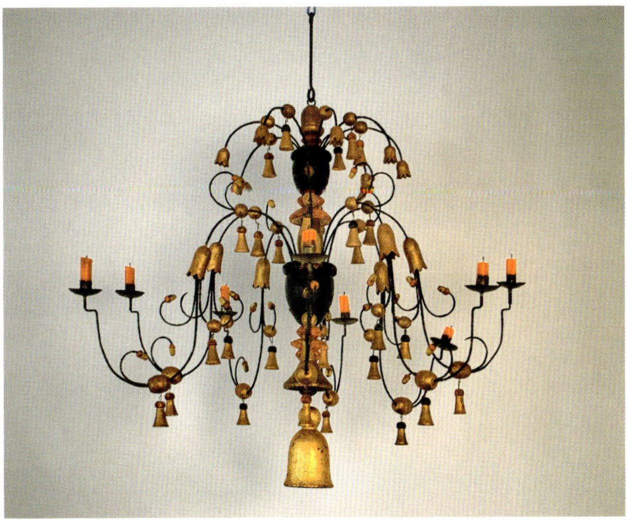

genannt (Abb. 42) erhielt dafür vor 1945 den »Staatspreis für sächsische Feierabendkunst«.[162] Über ihn gibt es einzelne gedruckte Würdigungen[163] und es existieren noch zahlreiche Werkzeichnungen, auf denen auch die Farbgestaltung festgelegt ist (Abb. 43).[164]

Spätestens seit Anfang des 20. Jahrhunderts werden die einfachen Spinnen von erzgebirgischen Herstellern seriell in großer Zahl gefertigt.

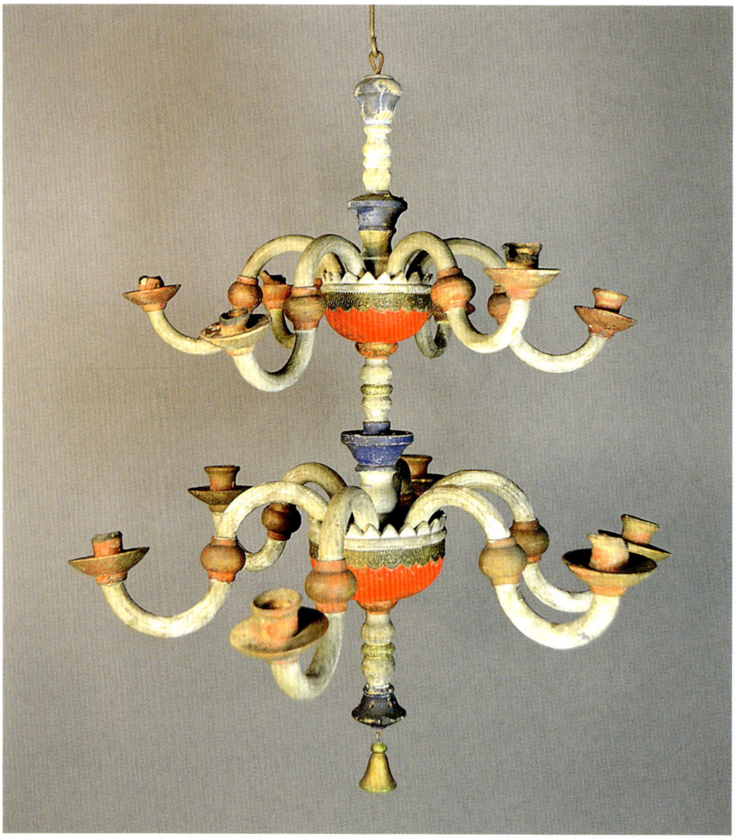

46
Leuchterspinne mit zwölf Kerzenarmen
wohl Raum Seiffen, Anfang 20. Jahrhundert
Holz gedrechselt und farbig gefasst, Borten aus geprägtem Metallpapier
H 46 cm, Dm 40 cm
Museum für Sächsische Volkskunst Dresden, Inv.-Nr. G 10260

Dieser Kronleuchter mit seinen relativ langgestreckten, leicht s-förmig gestalteten Armen, die in verzierte Holzschalen eingesteckt sind, hat in seiner Form und Gestaltung große Ähnlichkeit mit den seit Ende des 17. Jahrhunderts in kursächsischen Glashütten erstmals gefertigten Kronleuchtern mit Armen ganz aus Kristallglas (siehe Abb. 22). Der Kronleuchtertyp – jedoch mit Behang in Form von kleinen Glocken – wurde mehrfach gefertigt.

Varianten

Als *Leuchterspinne* oder *Spinnenleuchter* werden auch Kronleuchter bezeichnet, die statt der Drahtarme hölzerne, gedrechselte Arme haben, die (Abb. 46, 48), ähnlich wie bei den höfischen Glasarmkronleuchtern (siehe Abb. 22), in eine außen verzierte Halbkugel aus Holz gesteckt sind. Typisch für eine kleine Serie dieser Variante sind die langgestreckten Arme, die keinen Behang tragen. Dieses Merkmal ist ebenfalls charakteristisch für Glasarmkronleuchter, die um 1700 in größerer Zahl in sächsischen Glashütten für den Hof gefertigt wurden. Das zeigt auch die Darstellung des Banketts im Türkischen Palais (siehe Abb. 21) bei der Fürstenhochzeit 1719 und erhaltene Exemplare im Schloss Moritzburg. Entweder waren den Herstellern diese Glaskronleuchter bekannt oder die relativ einfache Art der Gestaltung »lag in der Luft«, denn Gemeinsamkeiten mit deutlich früher entstandenen Kronleuchtern, wie einem aus Bernstein (siehe Abb. 12) von 1660/1670 und einem Holz-Kronleuchter von 1695 in Niedersachsen (siehe Abb. 13), sind unübersehbar. Bei einigen, wohl als Kleinserie gefertigten Leuchtern in dieser Gestaltung (Abb. 46) ist die Übereinstimmung erstaunlich.

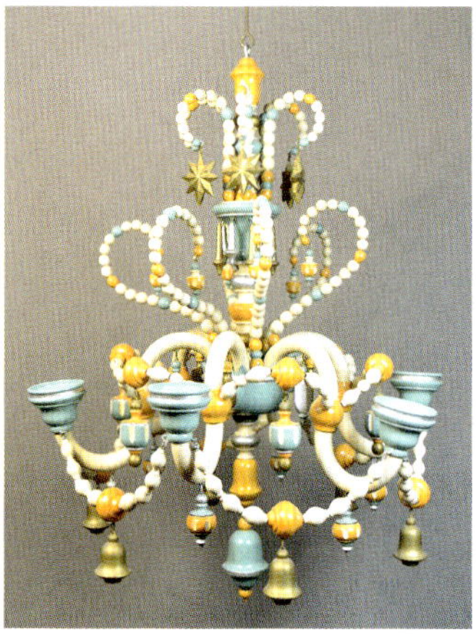

47
Glasarmkronleuchter mit sechs Kerzenarmen
Böhmen, 2. Hälfte 18. Jahrhundert
Glas geblasen, freigeformt und in die Form gestrichen, geschliffen, vergoldet, Holz
Evang.-Luth. Kirche Zöblitz

Dieser Glasarmkronleuchter und ein zweites Exemplar waren eine Stiftung an die Kirche in Zöblitz. Seine besonderen Dekorationen, wie die Glasarme und Hörnchen sowie blütenförmige Aufstecke und Weintrauben-Pendeloquen im oberen Bereich, sind zum größten Teil original erhalten geblieben, lediglich die facettierten Pendeloquen und die geschliffenen Sterne und Kettenteile aus Glas im unteren Teil sind spätere Ergänzungen.

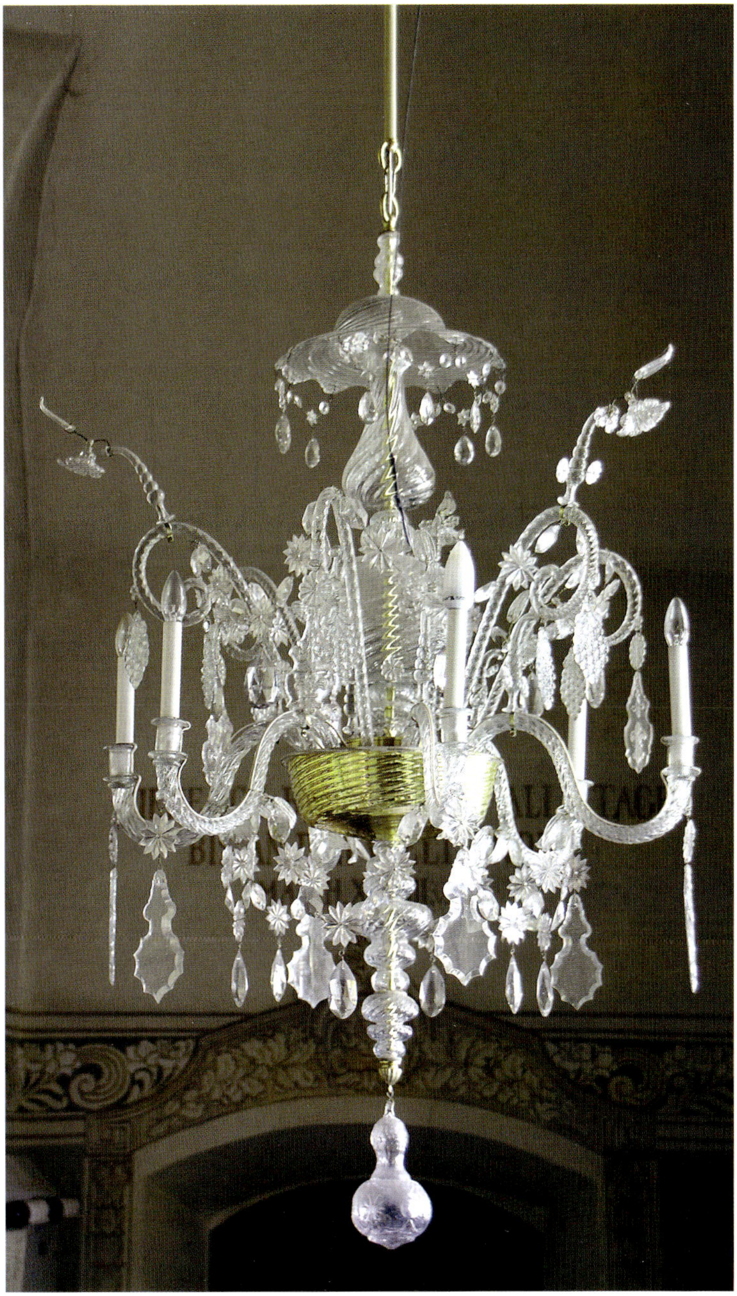

◄ 48
Leuchterspinne mit sechs Kerzenarmen
Raum Seiffen, Mitte 20. Jahrhundert
Holz gedrechselt, beschnitzt und farbig gefasst
H 53 cm, Dm 31 cm
Museum für Sächsische Volkskunst Dresden, Inv.-Nr. G 10259

Spinnen, die Glasarmkronleuchter als Vorbild hatten, entstanden im 20. Jahrhundert auch als Serienprodukte. Die VEB Kunstgewerbewerkstätten Olbernhau fertigten noch 1988/89 Spinnen dieser Art nach Entwürfen des Dresdners Albin Neuber.

In Böhmen gefertigte Glasarmkronleuchter aus der zweiten Hälfte des 18. Jahrhunderts, wovon zwei als Stiftungen in der Zöblitzer Stadtkirche hängen (Abb. 50),[165] waren ebenfalls ein beliebtes Vorbild für erzgebirgische Hersteller. Es gibt sie in unterschiedlichen Varianten (Abb. 48), unter anderem von Albin Neuber (1884–1965) aus Dresden.[166]

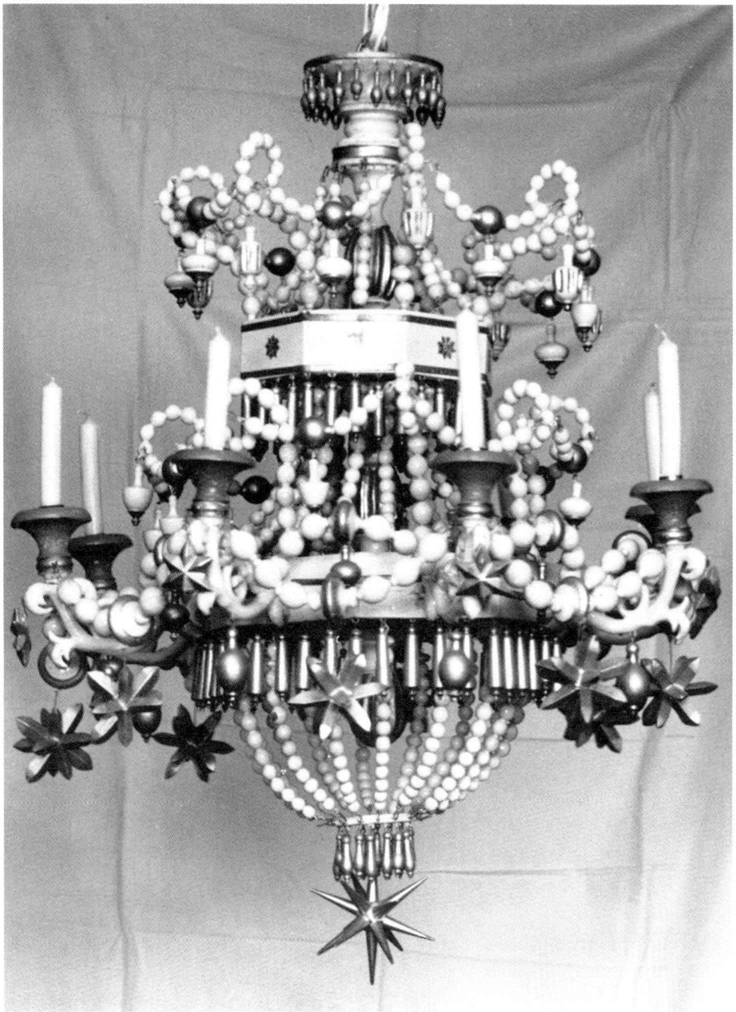

49
Kettenleuchter mit acht Kerzenarmen
Hugo Drechsel (1876–1946)
Seiffen, vor 1914
Holz gedrechselt, farbig gefasst (weiß und grün) und bronziert
H 75 cm, Dm 55 cm
Foto: Herbert Franke, 1952
Institut für Sächsische Geschichte und Volkskunde Dresden (ISGV), Bildsammlungsnummer 040187

Bei diesem als Einzelarbeit benannten Kronleuchter des Drechslers und Spielzeugtischlers ist das aus Holz nachgebildete Vorbild (siehe Abb. 19) zusätzlich mit Sternen verziert.

Seiffener Kettenleuchter und Laufleuchter

»Zweiter Typus des Weihnachtsdeckenleuchters ist der Kettenleuchter [...], bei denen gedrechselte Holzkugelschnüre die Glasperlen ersetzen.«[167] So beschrieb der Volkskundler Adolf Spamer diese ungewöhnlichen und für Seiffen ab dem letzten Drittel des 19. Jahrhunderts typischen Hängeleuchter – Einzelstücke von Drechslern und Spielzeugmachern wie Albert Füchtner (1875–1953), Gustav Ehnert (1847–1929), Emil Kaden (1864–1950), Emil Hiemann (1860–1947), Hermann Ferdinand Schalling (1845–1917) oder Hugo Drechsel (1876–1946) (Abb. 49).

Diese Leuchter sind aus Reifen mit Ketten aus Holzperlen oder Glaskugeln und vielen anderen unterschiedlichen Materialien, wie Weihnachtsbaumkugeln, Papier, Stroh und Textilien, gestaltet. Zumeist war das Katalog-

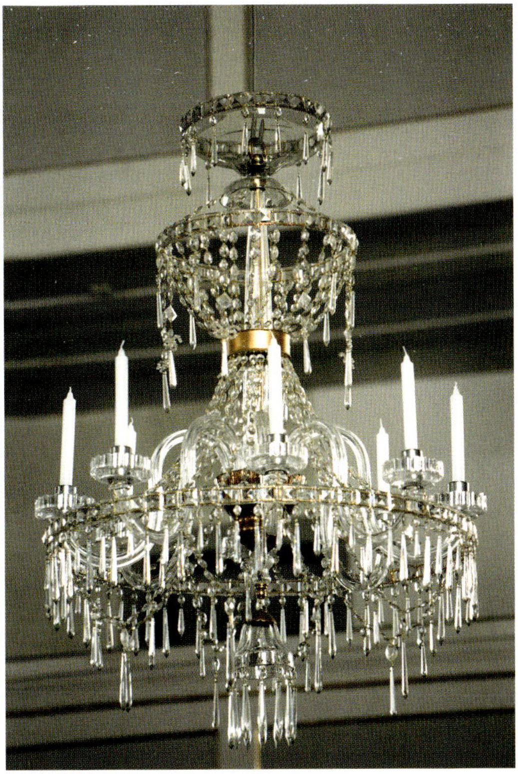

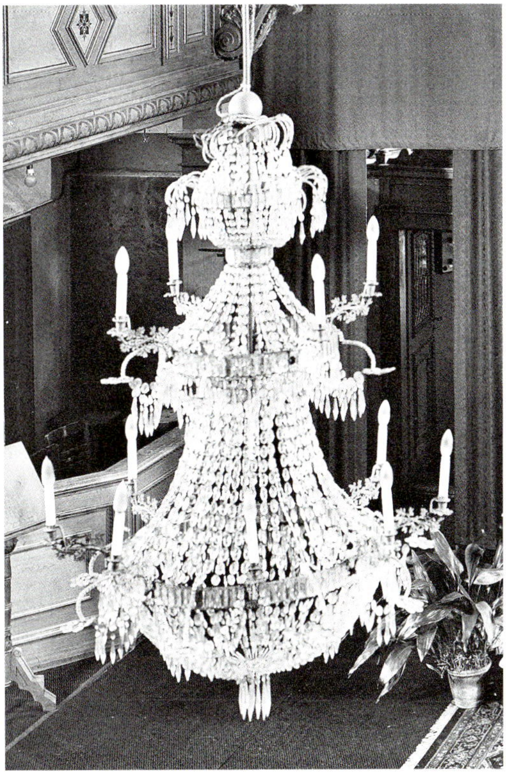

50
Kronleuchter mit acht Kerzenarmen
Böhmen, um 1800
Metall, Glas geschliffen und vergoldet, Holz
Bergkirche Seiffen

Dieser Kronleuchter aus der Seiffener Bergkirche wurde Vorbild für zahlreiche Kettenleuchter.

51
Kronleuchter mit zwölf Kerzenarmen
Böhmen, nach 1800
Metall, Glas geschliffen
Ursprünglich George-Bähr-Kirche Forchheim
Deutsche Fotothek Dresden, Nr. df_hauptkatalog_0120332

Auch dieser Kronleuchtertyp war Vorbild für Kettenleuchter.

ware. Die Vorbilder – typisch böhmische Kronleuchter, wie sie seit 1790/1800 hochmodern wurden[168] – hängen in erzgebirgischen Kirchen. Dazu zählen außer den Leuchtern in der Seiffener Kirche[169] (Abb. 50) auch die in der Kirche des nahen Cämmerswalde oder in Olbernhau, Oberneuschönberg, Sayda oder Forchheim/Erzgebirge (Abb. 51).

Häufig waren sie als hängende Pyramiden, sogenannte Deckenlaufleuchter, konstruiert. Das ist nicht immer auf den ersten Blick erkennbar, denn mittels ausgeklügelter Technik drehen sie sich auch ohne sichtbare Pyramidenflügel, weil sich die Leuchtmittel im Inneren befanden oder Uhrwerke und später kleine Elektromotoren eingebaut wurden. Selbst die Variante, bei der sich die unterschiedlichen Etagen gegenläufig bewegen, ist vorhanden. Diese Konstruktionen waren oft so komplex, dass alljährliche Reparaturen nötig waren. Für eine serielle Fertigung hätten sie zuverlässig und störungsfrei funktionieren müssen.

Auch der wohl um 1870 bis 1880 entstandene Laufleuchter im Volkskunstmuseum (Abb. 52, 53) ist ein Einzelstück.

Vor allem im Spielzeugmuseum in Seiffen, aber auch in anderen Museen und in Privatbesitz sind derartige Kronleuchter erhalten geblieben.

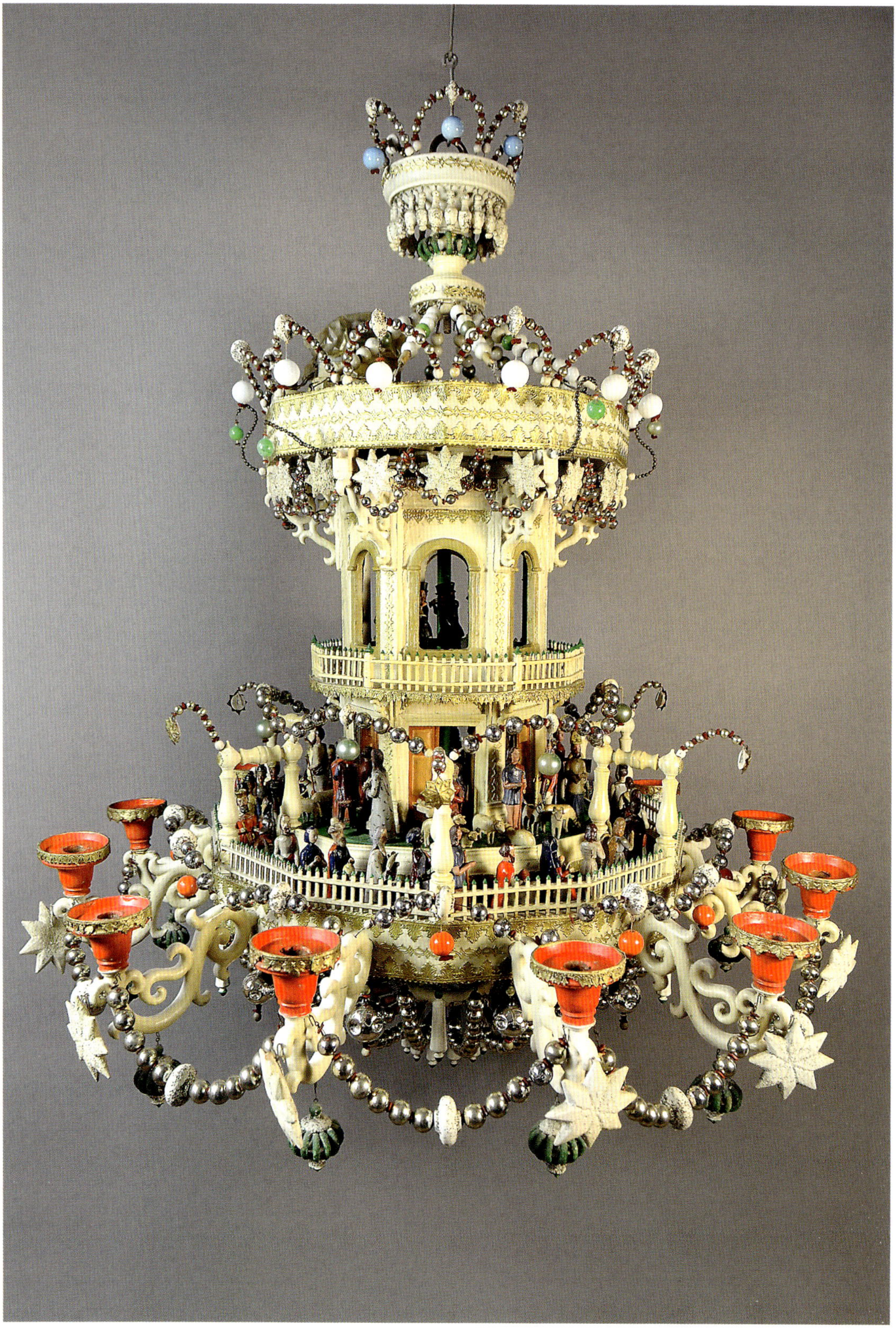

52
»Kettenlaufleuchter« mit zwölf Kerzenarmen
Louis Biermann
Raum Seiffen, um 1870
Holz gesägt, gedrechselt, beschnitzt, geschnitzt und bemalt, Glasperlen, Papierborte, Masse
H 95 cm, Dm 82 cm
Museum für Sächsische Volkskunst Dresden, Inv.-Nr. G 10254

Trotz einiger Veränderungen seit seiner Entstehung besticht der Leuchter noch immer durch Gestaltung und Materialvielfalt. Hier ist an den aus Masse geformten Figuren zu sehen, dass es zwar für die Dekoration das Konzept gab, wie allgemein üblich die Geburt Christi in allen Facetten darzustellen. Doch da noch vorhandener Platz gefüllt werden musste, ist eine ganze Anzahl der Figuren mehrfach vorhanden. Das heißt, dass sich außer Maria mit dem Christuskind viele weitere Figuren wiederholen und dass manche davon gar nicht gedeutet werden können. Der Leuchter erhielt zu einem späteren Zeitpunkt einen Elektromotor, sodass er ohne offenes Licht »laufen« konnte.

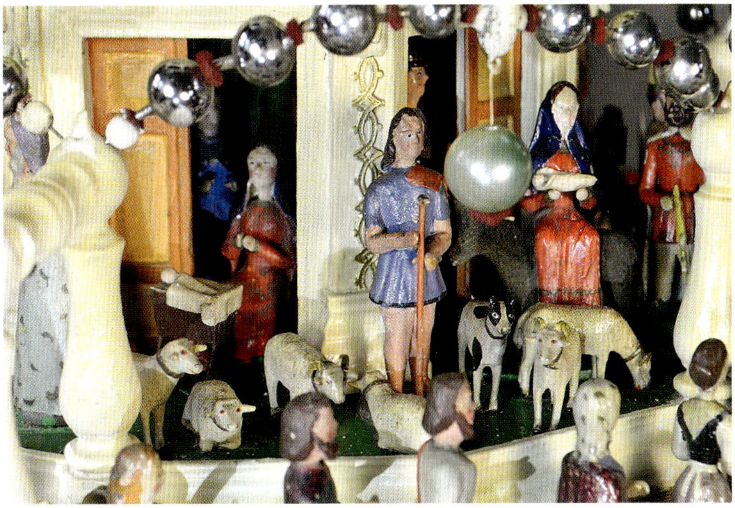

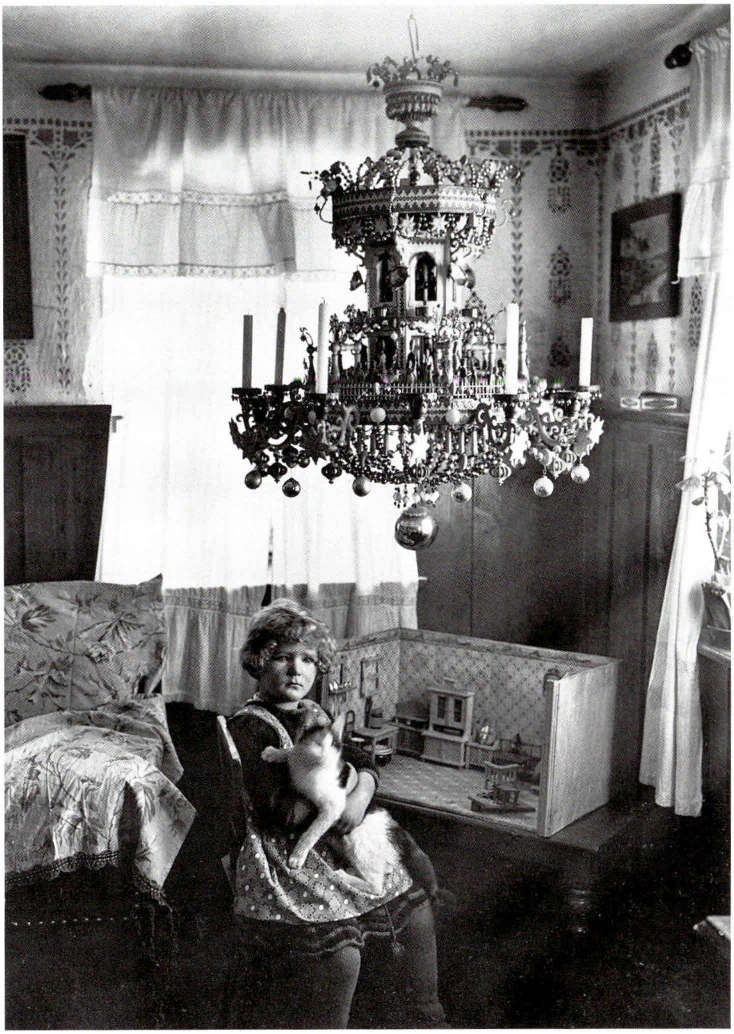

53 ►
»Weihnachtlicher Laufleuchter von Louis Biermann mit Kind und Puppenstube bei Reinhold Biermann, Seiffen-Heidelberg«
Foto: Max Nowak (1881–1956)
wohl 1930
Deutsche Fotothek Dresden, Nr. df_hauptkatalog_0115399

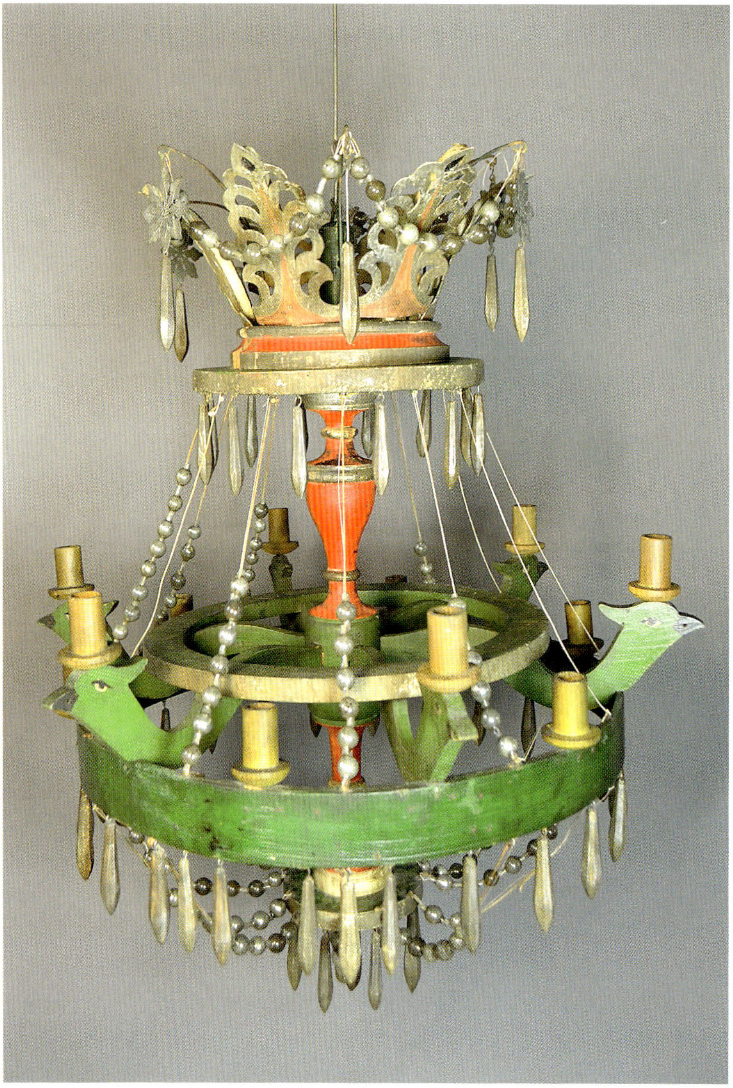

54
Reifenkronleuchter mit zwölf Kerzentüllen
wohl Oberlausitz, um 1900
Holz gesägt, gedrechselt und farbig gefasst, Blech geprägt, Pappe, Glas verspiegelt
Museum für Sächsische Volkskunst Dresden, Inv.-Nr. G 474

Der bei den Vorbildern (siehe Abb. 19) meist metallene Reifen, die Leuchterarme und alle tragenden Teile wie auch ein gedrechselter Schaft bestehen aus Holz. Selbst der gläserne Eisbirnel-Behang wird mit farbig gefasstem Holz imitiert. Die gläsernen Behangketten sind durch Kugelketten aus verspiegeltem Glas – Christbaumschmuck – ersetzt. Die Palmetten der Bekrönung bestehen aus vergoldeter Pappe, die Schneekristalle aus Blech. Die Kerzenarme sind als Vogelköpfe gestaltet.

Variante

Wohl in der Oberlausitz und nicht im Erzgebirge wurde um 1900 ein Reifenkronleuchter in Birnenform gefertigt. Sein klassizistisches Vorbild vom ersten Drittel des 19. Jahrhunderts ist mit den zur Verfügung stehenden Materialien kopiert worden (Abb. 54) und mit folkloristischen Elementen verbunden. Von diesem Leuchtertyp existiert ein ähnliches Exemplar in der Sammlung des Museums Europäischer Kulturen (Staatliche Museen zu Berlin).[170] Ein Foto mit Schülern der Seiffener Spielwarenschule von 1935 zeigt ebenfalls diese Art Leuchter in einer einfacheren Form, die zu den neuen Entwürfen für die Schulen in Seiffen und Grünhainichen gehörten.[171]

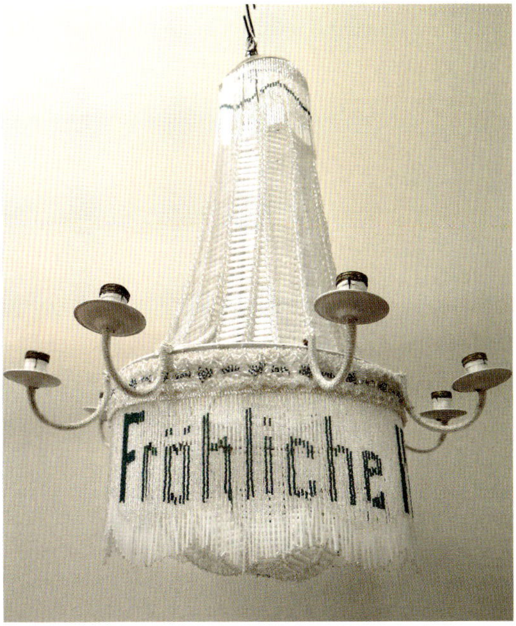

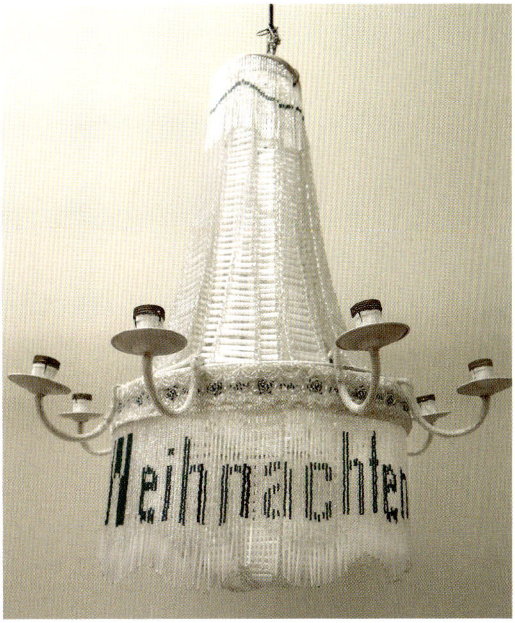

55
Glasperlenleuchter mit acht Kerzenarmen
Ehrenfriedersdorf, um 1900–1930
Metallreifen und Drahtbügel weiß lackiert, Rocailles-Glasperlen in Kristall und grün, runde und facettierte Glasperlen in Kristall, röhrchenförmige atlasweiße Glasperlen (Atlasperlen) auf Garn gefädelt, weißes Stoffband mit Perlenstickerei
H 78 cm, Dm 60 cm
Sammlung Bettina Levin, Nr. 20/2217

Der Behang des Reifens sind Perlfransen, in die der Schriftzug »Fröhliche Weihnachten« eingearbeitet wurde.

Glasperlenkronleuchter[172]

Eine spezielle Form der Weihnachtsleuchter sind die Glasperlen- oder Perlkronleuchter, die erstmals im letzten Drittel des 19. Jahrhunderts nachgewiesen sind und die von Posamentierern und in Heimarbeit von Frauen und Kindern (Abb. 60) aus allerlei Sorten gläserner Perlen und Röhrchen in unterschiedlichen Farben und zahlreichen Varianten gefertigt wurden. Ihre Ursprünge lagen wohl im böhmischen Isergebirge (Tschechien). Deshalb erhielten sie die Bezeichnung »Gablonzer Leuchter«.[173] Die engen Geschäftsbeziehungen zwischen böhmischen und erzgebirgischen Posamentierern waren sicher die Ursache, dass die Leuchter Einzug in die erzgebirgische Weihnachtskultur hielten und dort ebenfalls produziert wurden. Hauptsächlich geschah dies in den Orten Zschopau, Geyer, Ehrenfriedersdorf und Annaberg.

Vorbilder auch dieser aus kleinen Perlen gefädelten Leuchter sind die einfachen böhmischen Drahtkronleuchter mit geschliffenem Glasbehang (siehe Abb. 19, 50, 51) in vielen Versionen. Mit ihrem Material brachten sie einen besonderen Glanz in die Weihnachtsstuben. Die große Menge der Varianten unterschiedlichster kunstvoll gestalteter Motive und Muster aus vielen Perlensorten erzählen von der Kunstfertigkeit der Hersteller. Die Preise für die Leuchter bewegten sich zwischen »4 Mk 50 Pf.« (1877) und »M. 8,25« (1895),[174] während einfache Formen der sogenannten »Prismenleuchter« (Bezeichnung für Kronleuchter mit geschliffenem Glasbehang) für 27,50 M angeboten wurden.[175]

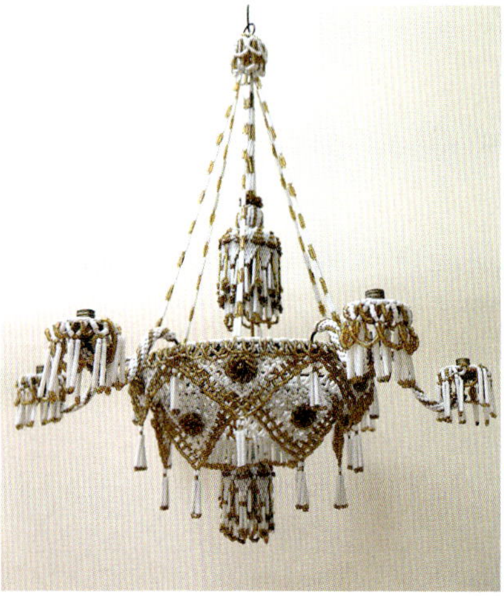

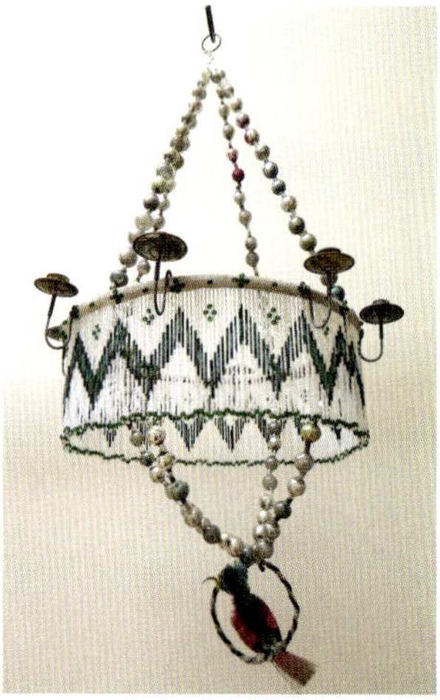

56
Glasperlenleuchter mit sechs Kerzenarmen
Erzgebirge, um 1860–1920
Drahtreifen, röhrchenförmige Glasperlen in gold und opakweiß auf Garn gefädelt
H 79 cm, Dm 65 cm
Sammlung Bettina Levin, Nr. 5/1887

57
Glasperlenleuchter mit sechs Kerzenarmen
Schlettau, um 1900–1930
Weidenrute, Textil, Lampenfransenborte aus Glasperlen in kristall und grün mit Innenversilberung, Hohlglaskugeln innen versilbert, Chenille
H 80 cm, Dm 40 cm
Sammlung Bettina Levin, Nr. 29/2954

Bei diesem sicherlich in Eigenbau gefertigten Leuchter wurde an einem mit Stoff umhüllten Ring aus Weidenrute eine Lampenfransenborte befestigt. Auf Garn gefädelte Ketten aus innen versilberten Hohlglaskugeln bilden die Aufhängung und zieren den unteren Teil des Leuchters. Unterer Abschluss ist ein kleiner Vogel aus Chenille.

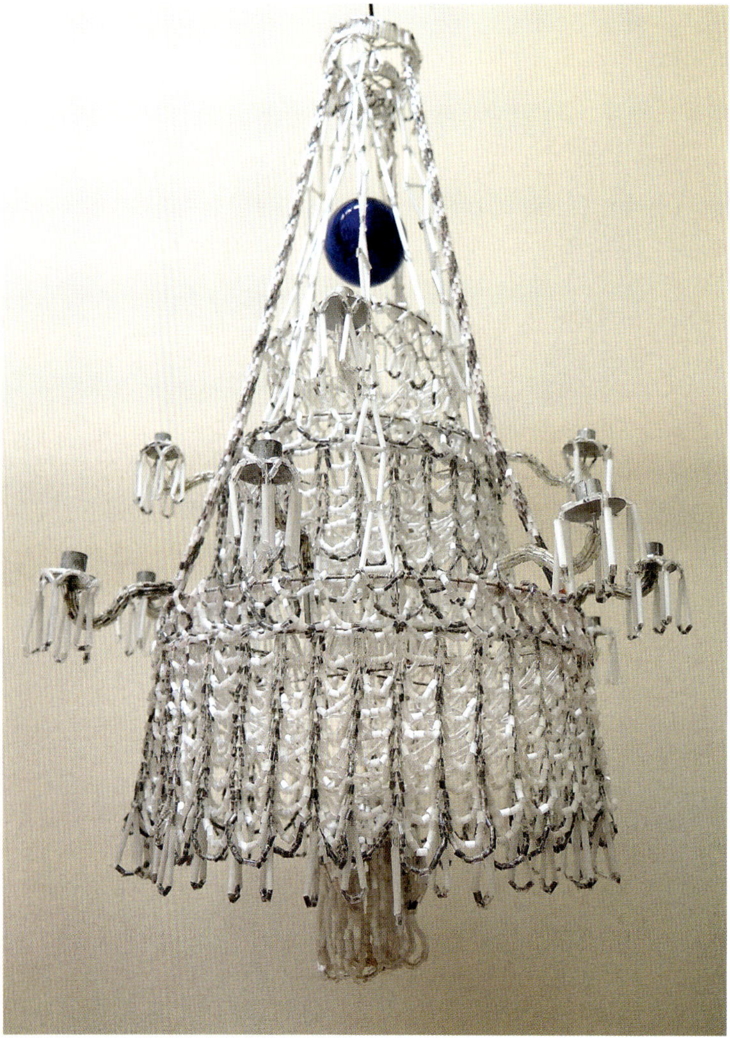

58
Glasperlenleuchter mit zwölf Kerzenarmen
Erzgebirge, um 1860–1920
Drahtreifen, röhrchenförmige Glasperlen, Kristall mit Silbereinzug und atlasweiß (Atlasperlen) auf Garn gefädelt, blaue Glaskugel
H 87 cm, Dm 60 cm
Sammlung Bettina Levin, Nr. 18/2215

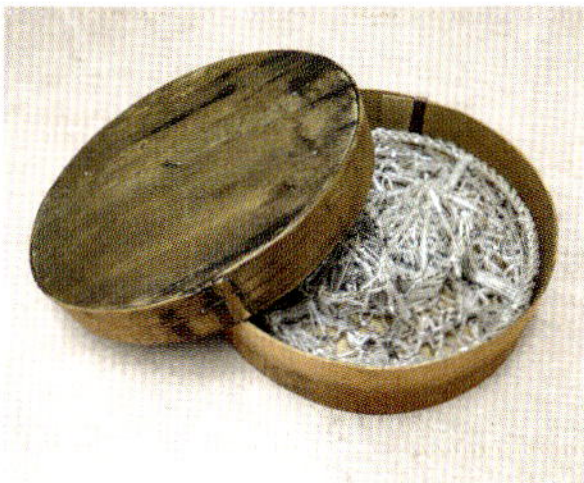

59
Glasperlenleuchter in seiner originalen Spanschachtel zur Verpackung
Erzgebirge, um 1860–1920
Holz, Glasperlen
H 12 cm, Dm 38 cm
Sammlung Bettina Levin, Nr. 23/1677

60
Heimarbeiterin und Kinder beim Posamentieren von Perlfransen für Lampenschirme
Foto: Meinhold, Erich (1908–2004)
1928–1932
Deutsche Fotothek Dresden,
Nr. df_hauptkatalog_0041864

Neben den meist in Heimarbeit gefertigten Perlleuchtern (Abb. 55, 56, 58) gibt es auch diejenigen, die für den Eigenbedarf selbst gestaltet wurden (Abb. 57). Dabei beschränkte man sich nicht ausschließlich auf Glasperlen. Wie bei erzgebirgischen Hängeleuchtern üblich, wurden weitere verfügbare Materialien verwendet, wie Metall, Holz, Pappe oder Posamente und farbige Bänder und andere Textilien. Ein Kuriosum ist, dass nach dem Zweiten Weltkrieg gelegentlich die beschädigten roten Stoffborten aus Leinen, mit denen die Reifen der Kronleuchter zuweilen verkleidet waren, mit Bändern aus Resten der in Heimarbeit hergestellten roten Pionierhalstücher für die »Thälmann-Pioniere« ersetzt wurden.

Da die Leuchter nur zur Weihnachtszeit in die Stuben gehängt wurden, musste es eine Verpackungsmöglichkeit geben. Die industriell gefertigten Leuchter konnten in relativ kleinen Spanschachteln flach zusammengelegt und verpackt werden (Abb. 59). Für die selbstgefertigten Leuchter wurden Schachteln zur Aufbewahrung übers Jahr selbst hergestellt.

Auch diese Leuchter sind außer in Museen (Annaberg-Buchholz, Dresden, Gelenau, Geyer, Marienberg, Neuhausen) noch in vielen Privathaushalten vorhanden.

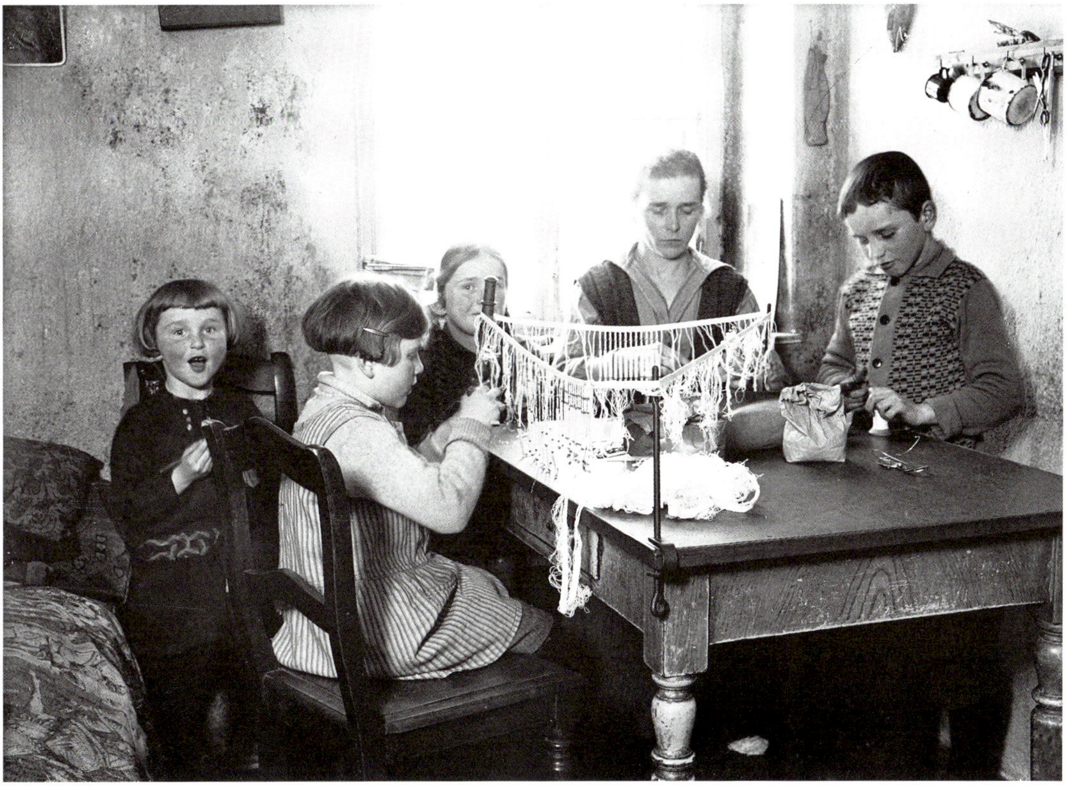

Die Botschaften – Ikonografie, Bedeutung und Inhalt

Die Hauptakteure – Bergleute als Schmuck

Als eigentliche Urheber des sächsischen Reichtums und Glanzes waren die Bergleute zum Markenzeichen für das Erzgebirge geworden. Ihr Stolz und das Repräsentationsbedürfnis ihrer Verwaltung führten spätestens seit der zweiten Hälfte des 17. Jahrhunderts zu zahlreichen Darstellungen in Form von Altarleuchtern oder als Kanzelträger in Kirchen. Schon nach 1719 schnitzten begabte Erzgebirger lichtertragende Bergleute und andere bereits beschriebene Bergbau-Memorabilien (Abb. 61). Bergmännische Repräsentationsobjekte des sächsischen Hofes wurden ebenfalls aus dem Material gefertigt, dessen Rohstoff Bergleute gefördert hatten und an dessen Erfindung sie beteiligt waren: Porzellan. So erschufen ab etwa 1740 die Model-

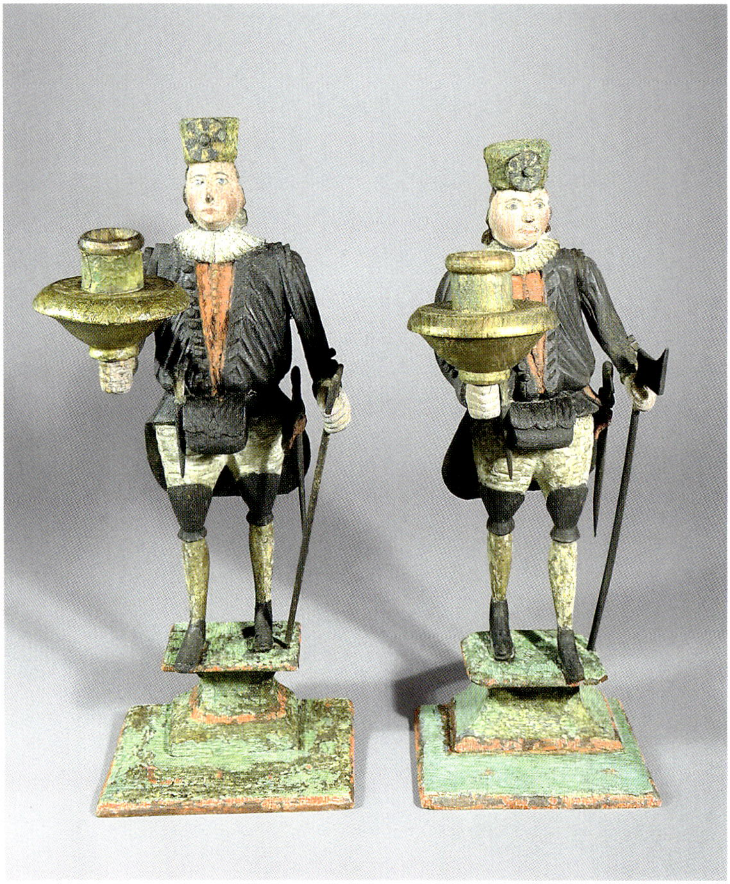

61

Zwei Bergleute mit je einer Kerzentülle
Raum Freiberg, 18. Jahrhundert
Holz geschnitzt und farbig gefasst, Leder
G 6582 (links) 32,5 × 14,2 × 13,2 cm
G 6583 (rechts) 31,3 × 12,5 × 15,2 cm
Museum für Sächsische Volkskunst Dresden, Inv.-Nr. G 6582 und G 6583

Die beiden Bergleute tragen das Habit des Bergmannsaufzugs von 1719 und sind durch ihren Degen und die gelb-schwarzen Kokarde am Hut als Obersteiger zu erkennen. Ihre Tüllen für teure Bienenwachskerzen und die professionelle Farbfassung mit klassischem Aufbau bestätigen die Annahme, dass ein Künstler sie wohl im Auftrag eines Bergoffizianten fertigte. Sie schmückten vielleicht ein repräsentatives Schreibzeug mit Tinten- und Streusandbehältnis. Mit zwei ähnlichen Paaren in der *Manufaktur der Träume* in Annaberg-Buchholz und im Stadt- und Bergbaumuseum Freiberg sind sie die ältesten hölzernen Lichterbergmänner im Erzgebirge.

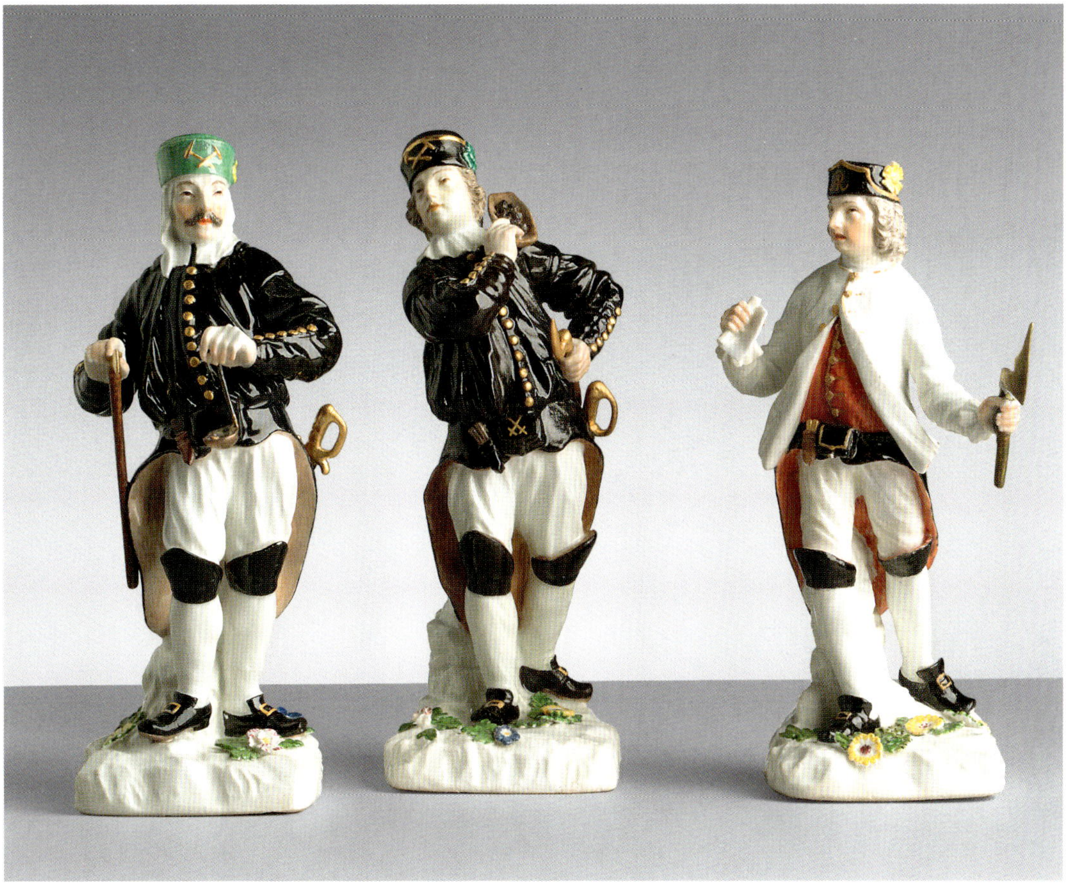

62

Drei Bergmänner, (v. l. n. r.) sogenannter Rutengänger, Untersteiger und Bergschreiber
Johann Joachim Kaendler (Modelle),
Peter Reinicke (Mitarbeit)
Meissen, um 1750
Porzellan, Aufglasurfarben und Gold
H 20,5 cm
Staatliche Kunstsammlungen Dresden, Porzellansammlung

leure Johann Joachim Kaendler und Peter Reinicke (1711–1768) in der 1710 gegründeten Meißner Porzellanmanufaktur im Auftrag des sächsischen Hofes Figuren des gesamten Bergmannsstands in seinem Festhabit als Tafelaufsätze (Abb. 62).

Als Schmuck von Kronleuchtern in der erzgebirgischen Volkskultur waren die Bergleute von Beginn an präsent.[176] Sie treten in vielerlei Form auf, bei ihrer Tätigkeit im Arbeitskleid, im Festtagsgewand oder als Schaft des Kronleuchters.[177] Das beschreibt auch Oskar Seyffert: »So ein echter und rechter Weihnachtsleuchter ist ein gar lustig Ding. Er ist aus Holz geschnitzt und gedreht und bunt, recht bunt bemalt. In der Mitte seines Gestelles befindet sich ein stattlicher Bergmann, der gegebene Vertreter des Erzgebirges. Über und unter ihm reihen sich nun die vielen Arme an, die Lichter tragen sollen.«[178] (siehe Abb. 33) Die Wertschätzung des erzgebirgischen Bergmannstands und der Stolz der Bergleute werden mit diesen Darstellungen sehr anschaulich illustriert (Abb. 63, 64, 65).

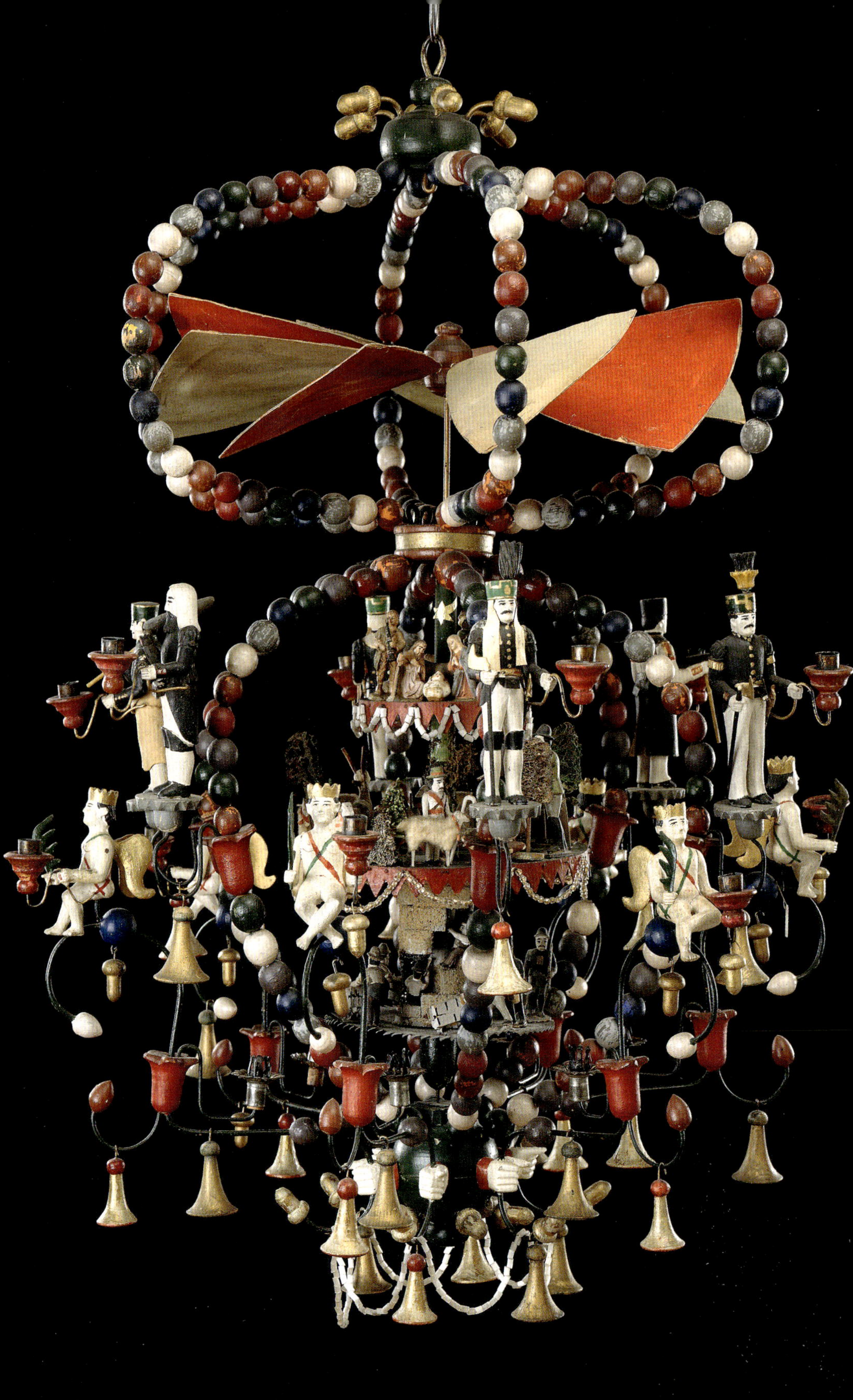

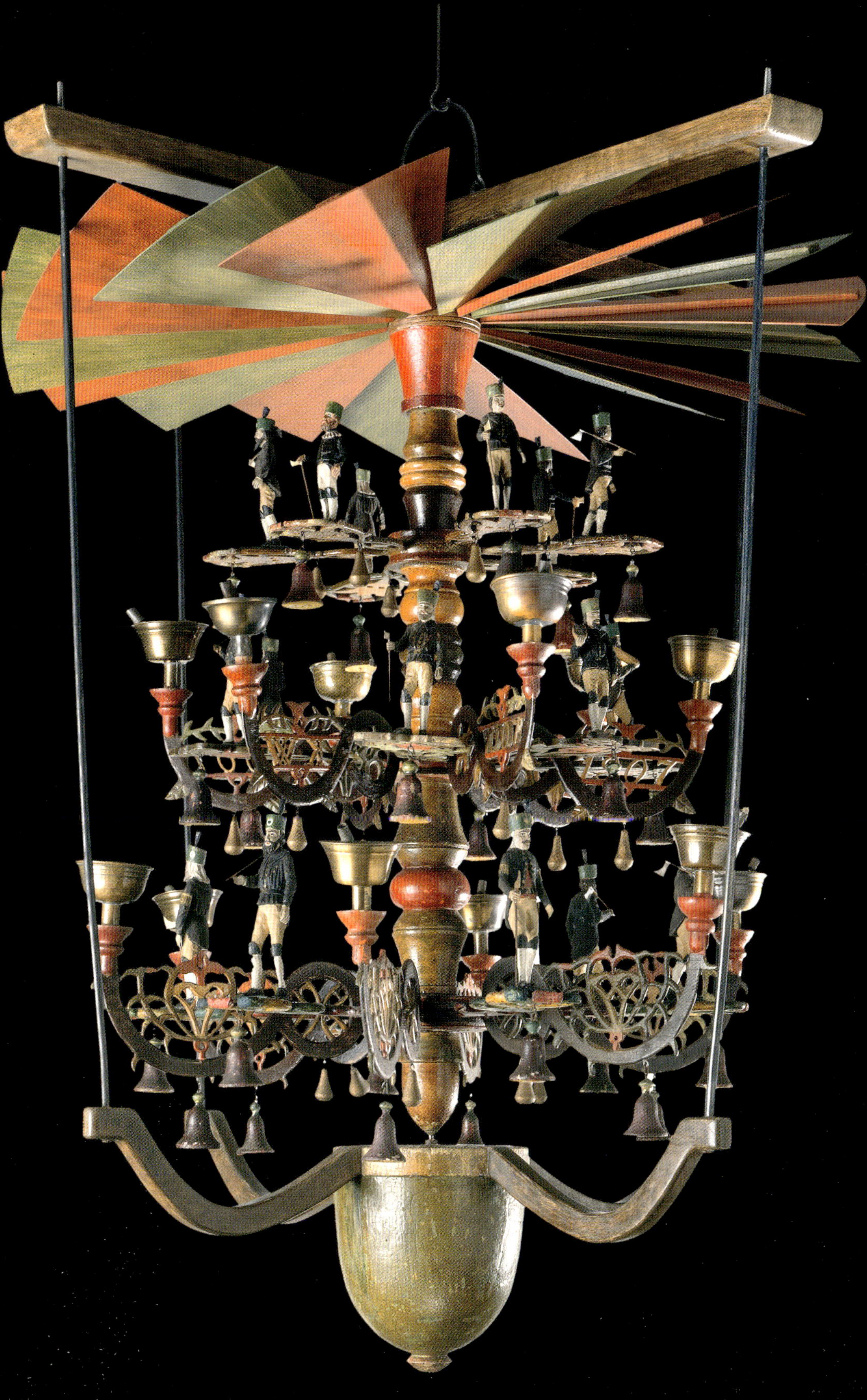

◀ 63
Laufleuchter mit Rahmen
Raum Freiberg, um 1900
Holz gedrechselt, gesägt, beschnitzt und farbig gefasst, gebogener Draht, Perlenketten aus Kunststoff, Leder, Textil
H 87 cm, Dm 67 cm
Museum für Sächsische Volkskunst Dresden, Inv.-Nr. G 10172

Der eigenwillig gestaltete Laufleuchter soll von einem Bergmann gefertigt sein. Auf den drei Drehscheiben sind in der ersten Etage neun Bergleute dargestellt, die unter Tage verschiedenen Tätigkeiten nachgehen. In der zweiten Etage befinden sich Hirte und Jäger mit Schafen, Hasen und Hirschen in einem Wald und auf der dritten Drehscheibe ist die Geburt Jesu mit Maria, Josef, Ochse und Esel, Hirte mit Schafen und den drei Königen dargestellt.
Die stark s-förmig gebogenen Drähte für die Kerzentüllen werden von sechs an der unteren Kugel befestigten, geschnitzten Händen gehalten. Darauf sitzen unbekleidete Engel mit goldener Krone und Flügeln, die in der rechten Hand einen Palmenzweig und in der linken eine Kerzentülle tragen. Darüber stehen auf blütenförmigen Konsolen sechs unterschiedliche Bergleute, ebenfalls mit je einer Kerzentülle rechts und links mit bergmännischen Arbeitsgeräten (Gezähe). Behang sind gedrechselte bronzierte Glöckchen.

◀ 64
Laufleuchter mit Rahmen
Erzgebirge, wohl 1907
Holz geschnitzt, gesägt, gedrechselt und farbig gefasst, Metall
H 124 cm, Dm 76 cm
Museum für Sächsische Volkskunst Dresden, Inv.-Nr. G 980

Die untere Etage des Leuchters besteht aus sechs s-förmig gebogenen Armen mit Rüböllämpchen, deren Armbögen gefüllt sind mit ausgesägten Blütenornamenten. Dazwischen stecken mit durchbrochenen Ornamenten gezierte Brettchen, worauf unterschiedliche Bergleute im Schneeberger Habit mit ihren Arbeitsgeräten stehen. In der mittleren Etage haben die Lichterarme wiederum ausgesägte Ornamente in unterschiedlichen Formen, wie Stern, Blütenzweige, die Buchstaben K. W. sowie die Jahreszahl 1907. Auch hier stehen zwischen den Armen auf den Brettchen sechs Bergleute mit Werkzeug. Die obere Etage besteht nur aus den eingesteckten Brettchen mit sechs Bergleuten und deren Werkzeug. Behang sind gedrechselte bronzierte Tropfen und Glöckchen.

65 ▶
Kronleuchter mit sechs Kerzenarmen
Paul Otto (1915 – nach 1950)
Seiffen, wohl um 1930
Holz geschnitzt, gesägt, gedrechselt und farbig gefasst
H 74 cm, Dm 76 cm
Museum für Sächsische Volkskunst Dresden, Inv.-Nr. G 7241

Der in der Form der Messingkronleuchter gedrechselte Schaft trägt in der unteren Etage sechs Kerzenarme mit Tüllen. Die Bögen der s-förmig gestalteten Arme sind gefüllt mit dem Bergmannsgruß »Glückauf«. Auf den Armen der oberen Etage stehen statt Kerzen sechs gleiche Bergleute. Oberer Abschluss ist eine Krone. Behang und unterer Abschluss sind gedrechselte Glocken.

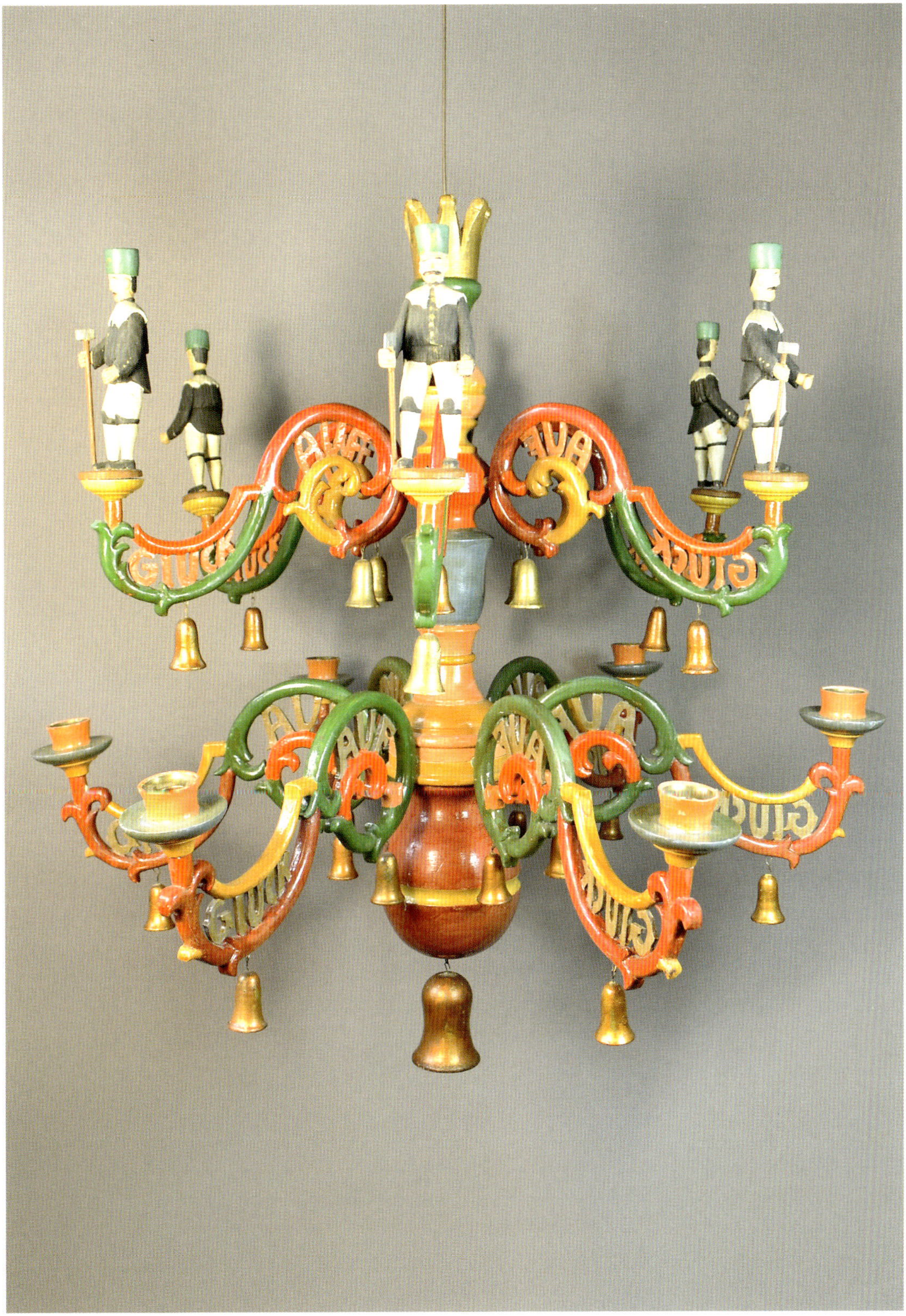

»Edler Bergfürst, hör mein Bitten,
siehe da, ich komm geschritten,
und will wieder fahren ein,
sende mir die Engelein.

Daß sie mögen mich bewahren,
bey so mancherley Gefahren,
in die ich mich jetzt begeb,
und all Augenblicke schweb.«

Bergmannslied von C. G. Lohse, Freiberg 1748[179]

Biblische Themen (Ikonografie)

Engel

Darstellungen von Engeln spielen neben denen von Bergleuten in der erzgebirgischen Volkskultur eine herausgehobene Rolle und sind in eindrucksvoller Fülle und vielerlei Formen vertreten. Besonders gut eigneten sie sich, schwebend dargestellt zu werden. Und so bevölkerten sie den Luftraum der Erzgebirgsstuben als Schwebeengel, Bekrönung und Schmuck von Kronleuchtern. Ein Engel soll die Ursache des »Großen Berggeschreys« am Ende des 15. Jahrhunderts gewesen sein, weil er im Traum einem Bergmann die Silbervorkommen des Erzgebirges gezeigt habe, womit die Basis für den Bergbau und den Reichtum der Region gelegt wurde. Unverzichtbar für den Bergmann war ihre »Funktion« als Schutzengel. Das kann auch auf die Lehren Martin Luthers (1483–1546) zurückgeführt werden. Der Reformator wurde im Erzgebirge sehr verehrt als »eines Bergmanns Sohn«.[180] In seinen Predigten zum Tag des Erzengels Michael, dem 29. September,[181] beschreibt Luther sehr anschaulich die Bestimmung der Engel. Als Mittler zwischen Himmel und Erde und himmlische Abgesandte der oberen »Bergfürsten« Gott und Jesus werden sie als »Boten des Lichtes« bezeichnet, die die Geburt Christi verkündigen, mit dessen Ankunft die Erlösung der Menschheit aus der von Adam und Eva begangenen Erbsünde beginnt. Für alle Gläubigen spielen sie eine wichtige Rolle, die erzgebirgischen Bergleute und ihre Angehörigen hielten sie für lebensnotwendig.

Engel als Kronleuchterbehang

Nach den Bergleuten und Darstellungen von deren Arbeit sind laut der Quellen Engel der nächstälteste Schmuck erzgebirgischer Kronleuchter. Ganze Engelwolken, »Himmlische Heerscharen«, bevölkern diese.

Als Erster beschreibt 1815 der erzgebirgische Pfarrer und Heimatdichter Christian Gottlob Wild in seinem in erzgebirgischem Dialekt geschriebenen, bereits zitierten Lied »Ne Hannel sei Weihnachtsliedel« (siehe S. 51) Engelbehang an einem Kronleuchter.

Ernst Wilhelm Richter formuliert 1852 in seiner Schilderung des erzgebirgischen Weihnachtsfestes: »an der Decke hängt ein Leuchter [...] mit kleinen hölzernen Engelchen geschmückt, welcher das Zimmer erleuchtet.«[182] Weitere Angaben gibt es aus der Gegend um Freiberg.

Die Behang-Engel haben untereinander große Ähnlichkeiten (siehe Abb. 30). Sie sind meist 10–15 cm groß, unbekleidet, geschlechtslos und oft nur mit einer grünen, goldenen, roten oder blauen Schärpe, mit einem Gürtel oder einem Lendentuch in grün oder blau geschmückt. Neben stilisierten Palmwedeln tragen sie vor allem Musikinstrumente, wie Barocktrompeten, Harfen, Fagotte, Waldhörner, Zistern,[183] Zinken,[184] Schalmeien, Mandolinen, Geigen und Schlaginstrumente wie die große Trommel mit Becken und Pauken. Zister, Schalmei, Fagott, Triangel zählen zu den Instrumenten der Bergsänger.[185] Vorbilder für die Instrumente können auch die Engel von 1594 in der Begräbniskapelle der Wettiner im Freiberger Dom gewesen sein, welche ebenfalls auf unterschiedlichen Streichinstrumenten, Lauten, Zistern, Harfen, Schalmeien, Zinken, Schellentrommeln, Posaunen und Triangeln musizieren. Schlaginstrumente wurden dem Instrumentarium der Bergmusikkorps entlehnt. Abgesehen von wenigen Ausnahmen tragen alle Engel goldene Kronen, die einen glatten Rand oder Zacken haben. Hierfür gibt es weder in der Bibel noch in Kirchen Vorbilder. Alle in Betracht gezogenen Deutungen für diesen bei erzgebirgischen Engeln typisch gewordenen Kopfschmuck hielten einer Überprüfung nicht stand – weder als Metapher für »Krone der Ehren« oder »Krone des Lebens« noch als schmückende Zutat eines Herstellers, die unkompliziert zu gestalten war und gern nachgeahmt wurde. Wieder kann das Fest des Saturns 1719 eine Ursache geliefert haben: Die von den Bergleuten mitgeführte Münzmaschine prägte während des Festumzugs unterschiedliche Auswurfmünzen (Jetons), die als Erinnerung den Festgästen verehrt und unter den Teilnehmern ausgeworfen wurden. Wichtigste Darstellung (Abb. 66) darauf war ein »Cupido in Gestalt eines Ruthe_Gängers mit der Wünschel-Ruthe und der Umschrifft: Ruthe weise glücklich an, das ich Aus Beüt müntzen kan.«[186]

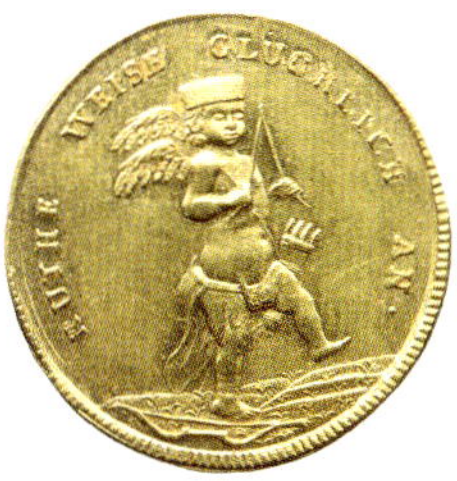

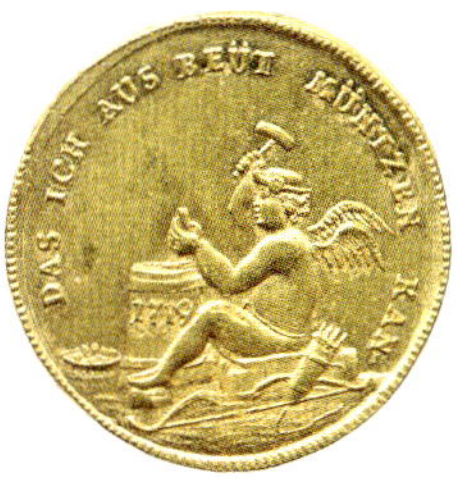

66
Auswurfjeton auf das Planetenfest des Saturn im Plauenschen Grund bei Dresden anlässlich der Vermählung des Kurprinzen Friedrich August mit der Kaisertochter Maria Josepha
1719
Gold geprägt
Dm 29,7 mm, 10,432 g
Umschrift Avers: Ruthe weise glücklich an
Umschrift Revers: Das ich Aus Beüt müntzen kan
Staatliche Kunstsammlungen Dresden, Münzkabinett, Inv.-Nr. BGA1859

Der Liebesgott Cupido oder Amor, Sinnbild für die stattfindende Hochzeit, hat seinen Bogen abgelegt und sich mit Arschleder, Tscherpertasche, Berghut und Wünschelrute als Bergmann verkleidet. Dieser geflügelte Amor könnte für die Engel mit Krone Pate gestanden haben. Vielleicht gehen sie auch auf die berühmten Nürnberger Rauschgoldengel zurück, die es bereits seit dem Ende des 18. Jahrhunderts gab (Abb. 67). Diese tragen Zackenkronen oder Kronenhauben, die an die Brautkronen wohlhabender Nürnbergerinnen erinnern.[187] Mit Nürnberg gab es immer enge Handelsbeziehungen und ein Motivaustausch ist naheliegend.[188] Auf diese Weise erhielten wohl auch die Engel aus den erzgebirgischen Weihnachtsspielen[189] ihre Kronen aus Goldpapier, die richtigen Kronen ähnelten (Abb. 68).[190]

67
»Familie des Johann Georg von Scheidlin«
Karl Johann Georg Reuß
Nürnberg 1767
Germanisches Nationalmuseum Nürnberg

Dieses Gemälde zeigt in der Hand des Mädchens die früheste Darstellung eines Nürnberger Rauschgoldengels, der eine Krone trägt.

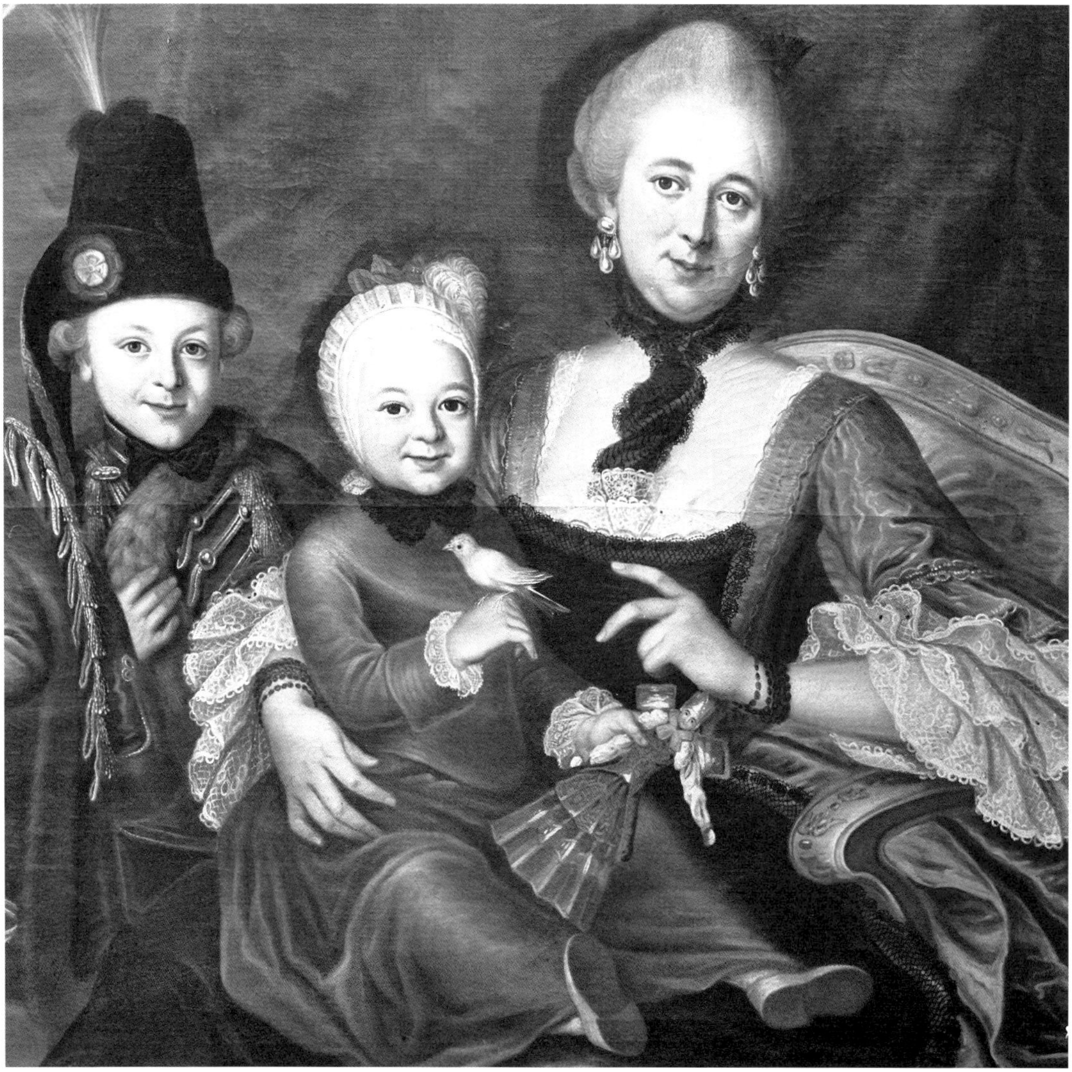

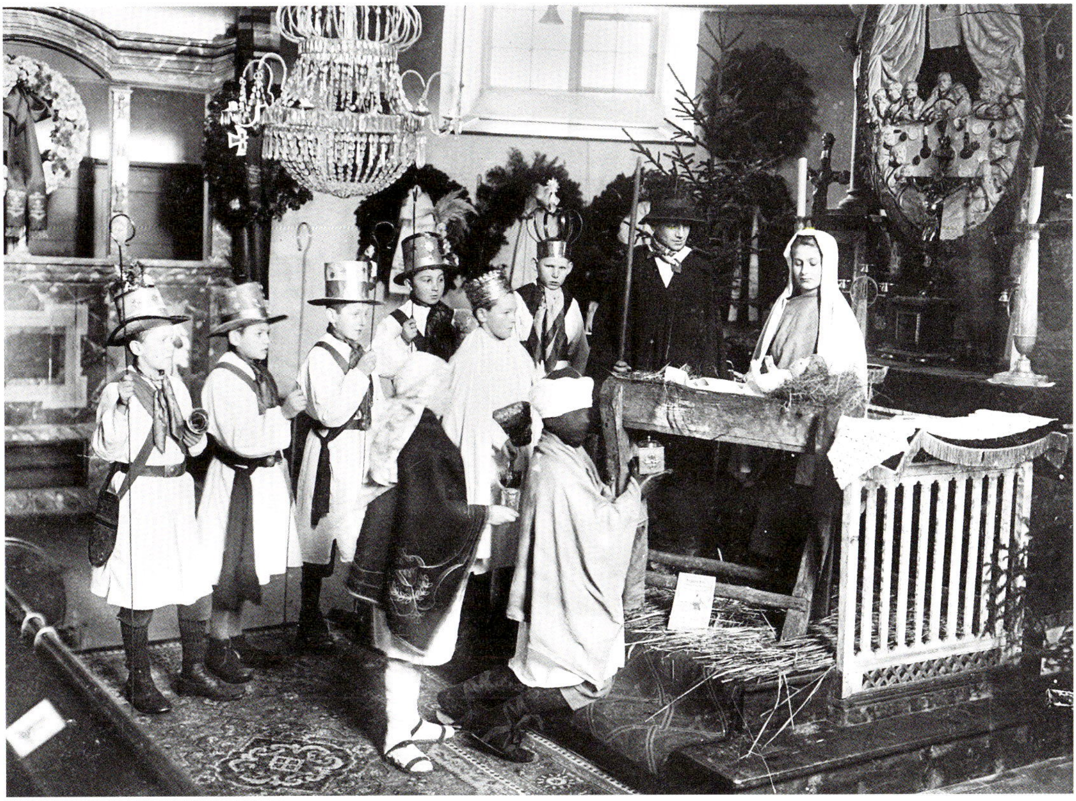

68
»Das alte Christmettenspiel in der Kirche zu Steinbach«
Foto: Hermann Kraußе
vor 1929
Deutsche Fotothek Dresden,
Nr. df_hauptkatalog_0012529

Hier ist dokumentiert, dass selbst bei den Christmettenspielen außer den drei Königen auch Engel goldene Kronen tragen.

Kronleuchter mit Engelbehang gibt es außer im Privatbesitz noch in einigen Museen wie vor allem dem Stadt- und Bergbaumuseum Freiberg, dem Museum Schneeberg, dem Museum »Huthaus Einigkeit« in Brand-Erbisdorf, der »Manufaktur der Träume« in Annaberg-Buchholz und dem Depot Pohl-Ströher in Gelenau.

Die Provenienz fast aller Kronleuchter mit Engelbehang ist die Umgebung von Freiberg. Das könnte die oben beschriebene These bestätigen, dass die meisten Musikinstrumente, mit denen die Engel ausgestattet wurden, ihre Vorbilder in den Engeln haben, die seit Ende des 16. Jahrhunderts die Begräbniskapelle des Freiberger Doms schmücken.

Monogramme

Eine Besonderheit einiger dieser Kronleuchter mit Engelbehang ist, dass die Leuchterarme aus ausgesägten Buchstaben – oft auch mit Jahreszahlen – gestaltet sind. Letztere erlauben sogar eine genaue Datierung. Eine solche Zierde – jedoch mit dem Monogramm des Herrschers – ist eindeutig höfischen Ursprungs.[191] Festgehalten ist das beispielsweise auf einer Zeichnung des Riesensaals im Dresdner Schloss von 1711.[192] Darauf tragen die Kronleuchter die Initialen »AR« für »Augustus Rex«.

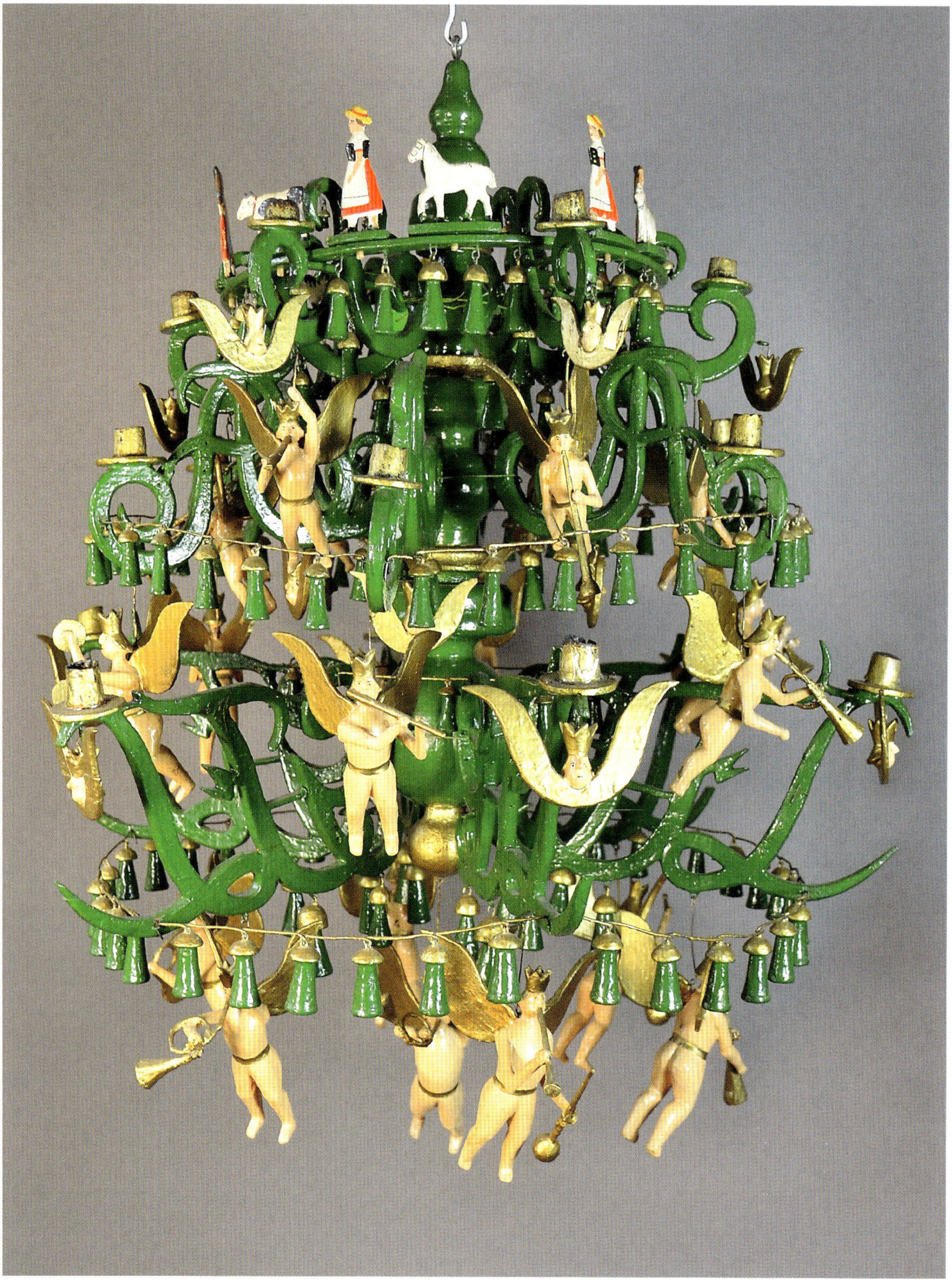

69

Kronleuchter mit Behang aus Schwebeengeln und 18 Kerzenarmen

Gottlob Friedrich Lichtenberger (1782–1837)
Oberlangenau (jetzt Langenau bei Brand-Erbisdorf), um 1810
Holz gedrechselt, gesägt, geschnitzt und farbig gefasst
H 65 cm, Dm 45 cm
Museum für Sächsische Volkskunst Dresden, Inv.-Nr. G 9576

Dieser älteste Leuchter des Volkskunstmuseums hat unter der Überfassung des 20. Jahrhunderts noch verschiedene Farbschichten und war ursprünglich sehr farbenfreudig gestaltet. Während die Leuchterarme ein schwarzes Erscheinungsbild hatten, waren die glockenähnlichen Behangteile in rot, blau und grün gefasst. Auch Flügel und Kronen der Engel waren zum Teil farbig gefasst. Figuren und Tiere auf dem oberen Abschluss wurden später hinzugefügt und gehören nicht zum Leuchter.

Besonders eindrucksvoll ist ein Leuchter im Dresdner Volkskunstmuseum (Abb. 69, 70). Diesen ältesten erzgebirgischen Kronleuchter des Museums fertigte laut der dazugehörigen Unterlagen um 1810 der »Berginvalide« Gottlob Friedrich Lichtenberger (1782–1837). Sein Hauptschmuck sind die gekrönten Engel mit unterschiedlichen Musikinstrumenten. Sie hängen an den jetzt grün lackierten Kerzenarmen, die aus den Monogrammen des Schnitzers (»GFL«) und Friedrich Augusts I. (1750–1827), seit 1806 König von Sachsen (»FA« und »R« für Rex), gebildet sind. Diese Verknüpfung vom eigenen Monogramm mit dem des regierenden Königs dokumentieren besonders ausdrucksvoll das enge Verhältnis zum sächsischen Hof.[193]

Mit Buchstaben geschmückte Kronleuchter können ebenso Bestellungen gewesen sein – vielleicht für eine Hochzeit – und aus den Monogrammen von Braut und Bräutigam wurden die Arme gestaltet. Die verwendeten Schriftarten sind entweder eine englische Schreibschrift, Frakturschrift oder lateinische Buchstaben.

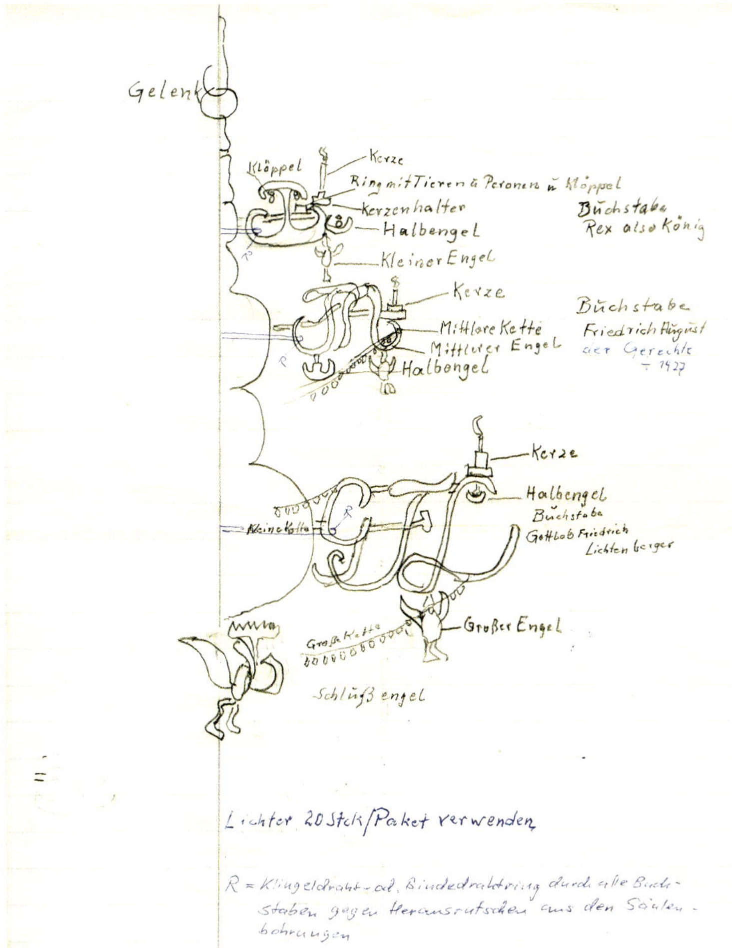

70

Skizze des Vorbesitzers vom Kronleuchter Abb. 69

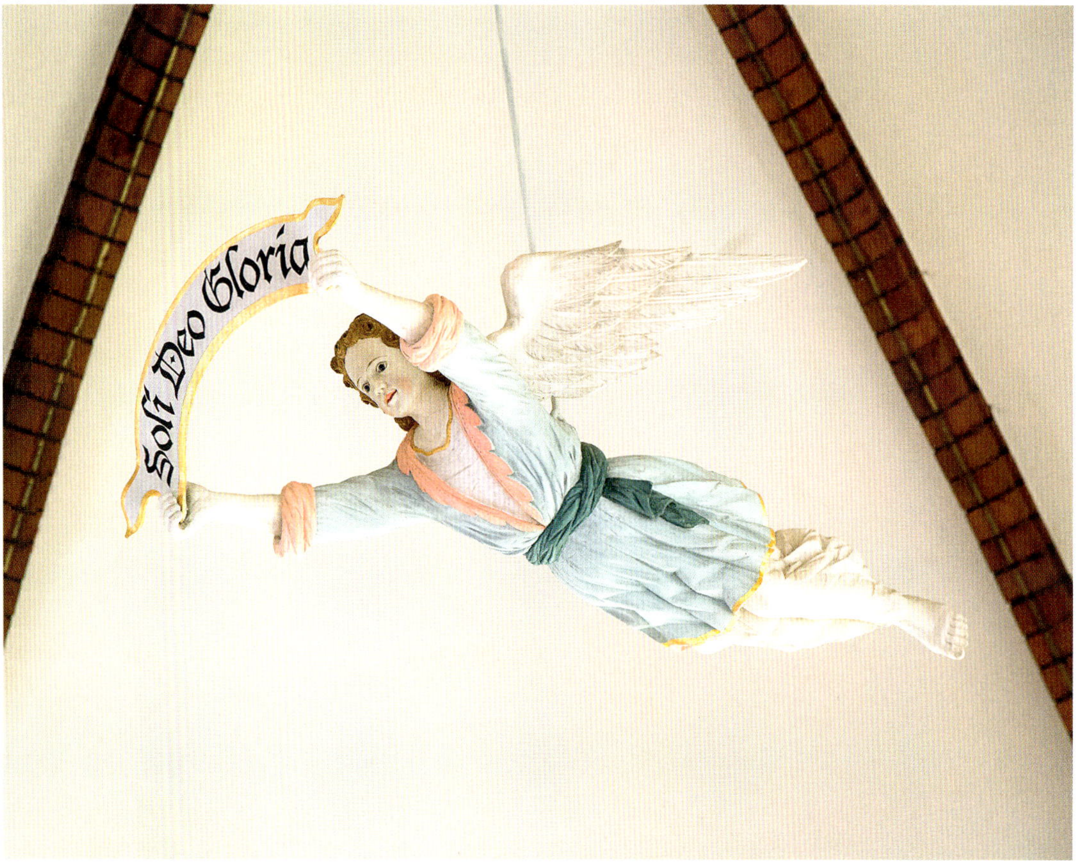

Schwebeengel oder Engelleuchter

Die hängenden Engelleuchter oder Schwebeengel, die sich seit der Mitte des 19. Jahrhunderts im Erzgebirge verbreiteten, werden als verkleinerte Abbilder der seit der Barockzeit in zahlreichen lutherischen Dorfkirchen Mittel- und Norddeutschlands sowie Skandinaviens befindlichen Tauf-, Verkündigungs- und Jubelengel gesehen.[194] Die erzgebirgische Region nimmt mit ca. 30 noch erhaltenen barocken Taufengeln beispielsweise in Crottendorf, Dorfchemnitz, Obercrinitz, Dittersdorf bei Chemnitz, Nassau, Geising oder Zschorlau innerhalb Sachsens einen Spitzenplatz ein (Abb. 71). Diese prunkvoll gestalteten Engel, die bei Taufen als »handelnde Bildwerke« von der Decke herabgelassen wurden, müssen einen starken Eindruck auf die Kirchgänger – sicher nicht nur im Erzgebirge – ausgeübt haben. Als man sie etwa seit dem zweiten Viertel des 19. Jahrhunderts aus den Kirchenräumen entfernte, lag das nicht daran, dass sie im Laufe der Zeit unansehnlich geworden wären. Sie wurden als »katholisch«, »papistisch« und als des lutherischen Bekenntnisses nicht würdig bezeichnet.[195] Zu

71
Taufengel
Gottfried Ullrich (1664–1748)
Zwönitz 1702
Holz geschnitzt und farbig gefasst
Kirche Dorfchemnitz

Der menschengroße Engel, der als handelndes Bildwerk bei Taufen von der Decke heruntergelassen wurde, trägt seit dem Ende des 19. Jahrhunderts keine Taufschale mehr. Das Spruchband erhielt er 2013.

vergleichen ist das mit dem Verbot der Weihnachtskrippen in katholischen Kirchen in der zweiten Hälfte des 18. Jahrhunderts, der Zeit der Aufklärung, die – vom nahen Böhmen beeinflusst oder von böhmischen Exulanten[196] importiert – in den Weihnachtstuben im Erzgebirge aufgestellt wurden.[197]

Ähnlich könnte es sich bei den Schwebeengeln abgespielt haben. Nach der »Verbannung« der Taufengel aus den Kirchen fertigten mehr oder weniger begabte Schnitzer für sich und möglicherweise auch für andere die Engel in einem Format, welches sich für Stuben eignete. Vermutlich wurden sie zu Beginn bzw. in der Mitte des 19. Jahrhunderts nur für den eigenen Gebrauch gefertigt, seit dem Ende des Jahrhunderts kann von Kleinserien ausgegangen werden; die Ähnlichkeit vieler noch vorhandener Engel untereinander lässt diesen Schluss zu.

Ernst Wilhelm Richter schildert vor 1852 in seiner »Beschreibung des Königreiches Sachsen« den Gebrauch eines solchen schwebenden Engels: »an der Decke hängt ein [...] groß geschnitzter hölzerner Engel, der mit seinen beiden Händen einen Bogen hält, auf welchem kleine (bemalte) Talgkerzen stecken« .[198]

Gemeinsames Attribut der meisten dieser Engel sind die Leuchter, die sie als Verkünder der Geburt des »Lichts der Welt« in den Händen tragen. Manchmal ist es eine einzelne Kerze, manches Mal zwei, oft sind es spinnenähnliche Leuchter (Abb. 72) oder gar ein kleiner Kronleuchter, eine Spinne in einer oder in beiden Händen. Typisch für eine hauptsächlich in Schneeberg hergestellte kleine Serie von Schwebeengeln sind in die Taille des Engels gesteckte s-förmige Leuchterarme (Abb. 73).[199] Häufig (Abb. 74, 75) tragen die Engel einen Blumenkorb in der Hand, womit möglicherweise die bei der Geburt Christi aufblühenden Blumen symbolisiert werden, die beispielsweise der lutherische Theologe und Kirchenlieddichter Paul Gerhardt (1607–1676) in der letzten Strophe seines bekannten Liedes »Ich steh an Deiner Krippen hier« beschreibt: »Nehmt weg das Stroh, nehmt weg das Heu, ich will mir Blumen holen, daß meines Heilands Lager sei auf lieblichen Violen; mit Rosen, Nelken, Rosmarin aus schönen Gärten will ich ihn von oben her bestreuen.« Damit wird auch zum Ausdruck gebracht, dass mit der Geburt Christi das verlorene Paradies wiedergekommen ist.[200] Eine andere Deutung könnte sein, dass mit Christi Geburt der Welt der Frühling anbricht, was in erzgebirgischen Weihnachtsspielen ein Engel mit einem Kranz aus Rosen verkündet.[201]

Tragen die Schwebeengel eine Trompete[202] oder Palmenwedel, handelt es sich um Jubel- und Verkündigungsengel. Auch Spruchbänder dienen als Schmuck oder mit Kerzen bestückte Bögen, wie das Richter 1852 beschreibt.

Die aus Holz geschnitzten und farbig gefassten Engel waren wie ihre großen Vorbilder entweder mit einem antik anmutenden gegürteten Gewand, häufig mit einer freien Schulter und mit geschlitztem Rock (Abb. 74), der meist ein Knie zeigte oder mit einem Lendentuch (Abb. 73)

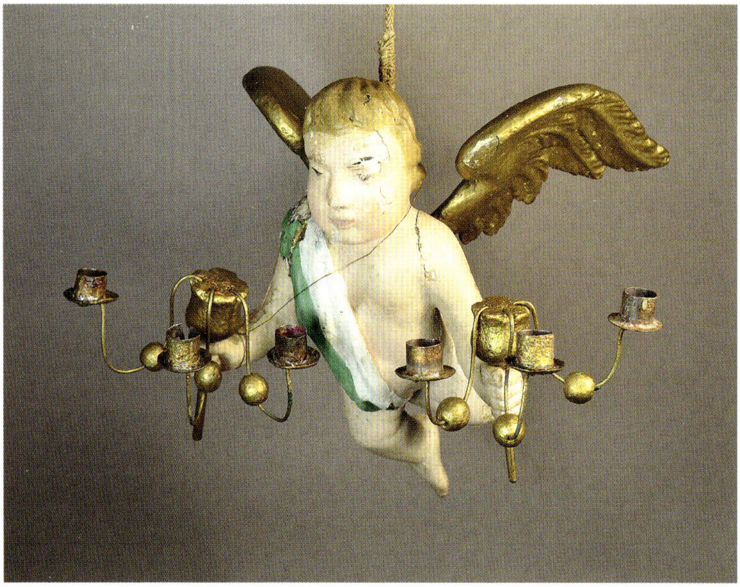

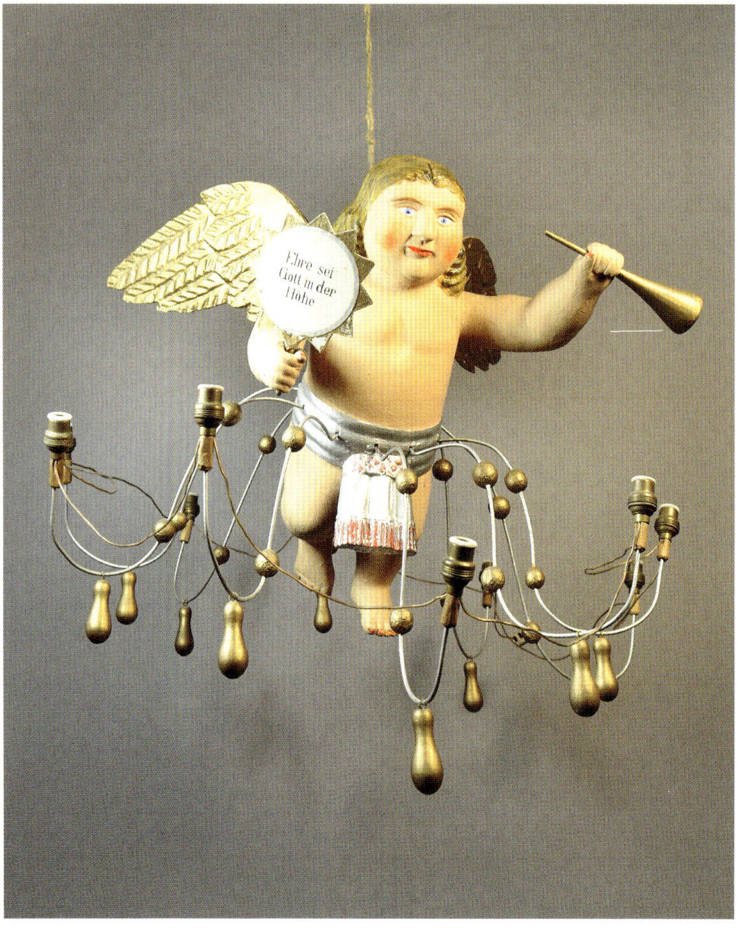

72

Schwebeengel mit zwei dreiarmigen Leuchterspinnen

Erzgebirge, wohl Mitte 19. Jahrhundert
Holz geschnitzt und farbig gefasst, Metall
H 40 cm, B 34 cm
Museum für Sächsische Volkskunst, Dresden, Inv.-Nr. G 5395

73

Schwebeengel als Leuchterspinne mit neun Kerzenarmen

Schneeberg oder Seiffener Raum, wohl um 1900
Holz geschnitzt und farbig gefasst, Metall
H 50 cm, B 61 cm
Museum für Sächsische Volkskunst Dresden, Inv.-Nr. G 7239

Hier diente der Körper des nur mit einer Schärpe bekleideten kindlichen Engels als Halterung für die Leuchterarme, die zu einem späteren Zeitpunkt elektrifiziert wurden, vermutlich zeitgleich mit einer Übermalung. Da er in der linken Hand ein trompetenähnliches Blasinstrument und in der rechten ein sternförmiges Schild mit der Inschrift »Ehre sei Gott in der Höhe« trägt, hat er auch die Funktion eines Verkündigungsengels.

74

Schwebeengel, sogenannter »Lößnitzengel« mit fünfarmiger Leuchterspinne

wohl Lößnitz/Erzgeb.,
Mitte 19. Jahrhundert
Holz geschnitzt und farbig gefasst, Metall
H 45 cm, L 51 cm
Museum für Sächsische Volkskunst Dresden, Inv.-Nr. G 966

Ein sehr ähnlich gestalteter Engel, jedoch statt des spinnenähnlichen Leuchters in der rechten Hand mit einem Palmzweig ausgestattet, befindet sich in der Sammlung des Schnitzvereins Lößnitz.

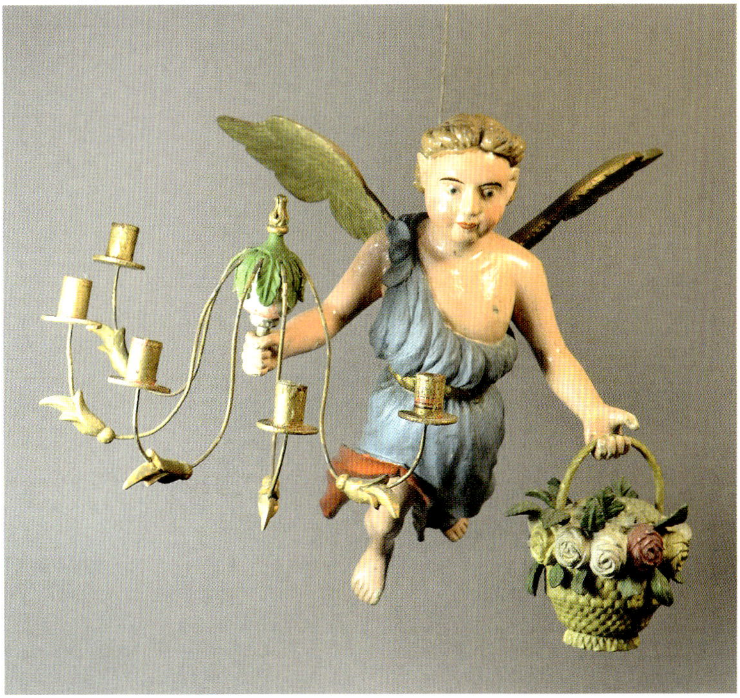

75

Schwebeengel mit Blumenkorb

Erzgebirge
um 1900
Holz geschnitzt und farbig gefasst
H 39 cm, B 29 cm, T 36 cm
Museum für Sächsische Volkskunst Dresden, Inv.-Nr. G 2736

Hier fehlt der Leuchter, den der Engel ursprünglich in der rechten Hand trug.

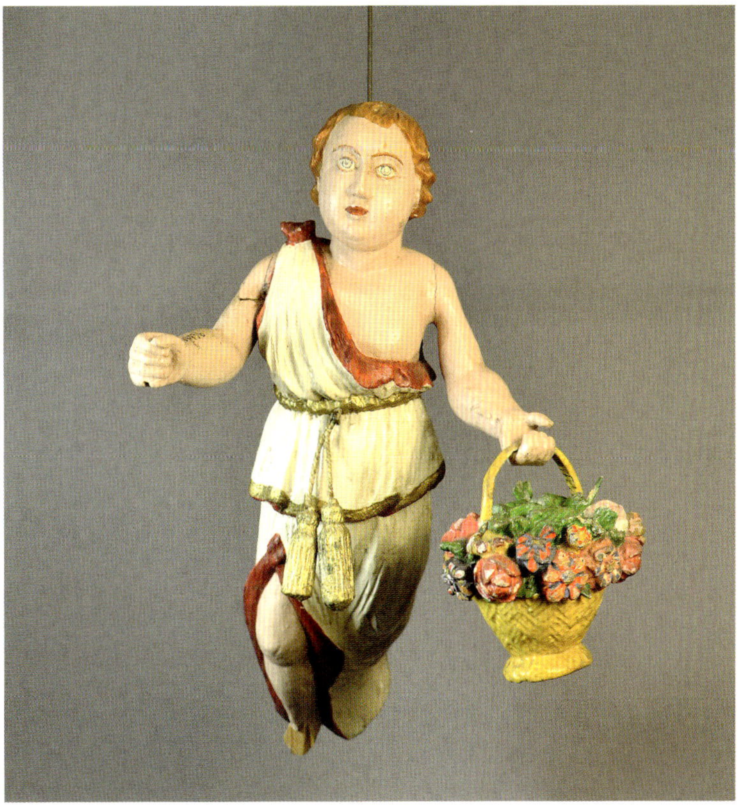

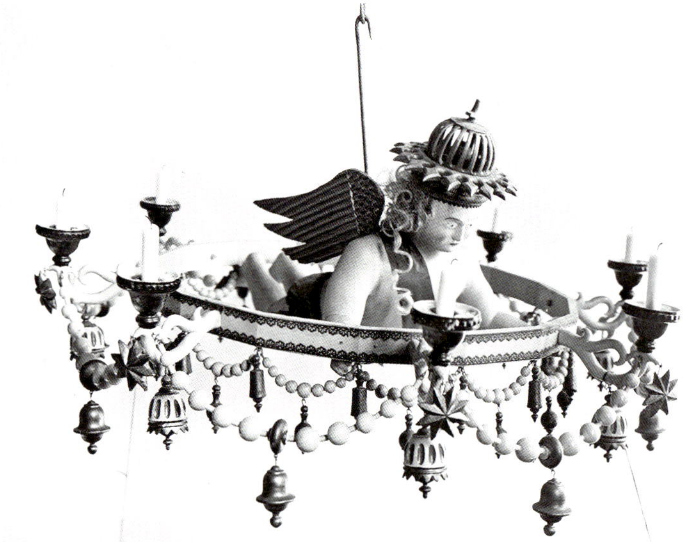

76
Seiffener Schwebeengel mit acht Kerzenarmen
Seiffen, vor 1930
Deutsche Fotothek Dresden, Nr. df_hauptkatalog_0007823

Diese Art der Schwebengel – umgeben von einem Ring mit Kerzentüllen und geschmückt mit ähnlichem Zierrat wie die Seiffener Kettenleuchter – wurde erst im 20. Jahrhundert kreiert.

bekleidet. Immer gab es auch Ausnahmen. Um 1900 war in Seiffen eine neue Art Schwebeengel (Abb. 76) entstanden, die sich inmitten eines Rings mit Kerzentüllen befanden und oft eine Krone trugen.

Sich auf Vorbilder festzulegen, ist nicht möglich, da die Wege der Entstehung fast nie schriftlich festgehalten wurden und wie bei den Taufengeln[203] sowohl aus der näheren Region als auch aus der Ferne stammen konnten.

Zschopauer Engelleuchter

Engel dominieren auch die Gestaltung der in der ehemals »freien Bergstadt« Zschopau und Umgebung gefertigten Kronleuchter, die mit vielen einander gleichenden Merkmalen in unterschiedlicher Ausführung eine eigene Gruppe bilden. Am offenkundigsten ist die bis auf wenige Ausnahmen weiß-goldene Fassung der Leuchter und der an die Stelle des Schafts getretene Tempel (Monopteros) in vielen Varianten, meist mit vier Säulen und einer Bekrönung oder einer Kuppel.[204] Mit großer Gewissheit war hier der 1858 fertiggestellte Kanzel-Altar der Zschopauer St.-Martins-Kirche (Abb. 77) das Vorbild, womit auch das früheste Datum ihrer Entstehung belegt werden könnte. Die Tempel beherbergen in manchen Exemplaren eine Krippe. Ein weiteres, noch auffälligeres Attribut, welches fast alle Zschopauer Leuchter gemeinsam haben, ist der über dem Tempel schwebende größere Engel. Manches Mal wird er durch vier oder mehr weiß gekleidete und golden gegürtete oder farbig gefasste Jubel- oder Verkündigungsengel mit einer Barocktrompete und Palmenwedel ergänzt. Auch hier gibt es zahlreiche Varianten.[205] Das eindeutige Vorbild für diese Engel-

77 ►
Messingkronleuchter mit acht Kerzenarmen am Kanzelaltar der Kirche St. Martin, Zschopau
1693
Messing gegossen
H 115 cm, B 100 cm
Kirche St. Martin, Zschopau

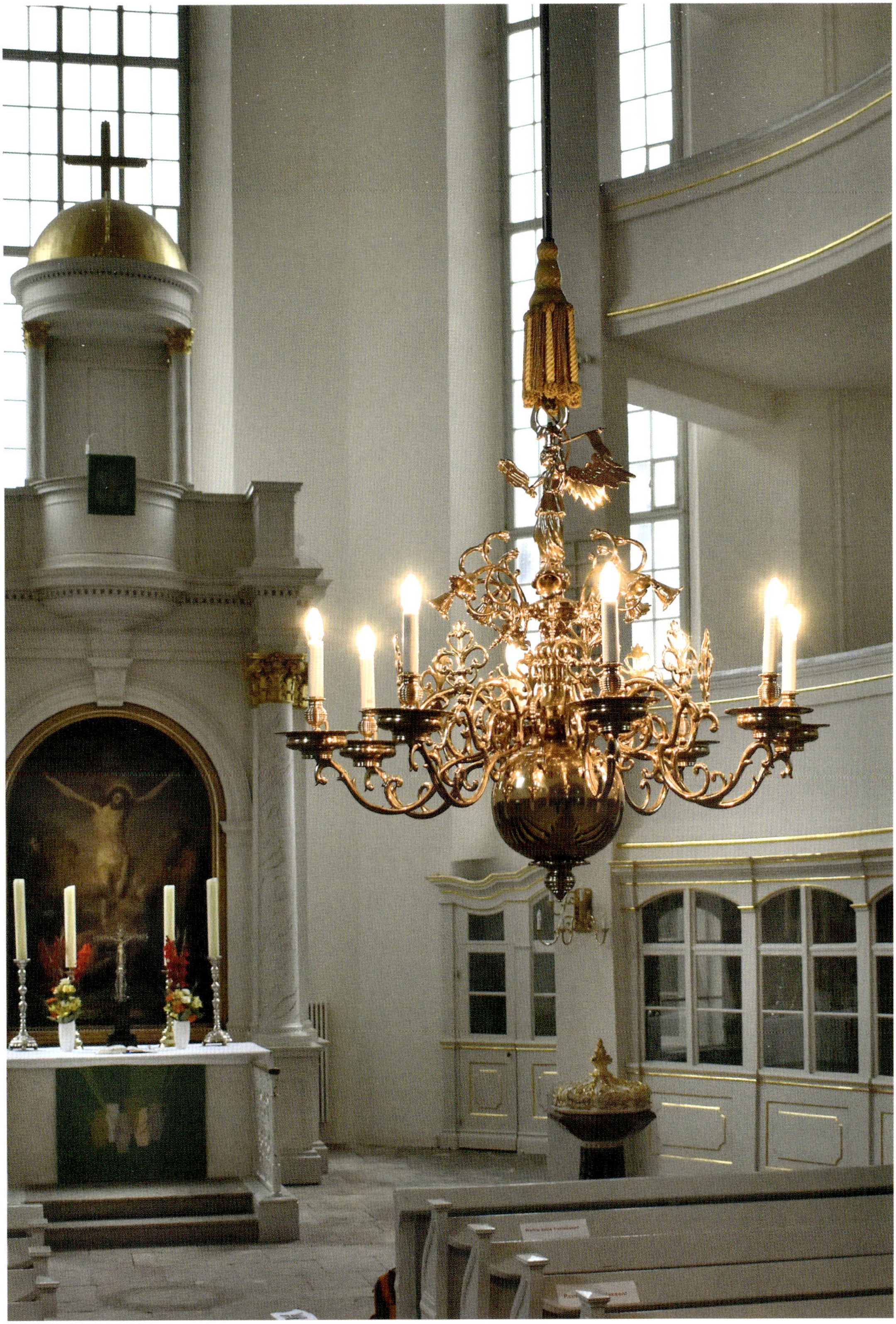

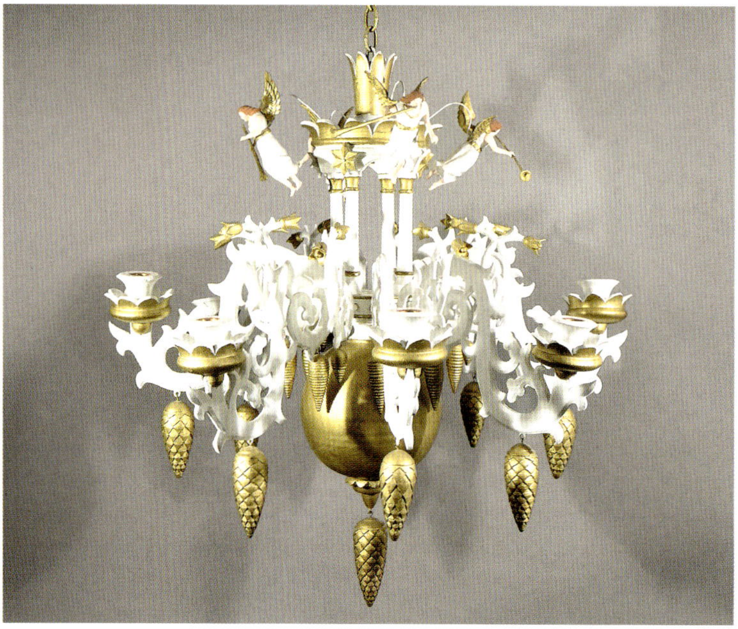

78
Kronleuchter mit acht Kerzenarmen und vier Schwebeengeln
Zschopau, um 1880/1900
Holz gedrechselt, beschnitzt, geschnitzt, in weiß und gold gefasst
H 100 cm, Dm 67 cm
Museum für Sächsische Volkskunst Dresden, Inv.-Nr. G 11137

Möglicherweise zählt dieser Zschopauer Kronleuchter zu den frühesten erhaltenen dieser Art. Er folgt in fast allen Details noch sehr genau dem Vorbild aus der St. Martins-Kirche von 1693.

Kronleuchter hängt in der St. Martins-Kirche – ein Messingkronleuchter für acht Kerzen, der auf 1693 datiert ist und aus dem Vorgängerbau stammt (Abb. 77). Sein oberer Abschluss, die Bekrönung, ist ein Engel mit Fahne und Wappenschild. Doch nicht nur der Engel war Vorbild für die eigenen Schöpfungen, sondern ebenso die darunter befindlichen blütenkelchförmigen Reflexkörper.[206] Auch die ausgesägten und beschnitzten Arme mit gefüllten Armbögen sind diesem Messingkronleuchter nachgebildet. Ein weiteres Erkennungsmerkmal ist die typische große Abschlusskugel. Der als unterer Abschluss dienende Pinienzapfen hat sich in einen Fichtenzapfen oder eine Weintraube verwandelt. Diese vergoldeten, nach Vorbildern aus der Natur gefertigten Anhänger erfreuten sich auch bei Leuchtern aus anderen erzgebirgischen Orten großer Beliebtheit. Ketten aus vergoldeten Holzperlen sind ein weiterer Schmuck.

Einer der frühesten bekannten Leuchter dieser Art (Abb. 78) wurde wohl um 1880 von einem unbekannten Hersteller gefertigt. Zahlreiche weitere Exemplare entstanden nach der Gründung des Zschopauer Weihnachtsbauvereins (21. September 1920) in den 1920er und 1930er Jahren, vermutlich sogar in Gemeinschaftsarbeit.[207] Aus dieser Zeit sind Schablonen für unterschiedliche Armgestaltungen erhalten geblieben, mit deren Hilfe die Leuchterarme und andere Leuchterteile ausgesägt werden konnten (Abb. 79). Dass das Schnitzen der Engel eine gewisse Erfahrung und Kunstfertigkeit erforderte, ist an fast allen Gesichtern der Engel sichtbar. Sie

79 ►
Schablonen für Leuchterarme und anderen Zierrat für in Zschopau gefertigte Kronleuchter
Zschopau, Ende 19. Jahrhundert
Stadtgeschichtliche Sammlung Carsten Beier / Zschopau

Aus dem Nachlass des Zschopauers Liebreich Vogel (1876–1955) und dessen Sohn Otto Vogel (1906–1996).

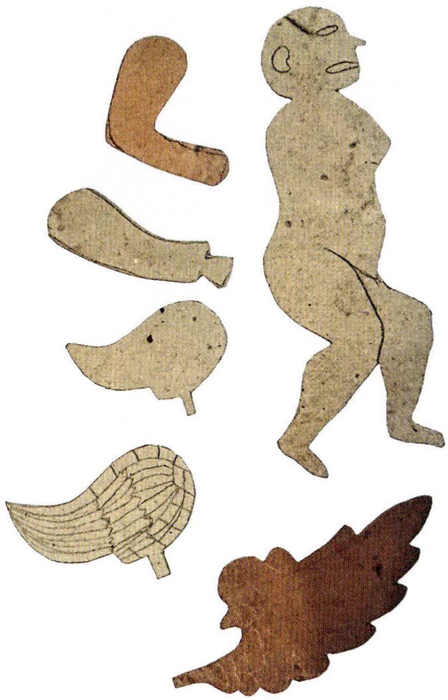

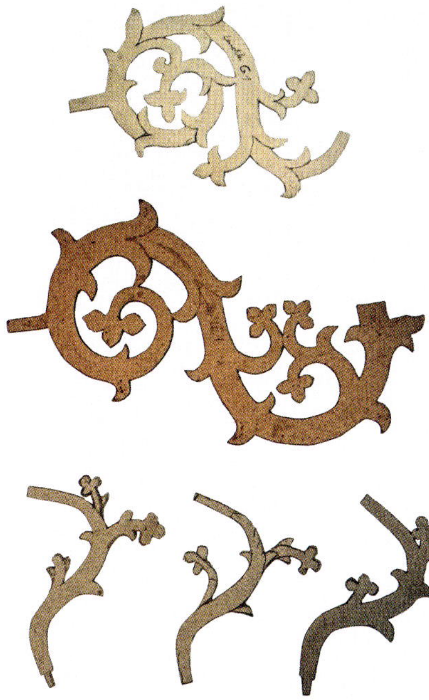

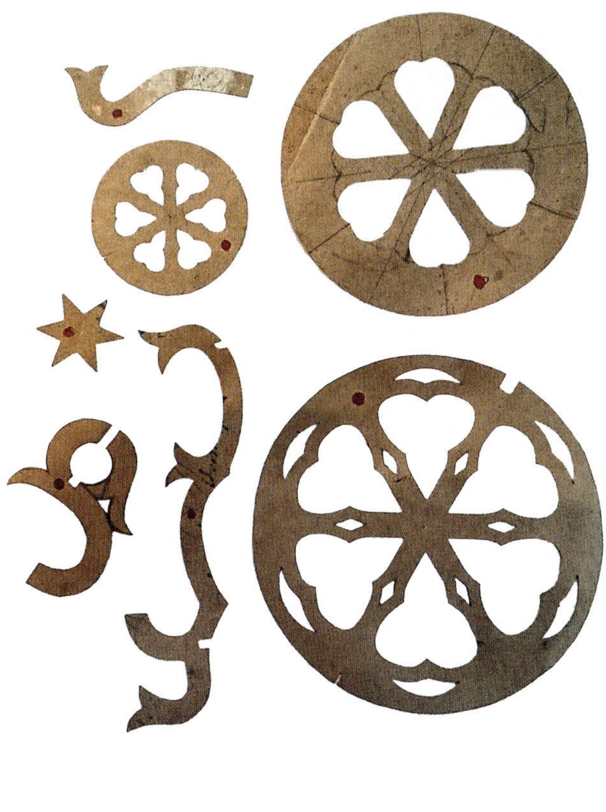

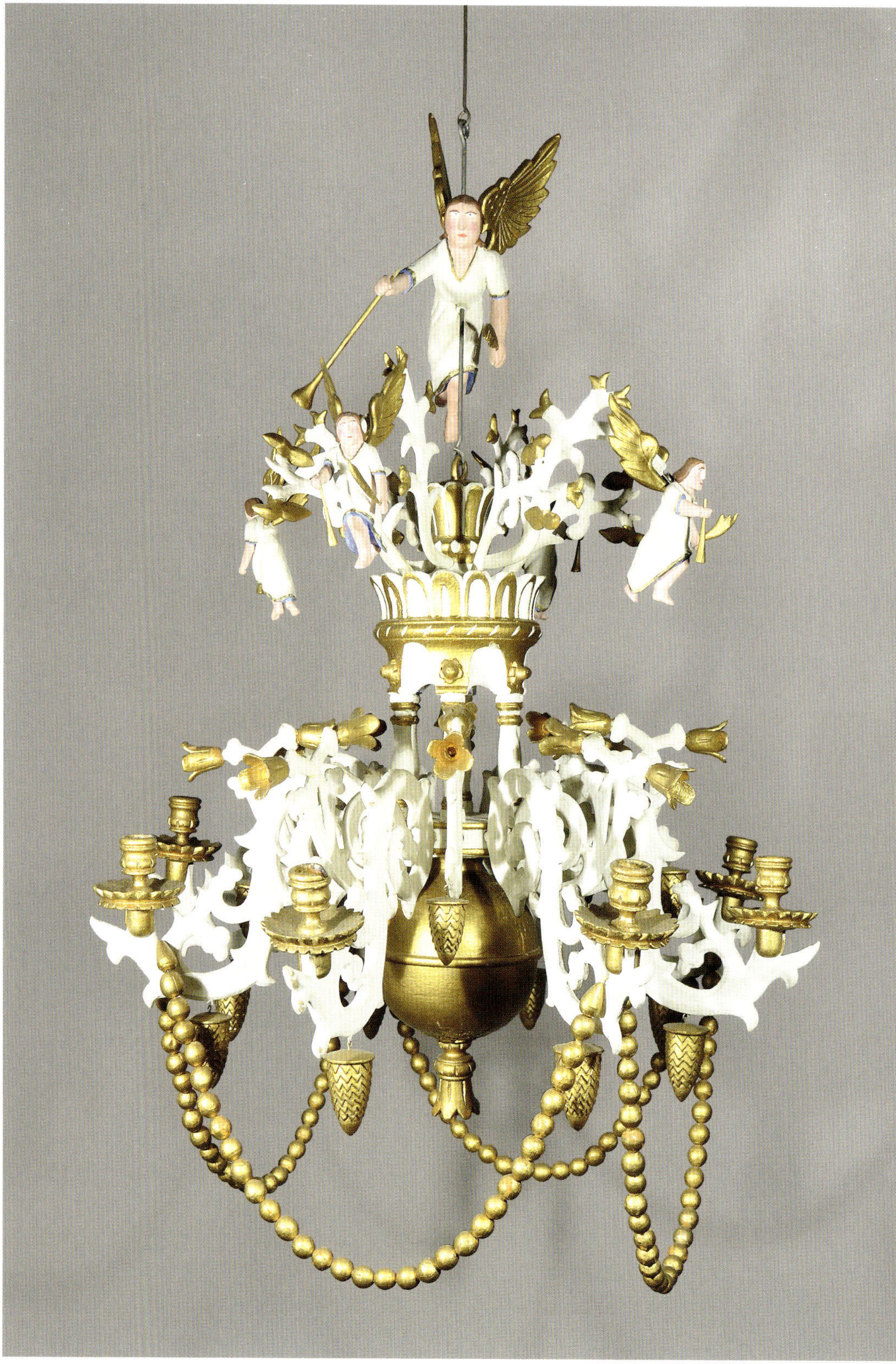

◄ 80
Kronleuchter mit acht Kerzenarmen
Otto Barth (1892–1972)
Zschopau, um 1930
Holz gedrechselt, beschnitzt, weiß, gold und farbig gefasst
H 90 cm, Dm 62 cm
Museum für Sächsische Volkskunst Dresden, Inv.-Nr. G 8728

81
Schablone für Leuchterarme aus dem Nachlass von Otto Barth (Abb. 82)
Museum für Sächsische Volkskunst Dresden, Inv.-Nr. D 1144

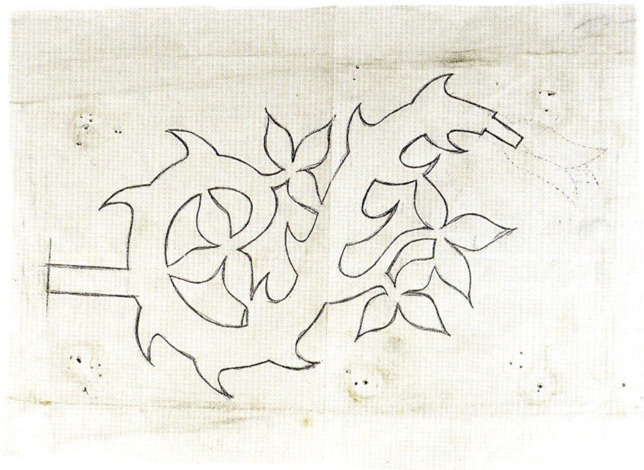

82
Hochzeitsfoto von Otto Barth mit Frau
Museum für Sächsische Volkskunst Dresden, o. Nr.

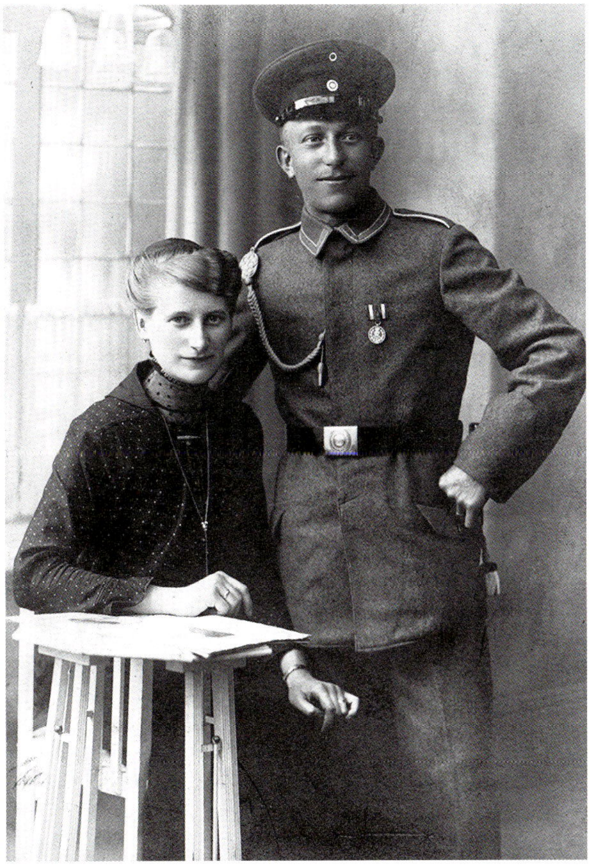

lassen deutlich erkennen, dass es sich um Einzelwerke von »Volkskünstlern« und nicht um Massenware eines professionellen Herstellers handelte. So soll der Zschopauer Otto Barth (1892–1972) beim Engel seines Kronleuchters (Abb. 80, 82) seine Ehefrau porträtiert haben.[208]

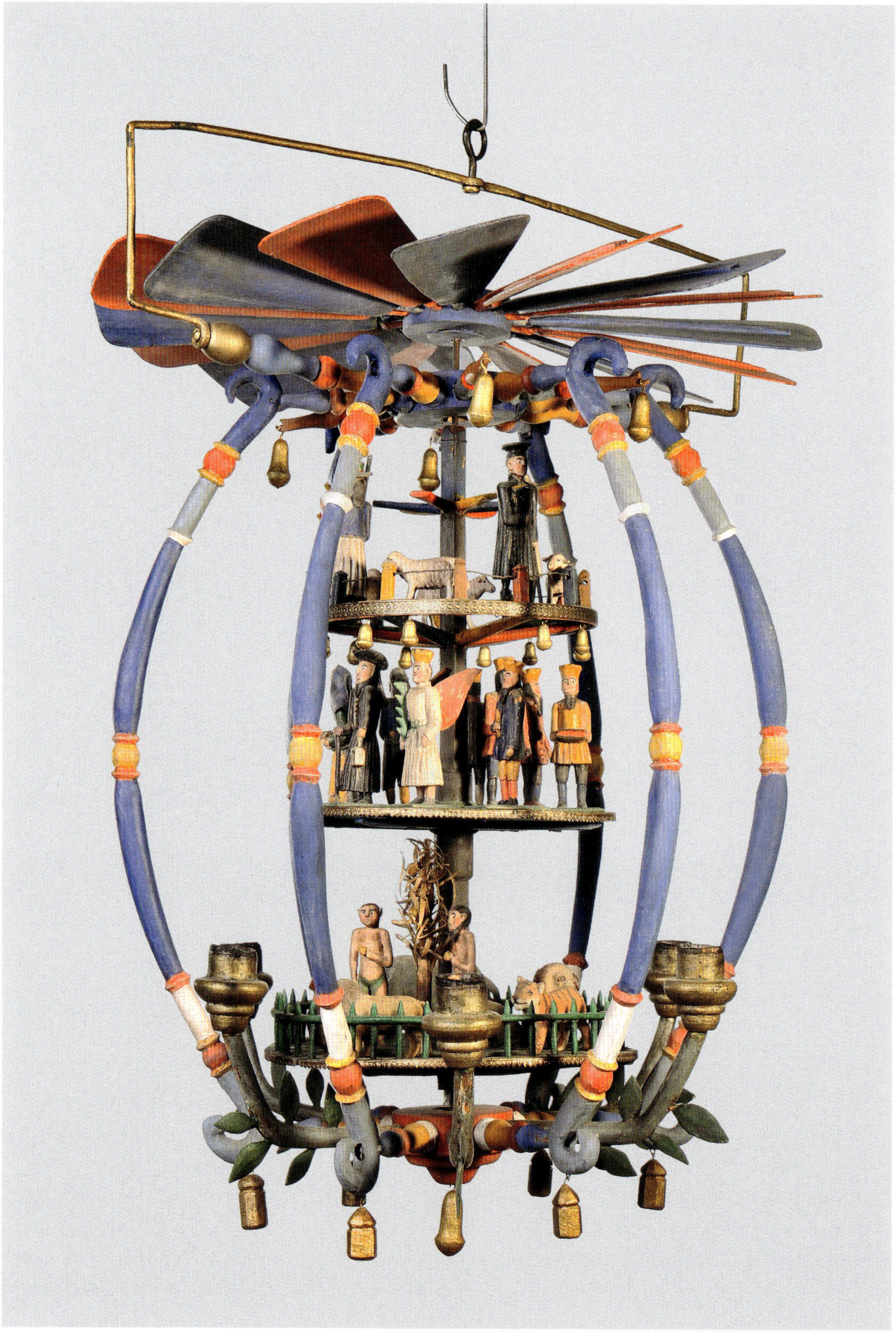

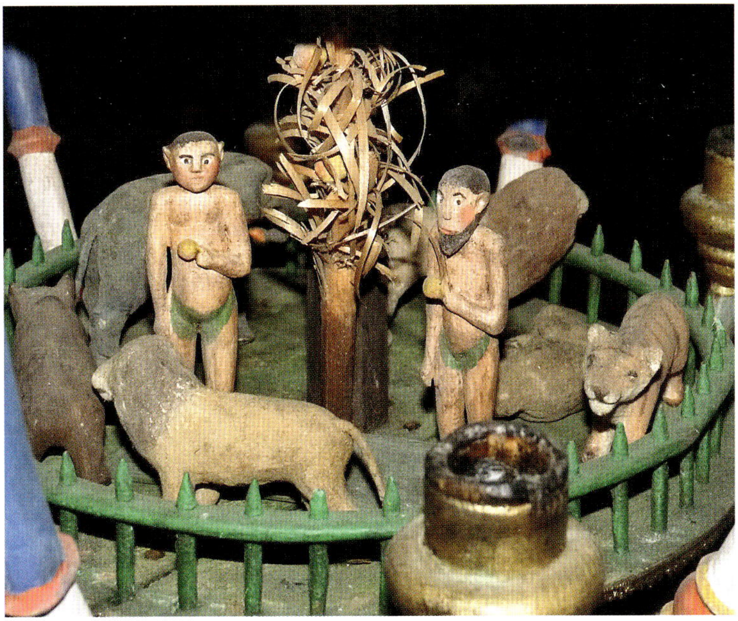

83
Hängeleuchter als Deckenpyramide mit sechs Kerzenarmen
Raum Annaberg, Ende 19. Jahrhundert
Holz gedrechselt, gesägt und geschnitzt, Papierprägeborten
H 75 cm, Dm 48 cm
Manufaktur der Träume, Annaberg-Buchholz, Inv.-Nr. 1040

Die Darstellungen in der unteren Etage zeigen das eingezäunte Paradies, worin Adam und Eva – umgeben von wilden Tieren – am Baum der Erkenntnis stehen. In der mittleren Etage ist die Weihnachtsgeschichte dargestellt, beginnend mit dem Wirt, der Heiligen Familie, einem Engel, den drei Königen sowie Herodes und einem Soldaten. In der oberen Etage befinden sich die Hirten mit Schafen und einem Pfarrer.

Krippen und Paradiesdarstellungen

Bewusst oder unbewusst nur den Überlieferungen folgend, inszenieren die Erzgebirger mit ihren Weihnachtsbräuchen das einstmals verlorene Paradies, welches in den Vorstellungen der Menschen als »heile Welt« oder »Garten Eden« existierte, in welchem alle Bewohner – Menschen und Tiere – friedlich und glücklich miteinander lebten, und welches erfüllt ist von göttlichem Licht. An diesem Ort lebten Adam und Eva, bevor sie – verführt von der Schlange – eine Frucht vom Baum der Erkenntnis aßen, um Gott gleich zu sein. Diese sogenannte »Erbsünde« war der Anlass für die Vertreibung aus dem Paradies. Die Geburt Jesu erlöste die Menschheit davon.[209]

Deshalb begann für die frommen lutherischen Erzgebirger Weihnachten mit Adam und Eva, deren Gedenktag der Heilige Abend vor der Christgeburt ist und die sie – als mahnende Erinnerung – in ihren Weihnachtsschmuck einbezogen. Bis zum Anfang des 20. Jahrhunderts waren sie unverzichtbarer Bestandteil der in dieser Zeit noch verbreiteten Paradiesgärten[210] und schmückten Pyramiden und Kronleuchter (Abb. 83).[211] Unentbehrlich für das Bildprogramm ist das »Licht der Welt«. Deshalb war der Mittelpunkt der weihnachtlichen Inszenierungen immer die Darstellung der Geburt Jesu, die Weihnachtskrippe. Zu den zentralen Figuren – Maria und Josef mit dem Kind – kamen die Hirten und die drei Weisen, weiterhin römische Soldaten und der Kindermord in Bethlehem sowie die Flucht nach Ägypten und manches Mal sogar Jesu Darstellung im Tempel mit dem

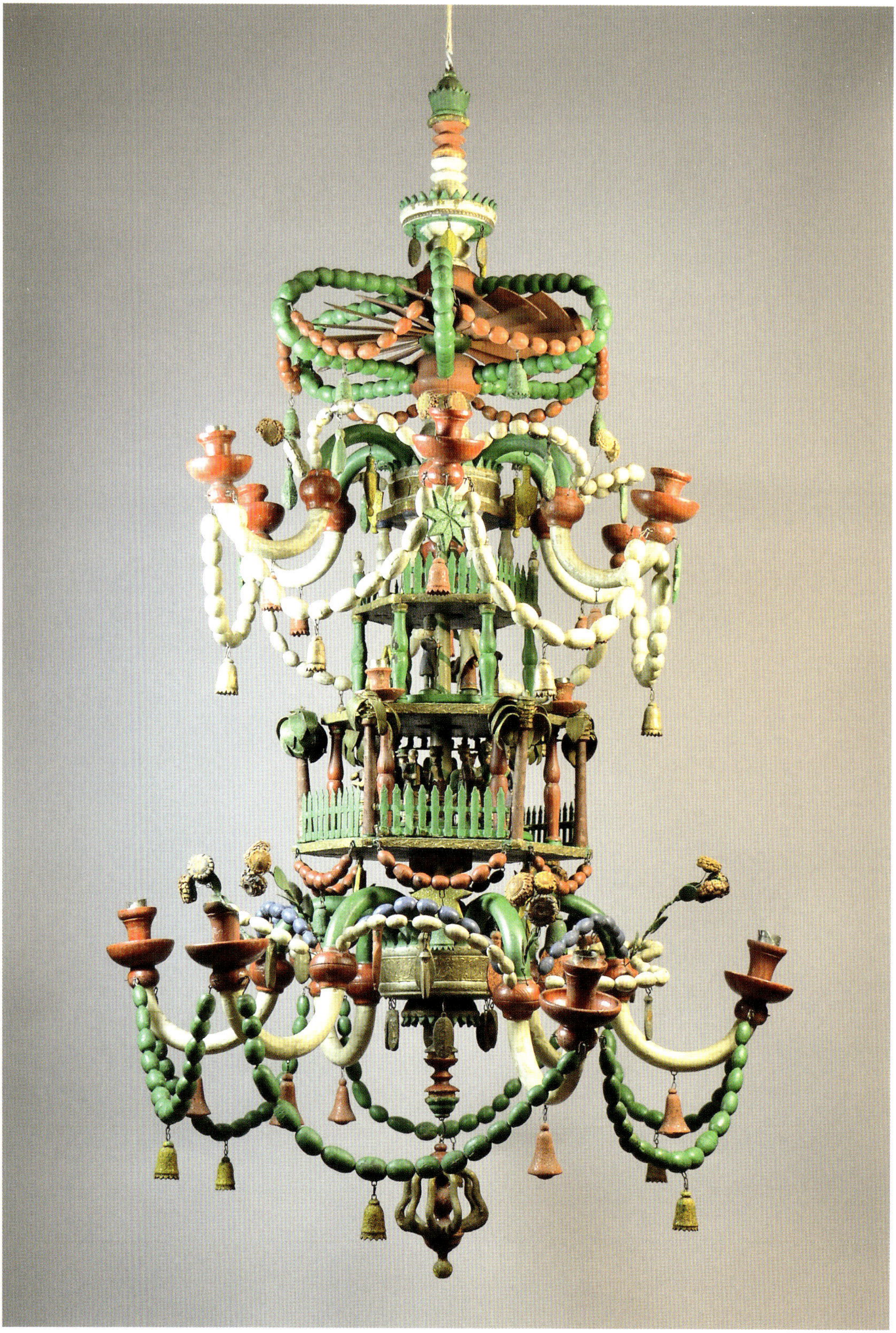

◄ 84

Laufleuchter mit zwölf Kerzenarmen
Waldkirchen/Erzgebirge, um 1900
Holz gedrechselt, beschnitzt, geschnitzt, gesägt und farbig gefasst, Spanbäume und -blumen gestochen, Metall
H 110 cm, Dm 64 cm
Museum für Sächsische Volkskunst Dresden, Inv.-Nr. G 7301

Der reich mit farbigen Holzperlenketten, Sternen, Spanblumensträußen und Glocken verzierte Laufleuchter zeigt auf drei Etagen mit 27 Figuren, Schafen und Bäumen die Weihnachtsgeschichte. Die sechs Kerzen in der unteren Etage dienen der Beleuchtung, während die Funktion der sechs Kerzen der oberen Etage der Antrieb der Pyramidenflügel ist.

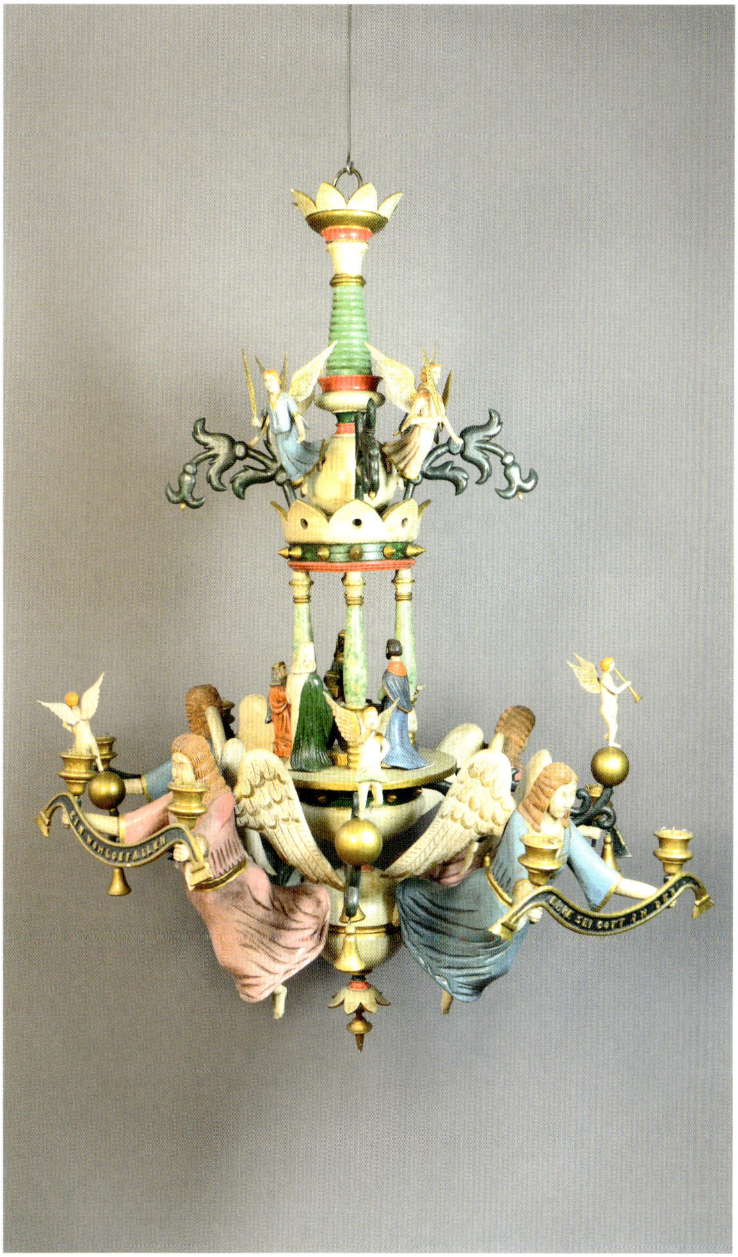

85

Kronleuchter mit acht Kerzentüllen
wohl Zschopau, 1. Hälfte 20. Jahrhundert
Holz geschnitzt, gedrechselt, beschnitzt und farbig gefasst
H 86 cm, Dm 66 cm
Museum für Sächsische Volkskunst Dresden, Inv.-Nr. G 8887

Dieser Kronleuchter weicht in einigen Details vom Typus der Zschopauer Leuchter ab. Vier Engel bilden die Form, sie tragen die Kerzentüllen und die Spruchbänder mit der Weihnachtsbotschaft »Ehre sei Gott in der – Höhe, Frieden auf – Erden und den Menschen – ein Wohlgefallen«. Nur der Tempel in der Mitte, in dem sich die Krippe befindet, ist ein typisches Merkmal. Möglicherweise wurde auch die originale weiß-goldene Fassung verändert.

greisen Simeon. In Seiffen wurde auf Kronleuchtern und Pyramiden auch immer die Herbergssuche dargestellt.[212] Die Krippenfiguren, mit denen viele Kronleuchter geschmückt sind, bestellte man spätestens ab dem Ende des 19. Jahrhunderts bei bekannten »Männelmachern«, wie z. B. bei Karl Müller (1879–1958) aus Seiffen oder man kaufte Katalogware aus Masse oder Teig (Abb. 84, 85).[213]

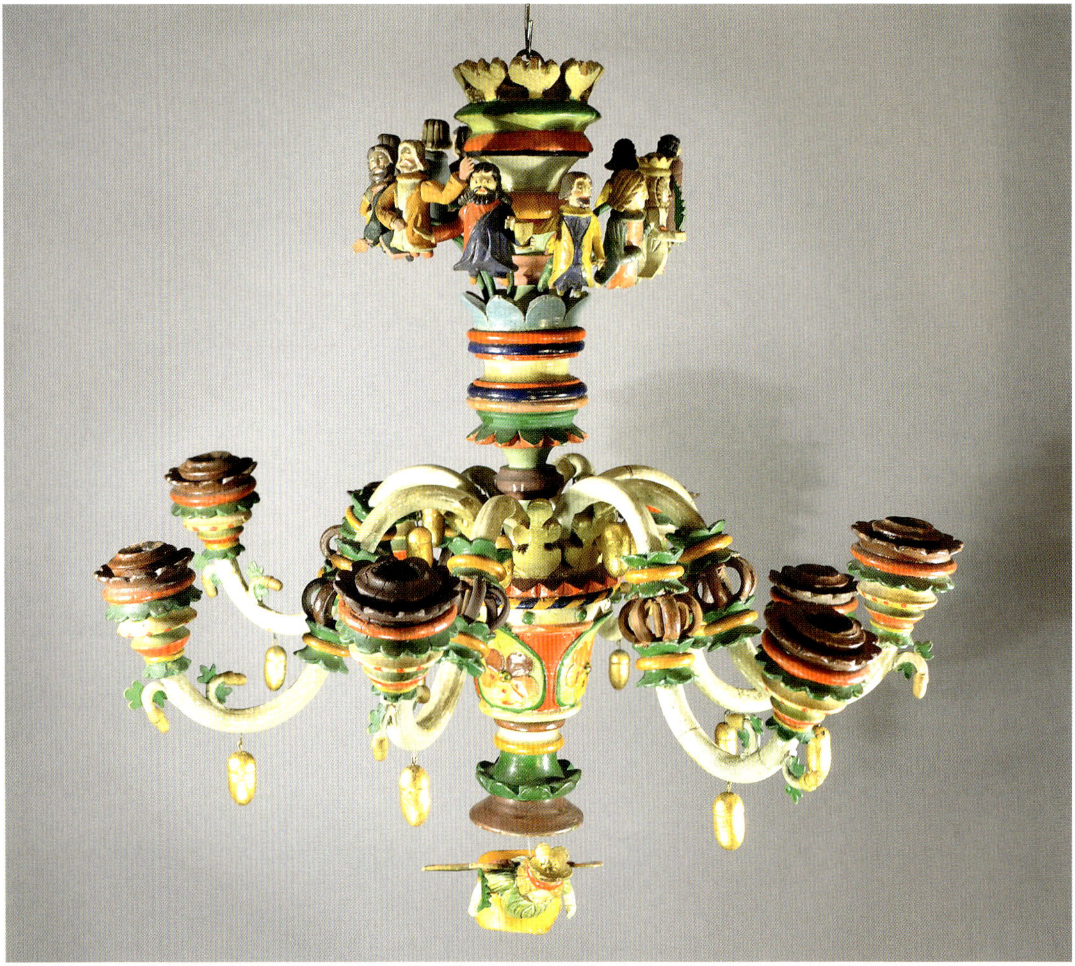

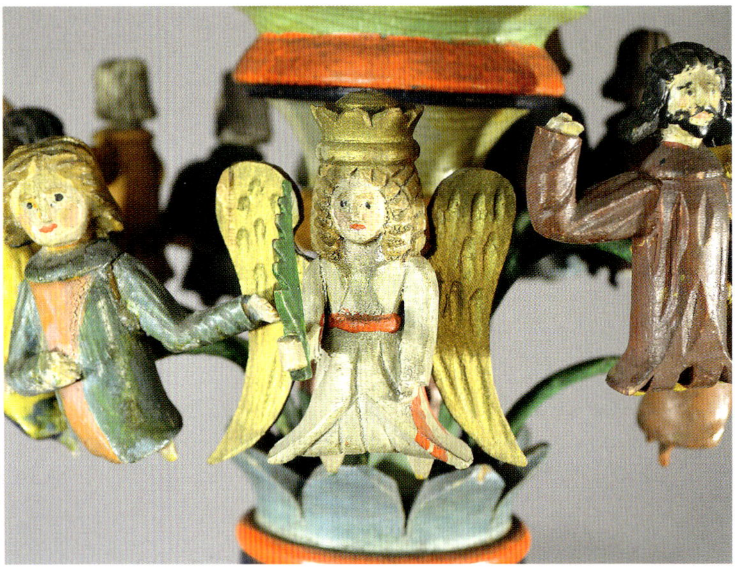

86

Kronleuchter mit acht Kerzenarmen

Karl Louis Härtel (1830–1910)
Schlettau, um 1885
Holz gedrechselt, beschnitzt und farbig gefasst
H 50 cm, Dm 58,5 cm
Museum für Sächsische Volkskunst Dresden, Inv.-Nr. G 968

Weitere christliche Symbole

Als Kronleuchterschmuck waren alle biblischen Motive und Symbole des Christentums beliebt. So stattete z. B. der Schlettauer Posamentierermeister und »Männelmacher« Karl Louis Härtel (1830–1902), der jedem seiner vier Kinder zur Hochzeit einen Kronleuchter fertigte,[214] den Leuchter für das vierte Kind, einen Sohn, mit den vier Evangelisten (Abb. 86) sowie mit Jesus und einem Schwebeengel als unterem Abschluss aus. Vier Evangelisten zieren ebenfalls einen um 1910 entstandenen Zschopauer Kronleuchter (Abb. 87).

Der Regenbogen als Zeichen für den Bund Gottes mit den Menschen (siehe Abb. 102) oder die Symbole für Glaube, Liebe, Hoffnung wurden gleichfalls sehr geschätzt. Das gilt auch für die den Heiligen Geist und die Anwesenheit Gottes verkörpernde Taube (siehe Abb. 92).

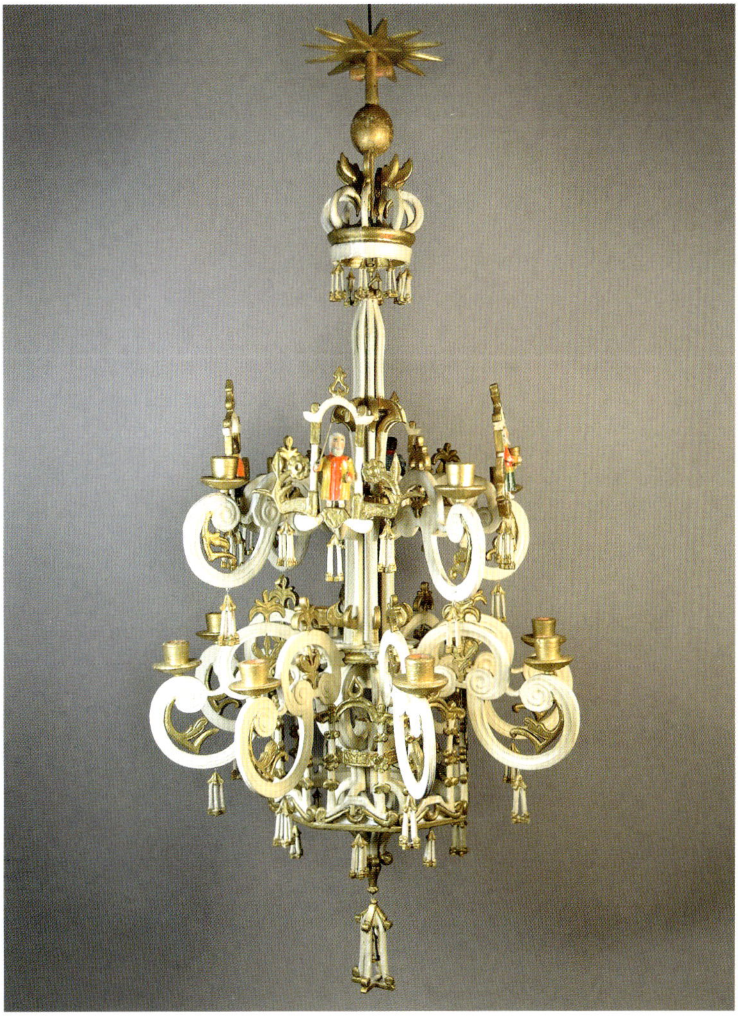

87
Hängeleuchter mit den vier Evangelisten und zwölf Kerzenarmen
Zschopau, um 1910
Holz gedrechselt, beschnitzt, weiß, gold und farbig gefasst
H 115 cm, Dm 55 cm
Museum für Sächsische Volkskunst Dresden, Inv.-Nr. G 8478

Dieser Leuchter weicht in seiner Gestaltung von den als typisch zu bezeichnenden Zschopauer Engelleuchtern ab, lediglich die weiß-goldene Fassung weist auf diesen Ursprung hin.

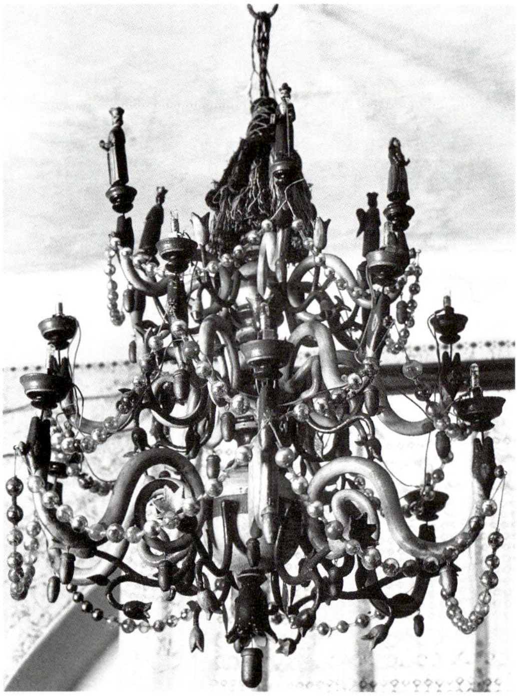

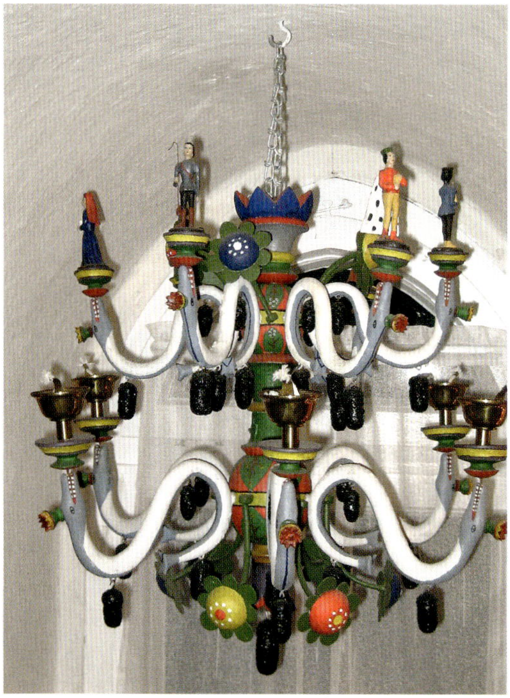

Kronleuchter mit Schlangenarmen, Adlern und Affen

Gegen Ende des 19. Jahrhunderts tauchen völlig neue Motive an Kronleuchtern auf. Sie erlauben eine regionale Zuordnung und lassen vermuten, dass ein oder mehrere Hersteller mit einer künstlerischen Ausbildung und möglicherweise im Kunstgewerbe tätig, diese in den Formenschatz übernommen haben. Alle Leuchter entstanden Ende des 19. Jahrhunderts, der Phase, in der das »Konzept Volkskunst« entwickelt wurde und es zu einer Folklorisierung der erzgebirgischen Weihnachtskultur kam. Als Herstellungsort ist vor allem Wiesa bei Annaberg-Buchholz überliefert.

Schlangenarmkronleuchter

Die geschwungene Form der Kronleuchterarme drängt sich förmlich auf, als Schlangen gestaltet zu werden. Schlangenarmkronleuchter aus Messing sind schon seit dem 16./17. Jahrhundert dokumentiert und erhalten.[215] Das Spektrum ihrer mythologischen Bedeutungen ist groß. Ob jedoch die als Schlangen gestalteten Kerzenarme bei erzgebirgischen Kronleuchtern am Ende des 19. Jahrhunderts eine religiöse Bedeutung haben oder ob lediglich ihre Form Anregung für eine solche Gestaltung war, ist noch unklar – obwohl der Volkskundler Lutz Röhrich 1968 in seinem Buch über Adam und Eva in

88

Schlangenarmkronleuchter mit wohl zwölf Kerzenarmen

Paul Tippmer
Schlettau, wohl nach 1900
Holz gedrechselt, geschnitzt und farbig gefasst
Foto: 1952
Deutsche Fotothek Dresden, Nr. df_hauptkatalog_0108152

Der Besitzer des Leuchters hat diesen mit Glühlämpchen von der Fahrradbeleuchtung, die mit Batterie betrieben wurde, elektrifiziert.

89

Schlangenarmkronleuchter mit sechs Kerzenarmen

Schlettau, wohl um 1900
Holz gedrechselt und farbig gefasst, Farbfassung erneuert
H 48 cm, Dm 48 cm
Privatbesitz Schlettau

Die Figuren des Leuchters sollen von Karl Müller (1879–1958) stammen.

90
Messingkronleuchter mit zwölf Kerzenarmen
J. C. Dürsch
wohl Sachsen, 1708
Messing
Martin-Luther-Kirche Schönheide

Beispiel eines vermutlich im Erzgebirge gefertigten Messingkronleuchters, der als oberen Abschluss einen gekrönten Doppeladler trägt.

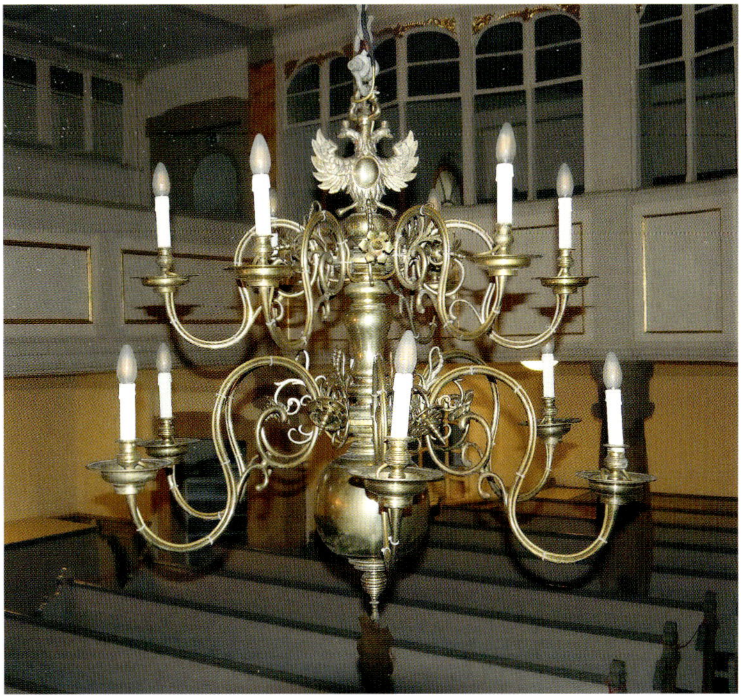

der Volkskunst feststellte, dass »Die Versucherin der Eva [...] in der Volkskunst immer auch eine wirkliche Schlange« sei.[216]

Anders ist es bei den gekrönten Schlangen. Hier könnte es sich um die Darstellung der Sage vom glückbringenden Otternkönig gehandelt haben. Damit erklärte man sich die zuweilen in ungewöhnlichen Farbvarianten vorkommenden Kreuzottern.[217] Kronleuchter mit gekrönten Schlangen sind vor allem in Schlettau nachgewiesen (Abb. 88, 89).

In Hilmersdorf bei Marienberg entstanden Ende des 19. Jahrhunderts drei Leuchter mit Armen aus ungekrönten Schlangen, von denen sich einer in Privatbesitz befindet, ein weiterer im Museum Wolkenstein und der dritte (Abb. 95) im Dresdner Museum für Sächsische Volkskunst.[218] Ihr oberer Abschluss sind Adler, wie bei den ebenfalls in Wiesa am Ende des 19. Jahrhunderts hergestellten Adlerkronleuchtern.

Adlerkronleuchter

Adler als Wappentiere und Sinnbilder göttlichen Schutzes bekrönen seit dem 16./17. Jahrhundert häufig Messingkronleuchter im höfischen (siehe Abb. 11) wie im kirchlichen Bereich (Abb. 90). Sie wurden mit ausgebreiteten Flügeln oder als Doppeladler mit und ohne Reichsinsignien – Krone, Reichsapfel und Zepter – dargestellt.

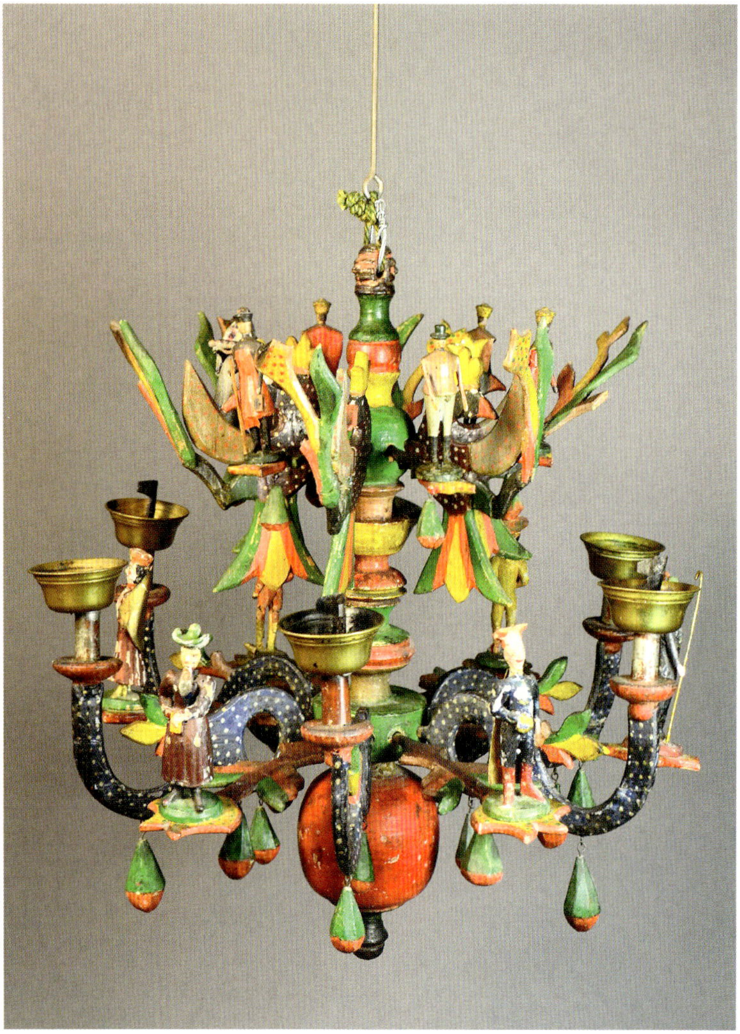

91
Adlerkronleuchter mit sechs Armen mit Rüböllampen
Ehrenfriedersdorf, 2. Hälfte 19. Jahrhundert
Holz gedrechselt, gesägt, geschnitzt und farbig gefasst, Figuren aus Masse geformt, Papier bemalt, Messing
H 39 cm, Dm 36 cm
Museum für Sächsische Volkskunst Dresden, Inv.-Nr. G 10258

92 ►
Adlerkronleuchter mit 18 Kerzenarmen
Hilmersdorf 1895
Holz gedrechselt, gesägt, beschnitzt und farbig gefasst, Papier, Pappe, Glaskugeln
H 90 cm, Dm 65 cm
Museum für Sächsische Volkskunst Dresden, Inv.-Nr. G 6327

Der außergewöhnlich reich geschmückte Leuchter hat einen gedrechselten Schaft nach dem Vorbild der Messingkronleuchter. Die in drei Etagen aufgeteilten Kerzenarme sind als Schlangen gestaltet, deren Köpfe in Richtung Schaft zeigen, an dem sie befestigt sind. Unterer Abschluss des Leuchters ist die den Heiligen Geist verkörpernde Taube. Zwischen den Armen der unteren und mittleren Etage stehen auf kleinen Brettchen Krippenfiguren von Friedrich Ferdinand Müller (1835–1892) aus Seiffen. In der oberen Etage wurden zwischen die kerzentragenden Schlangenarme mehrere Adler mit Krone und Kreuz und eine Blume eingefügt. Oberer Abschluss ist eine geschnitzte und bronzierte Sonne.

Mindestens vier und zuweilen mehr in alle Richtungen schauende Adler, manchmal mit einer Krone mit Kreuz darauf, manches Mal mit einer Art Reichsapfel und Zepter und oft auch mit einer Blume statt Zepter, dekorieren die erzgebirgischen Adlerkronleuchter. Ihre farbenfrohe und äußerst abwechslungsreiche Bemalung lässt eher an eine Parodie der Wappentiere denken, die die Abschussadler vom Vogelschießen als Vorbild hatten.

Eine große Zahl dieser Adlerkronleuchter in den unterschiedlichsten Varianten und Farbfassungen sind in Museen und Privatsammlungen erhalten, zwei im Museum für Sächsische Volkskunst (Abb. 91, 92). Kronleuchter, bei denen die Adler mit ihren ausgebreiteten Flügeln eher den Wappentieren als den Abschussadlern ähneln, existieren ebenfalls.[219]

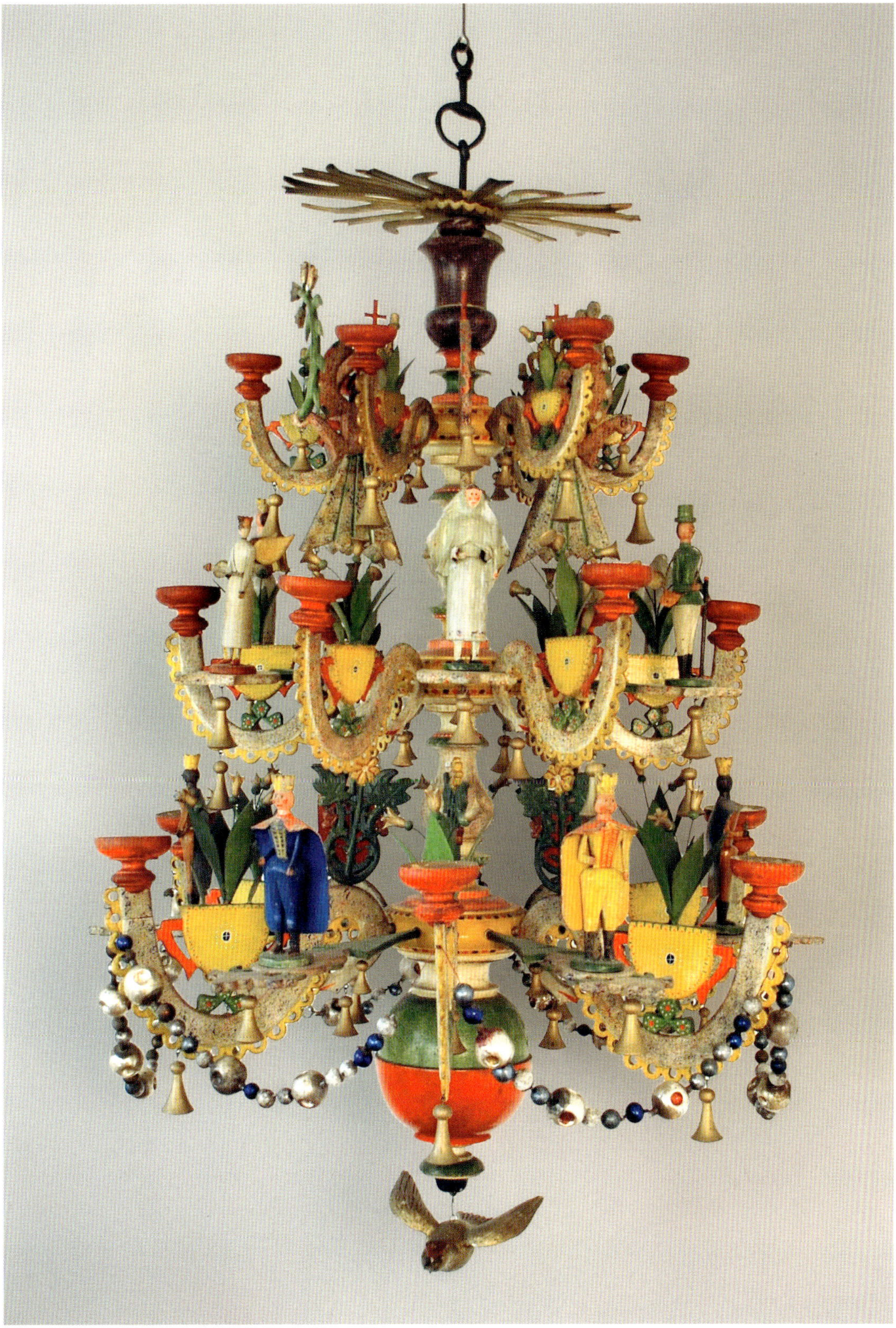

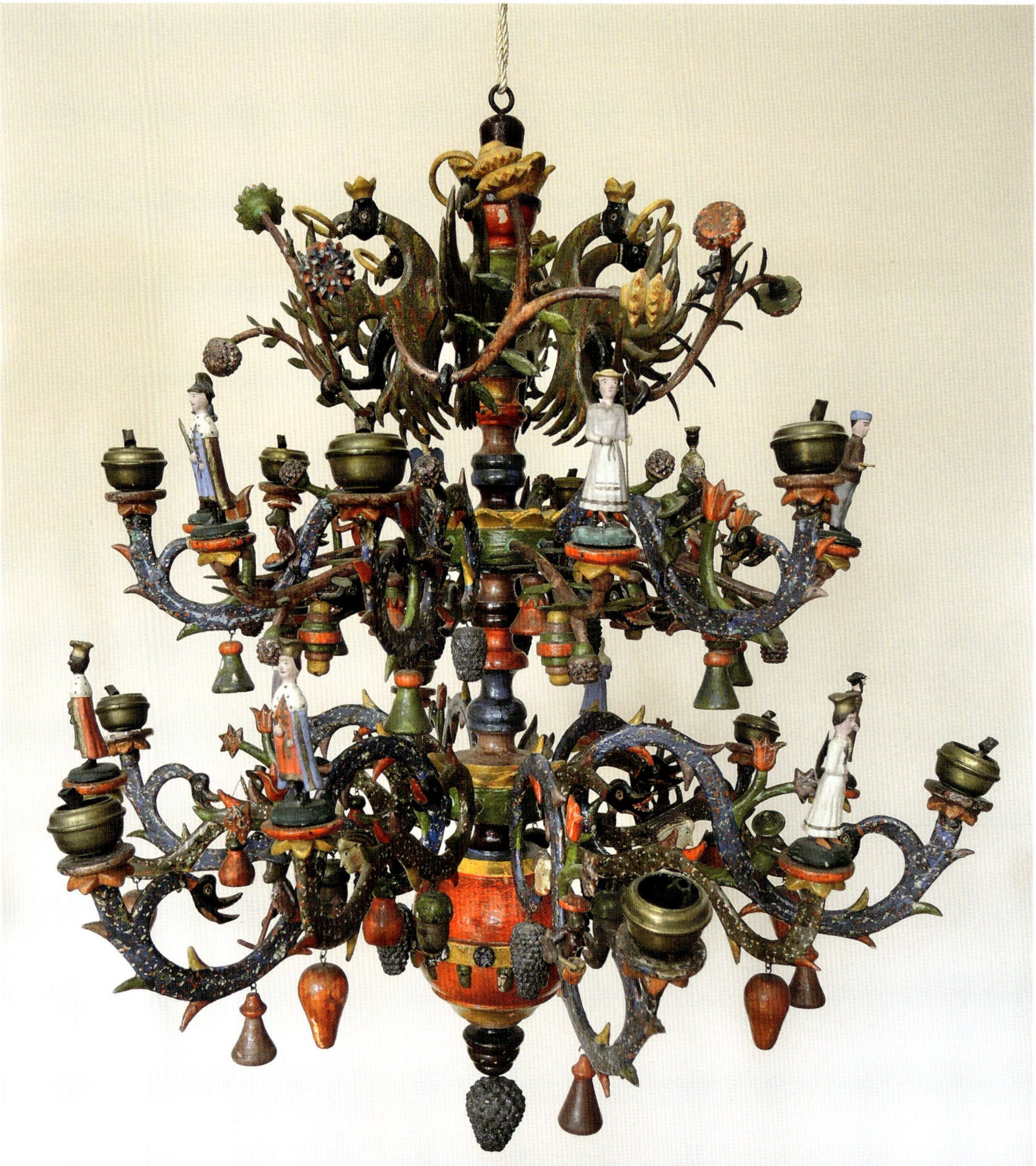
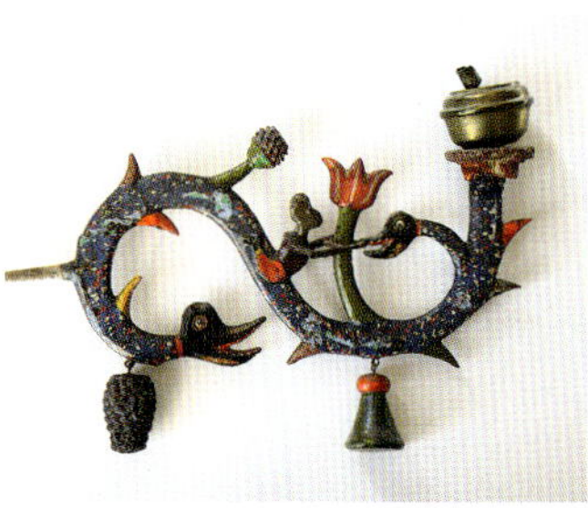
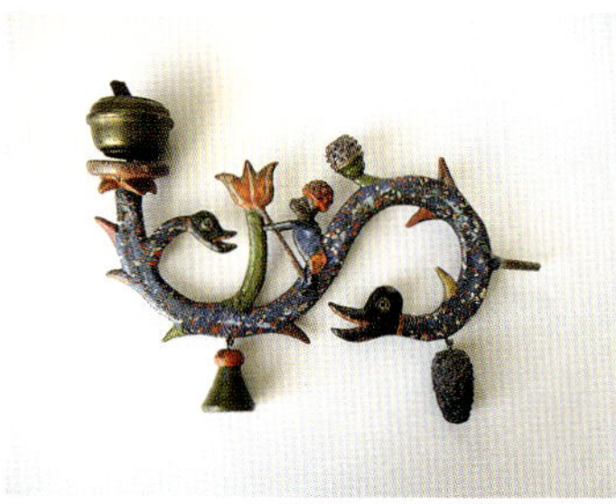
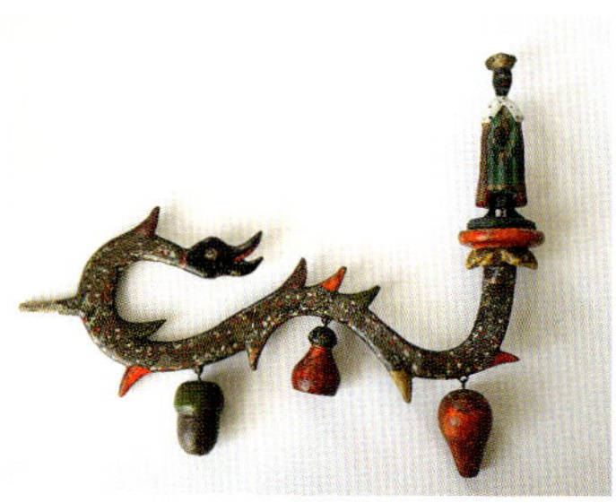

93
Wiesaer Affenleuchter mit zwölf Armen für Rüböllämpchen
Wiesa, wohl vor 1900
Holz gedrechselt, geschnitzt und farbig gefasst
Privatbesitz

Die Gestaltung vereint in sich Schlangenarme mit darauf sitzenden Affen mit unterschiedlichem Beiwerk und einer Blume. Der obere Abschluss wird gebildet aus sechs gekrönten Adlern, die jeweils einen Ring im Schnabel und in der Kralle eine Blume tragen. Die aus Masse geformten Krippenfiguren wurden von der Familie Börner (Annaberg-Buchholz) hergestellt.

Wiesaer Affenleuchter

Adler und Schlangenarme schmücken auch die Wiesaer Affenleuchter (Abb. 93).[220] Ein unbekannter Hersteller hatte sie zwischen 1875 und 1910 in Wiesa in größeren Stückzahlen gefertigt. Sie waren im Ort sehr geschätzt, hatten jedoch einen Preis, den sich nicht jeder Liebhaber leisten konnte. Deshalb existieren zahlreiche Nachbauten dieses Typus. Bei Sammlern ist diese Kuriosität besonders beliebt. Ihr Schaft hat nach dem Vorbild von Messingkronleuchtern eine große Kugel als unteren Abschluss. Die Arme der unteren Etage sind als ungekrönte Schlangen gestaltet, auf welchen ein vermenschlichter Affe mit Kopfbedeckung und allerlei Gerätschaften wie Trommel, Trompete, Rechen, Beil, Dreschflegel, Sense, Tabakspfeife an einer bei allen Leuchtern gleichen Blume sitzt. Auf den zwischen den Kerzenarmen eingefügten Armen befinden sich Krippenfiguren – meist aus Masse und wohl als Zugeständnis an die Tradition. Naturalistisch gestaltete blühende Zweige bilden die anderen Arme.[221]

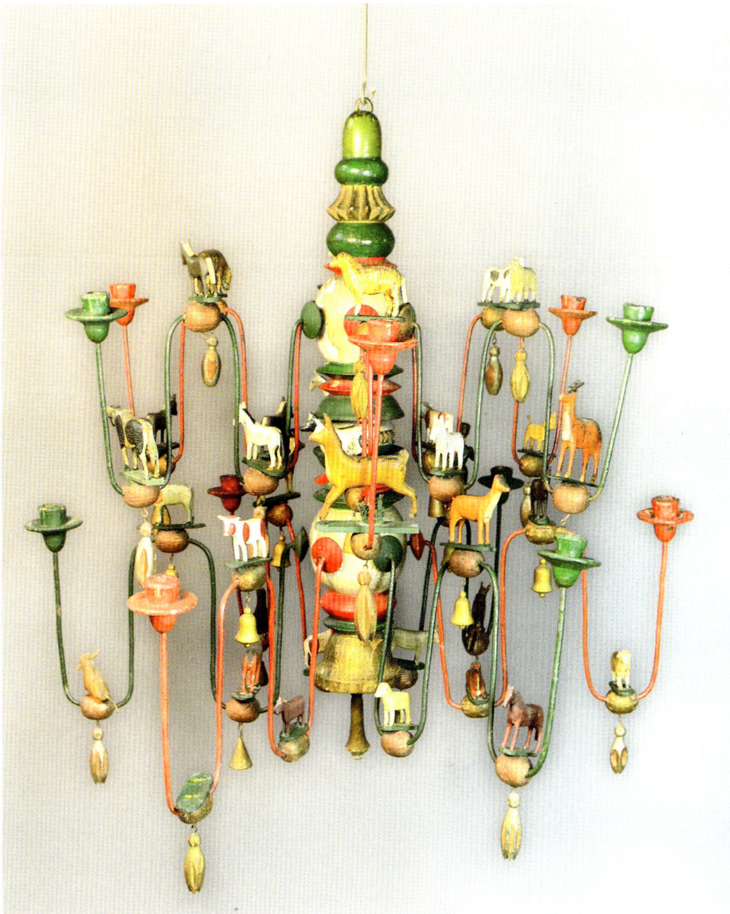

94
Spinne mit zwölf Kerzenarmen
Erzgebirge, wohl um 1900
Holz gedrechselt und farbig gefasst, Eisendraht gebogen
H 51 cm, Dm 54 cm
Museum für Sächsische Volkskunst Dresden, Inv.-Nr. G 273

Die mit Spielzeug bestückte Spinne hat Parallelen zu einer auf dem »Feierohmd-Bilderbogen« abgedruckten mit der Bezeichnung »Alter Seiffner Leuchter«. In der Deutschen Fotothek existiert unter der Nr. df_hauptkatalog_0115987 ein historisches Foto dieses Leuchters von 1930.

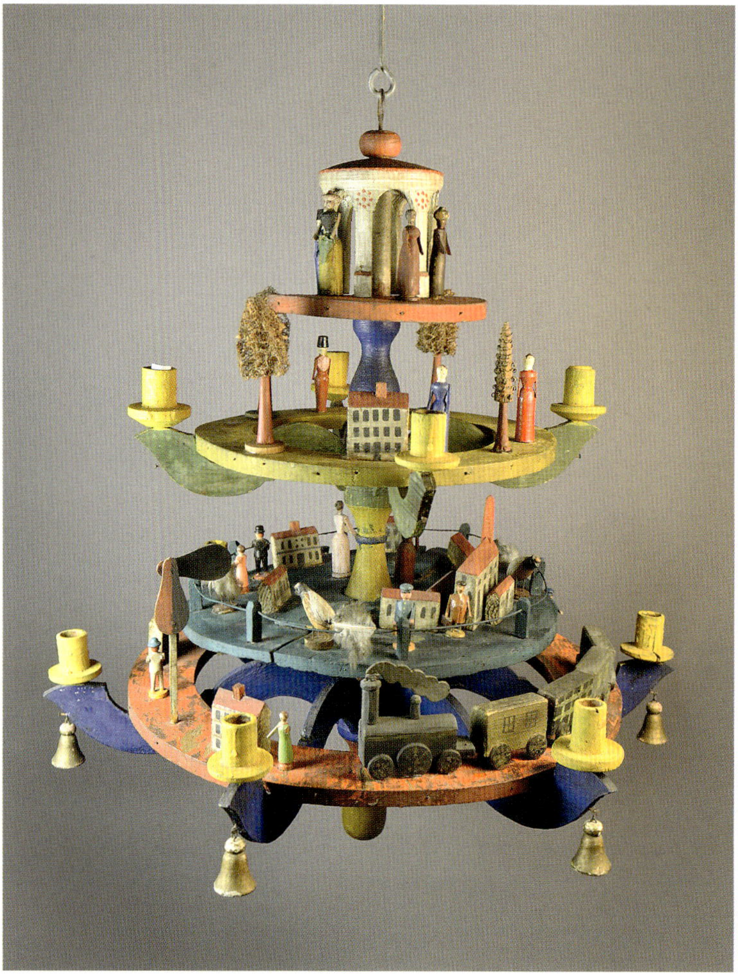

95

»Holz(Hänge)leuchter« mit zehn Kerzenarmen

Seiffen, um 1890
Holz gedrechselt, geschnitzt, gesägt und farbig gefasst, Luffa, Metall
H 53 cm, Dm 46 cm
Museum für Sächsische Volkskunst Dresden, Inv.-Nr. G 972

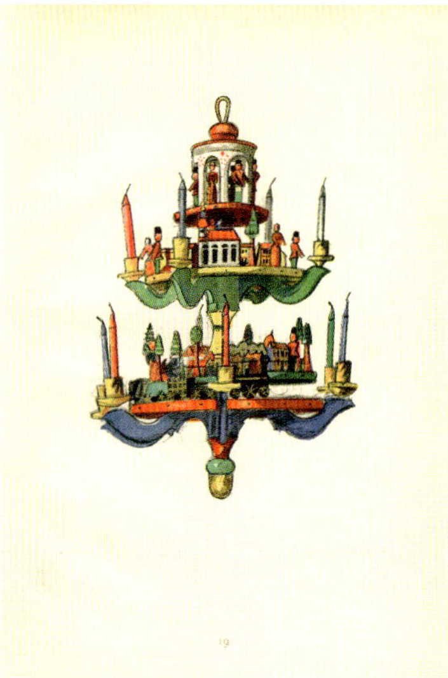

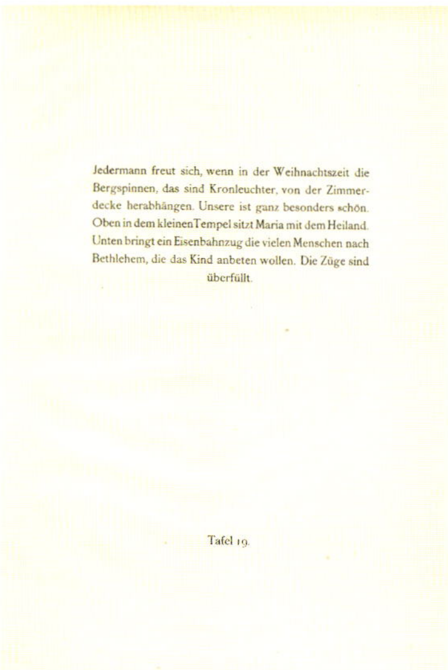

Jedermann freut sich, wenn in der Weihnachtszeit die Bergspinnen, das sind Kronleuchter, von der Zimmerdecke herabhängen. Unsere ist ganz besonders schön. Oben in dem kleinen Tempel sitzt Maria mit dem Heiland. Unten bringt ein Eisenbahnzug die vielen Menschen nach Bethlehem, die das Kind anbeten wollen. Die Züge sind überfüllt.

Tafel 19.

96

»Holz(Hänge)leuchter«

In: Oskar Seyffert und Walter Trier: Spielzeug, Berlin 1922, S. 19, Tafel 19

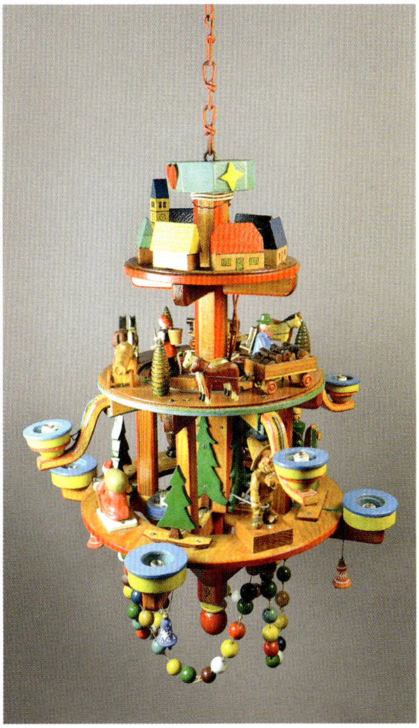

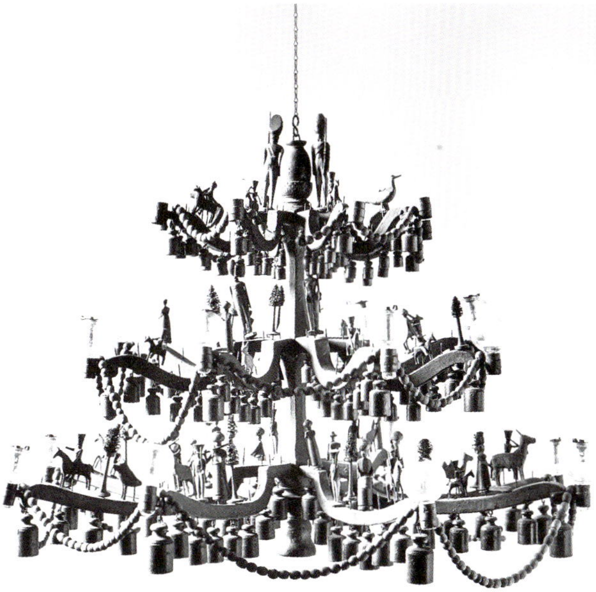

97
Spielzeugleuchter mit acht Kerzenarmen
Johannes Reichstein
Dresden, 1966
Holz gesägt, gedrechselt, beschnitzt und farbig gefasst
H 88 cm, Dm 45,5 cm
Museum für Sächsische Volkskunst Dresden, Inv.-Nr. G 8711

98
Hängeleuchter »Spinne« mit 16 Kerzenarmen
Erzgebirge, wohl 19. Jahrhundert
Holz gesägt, gedrechselt und farbig gefasst
Foto: um 1930
Deutsche Fotothek Dresden, Nr. df_hauptkatalog_0115984

Dieser Leuchter ist ein Kriegsverlust des Museums für Sächsische Volkskunst Dresden. Auf den Armen stehen Bäume und Spielzeugfiguren, wie Soldaten und musizierende Türken zu Fuß und zu Pferd. Verbunden sind die Arme untereinander mit Holzkugelketten.

Spielzeugkronleuchter

Da die Spielzeugherstellung seit dem Ende des 18. Jahrhunderts ein wichtiger Produktionszweig des Erzgebirges war, lag es nahe, auch Kronleuchter damit auszustatten. Davon existieren im Dresdner Volkskunstmuseum mehrere. Eine mit Reifentieren geschmückte Spinne (Abb. 94) entstand wohl um 1900. Ein noch von Oskar Seyffert 1914 erworbener »Holz(Hänge) leuchter m. Eisenbahn, Häusern u.s.w.«[222] vor 1890 (Abb. 95). Er wurde mit einer aquarellierten Zeichnung (Abb. 96) von Walter Trier (1890–1951) nebst einer Beschreibung von Oskar Seyffert in deren bekanntem Buch »Spielzeug« abgebildet.[223] Er ist auch auf einem Foto zu identifizieren, welches um 1935 in der Seiffener Spielwarenschule aufgenommen wurde, sodass zu vermuten ist, dass Oskar Seyffert ihn entweder als Vorbild an die Schule gab oder dass er ein Produkt der Spielwarenschule war. Um 1966 fertigte der Dresdner Johannes Reichstein (unbek. Geburtsjahr bis nach 1998) einen Leuchter, der vor allem typisches Seiffener Spielzeug wie das Seiffener Reiterlein, Häuser, Zwerge und Fuhrwerke trägt (Abb. 97).

Sonderfälle

Spanbaumtechnik

Alle Facetten seines Könnens zeigt der Dresdner Paul Otto (1915 – nach 1950) bei seinem Kronleuchter in Spanbaumtechnik (Abb. 99). Diesen wohl um 1950 entstandenen, äußerst filigran gearbeiteten zwölf-armigen Leuchter schmücken nicht nur geschnitzte Tiere. Mit der Darstellung verschiedener Berufszweige gibt dieser Leuchter den Zeitgeist der frühen DDR wieder: Sekretärin, Kindergärtnerin oder Bauer stehen sinnbildlich für die Werktätigen im Arbeiter- und Bauernstaat.

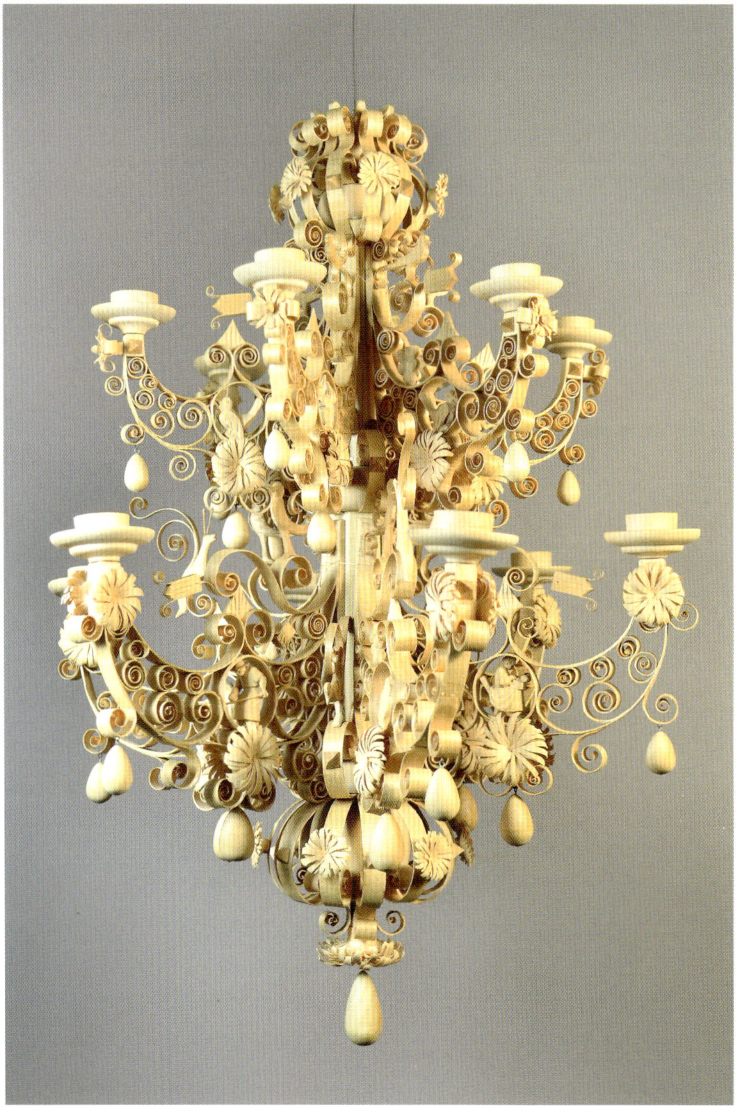

99
Kronleuchter in Spanbaumtechnik mit zwölf Kerzenarmen
Paul Otto
Seiffen um 1950
Holz gedrechselt, gestochen und geschnitzt
H 57 cm, Dm 42,5 cm
Museum für Sächsische Volkskunst
Dresden, Inv.-Nr. G 7219

Den Kronleuchter in dieser besonderen Technik, mit Hilfe derer sonst vor allem Bäume hergestellt wurden, soll Paul Otto nach Abschluss seines Studiums an der Kunstakademie in Dresden gefertigt haben. Die geschnitzten Figuren in den Armbögen spiegeln das Lebensumfeld wider.

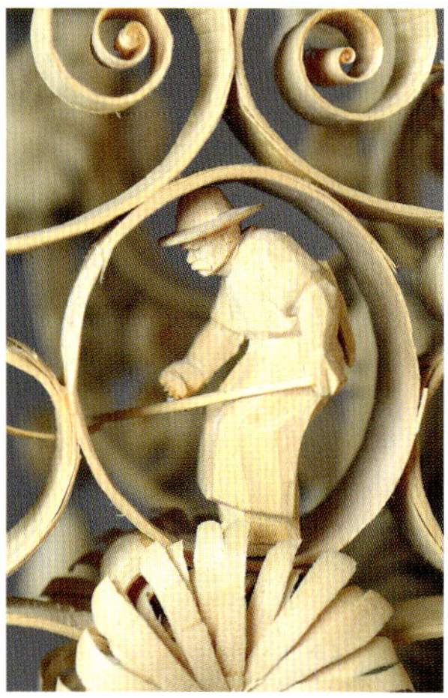

100
Kronleuchter mit acht Kerzenarmen
Max Schatz (Hersteller oder Vorbesitzer)
Olbernhau, wohl 1930/1940
Holz, Metall
H 100 cm, Dm 80 cm
Museum Olbernhau, Inv.-Nr. 4484, 117/001

Aus Bastelbögen wurde dieser Kronleuchter nach dem Vorbild eines Zschopauer Engelleuchters mit dem Tempel im Inneren zusammengebaut, wobei die ornamentierten Zierteile aus Holz oder Metall ausgeschnitten sind.

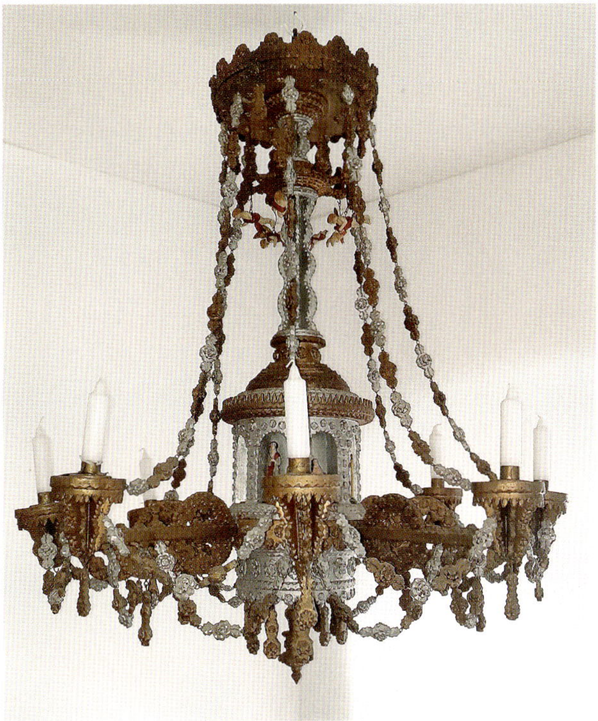

Kronleuchter aus Bastelbögen

Eine weitere Möglichkeit, Kronleuchter herzustellen, boten Bastelbögen (Abb. 100),[224] mit deren Hilfe die zahlreichen Einzelteile der Kronleuchter nach den gedruckten Vorgaben aus Zigarrenkisten oder anderem zur Verfügung stehendem Material ausgesägt oder ausgeschnitten wurden.

Kronleuchterbehang

Naturformen

Ein sehr verbreiteter Schmuck von höfischen Kronleuchtern sind Blumen und Formen aus der Natur. Die vergängliche Natur zu imitieren und mit unvergänglichen Materialien wie Porzellan, Metall oder Glas festzuhalten, war schon immer eine beliebte Ausdrucksform von Künstlern und Kunsthandwerkern, wie zahlreiche Beispiele aus dem höfischen Bereich zeigen (Abb. 101).[225] Blütenschmuck – Reflexkörper als Blumen gestaltet – befindet sich auch an Messingkronleuchtern in Kirchen aus der zweiten Hälfte des 17. Jahrhunderts (siehe Abb. 77). So ist es nur folgerichtig, wenn die im erzgebirgischen Brauchtum und in der christlichen Symbolik (siehe S. 94) als »Wunder der Weihnacht« beliebten Blumen und Blüten eine der Hauptzierden sind und als Bemalung oder in unterschiedlichsten Holztechniken hergestellt die Kronleuchter schmücken (Abb. 102).

Neben Heidelbeerkraut (»Schwarzbeerstraichle«) wurden auch Eicheln, die relativ einfach zu drechseln sind, gern als Behang eingesetzt.

Glocken

Auch kleine, mit relativ wenig Aufwand gedrechselte und bemalte Glöckchen dienten als Behang der Kronleuchterarme oder in größerer Form als unterer Abschluss des Leuchters. In der zweiten Hälfte des 19. Jahrhunderts spekulierte der schon mehrfach zitierte Lehrer Brandt in seiner Beschreibung von Weihnachtsvorbereitungen von Bergleuten vor 1860 zur Bedeutung von Glocken an Kronleuchtern: »Wenn den Bergspinnen [...] der Schmuck der Glocken niemals fehlte, so hatte das gewiss seinen Grund nicht in der gefälligen Form und der leichten Herstellung derselben. Die

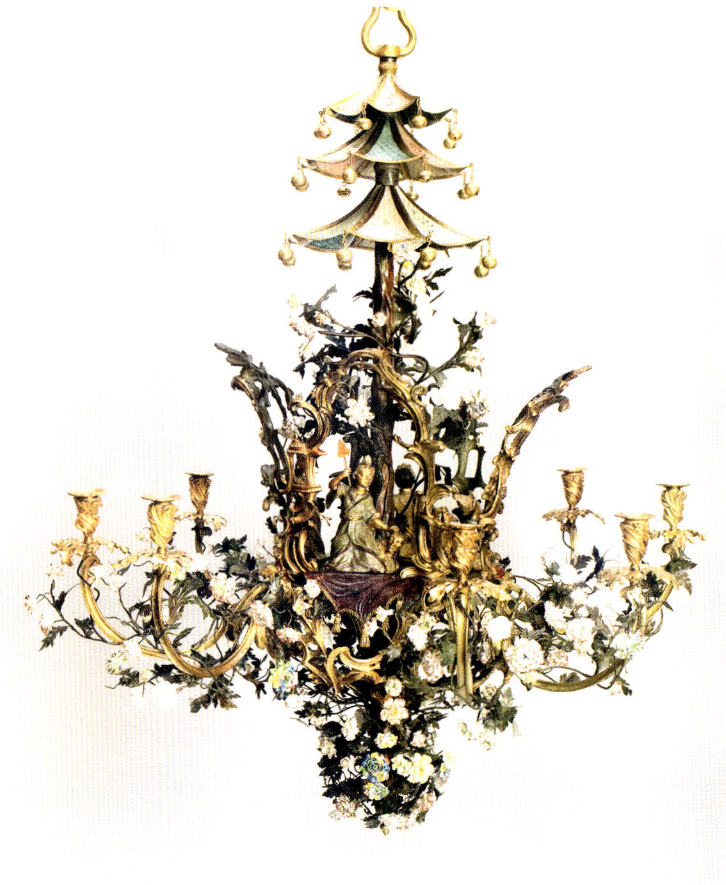

101
Kronleuchter mit Chinesenfiguren mit acht Kerzenarmen
Paris, 1748–1750
Messing feuervergoldet, Chinesen, Laubwerk und Schirme farbig gefasst, Porzellan farbig gefasst
H 131 cm, Dm 115 cm
Stiftung Preußische Schlösser und Gärten Berlin-Brandenburg, Inv.-Nr. VIII 873

Blüten- und Figurenschmuck waren auch bei höfischen Kronleuchtern äußerst beliebt, wie es dieses Beispiel zeigt. Möglicherweise stammt dieser Kronleuchter, der in Potsdam im Neuen Palais im Park Sanssouci hängt, sogar ursprünglich aus einem sächsischen Schloss (wohl Hubertusburg) und gehörte zur Kriegsbeute des preußischen Königs Friedrich II. vor 1763.

102
Leuchterspinne mit sechs Kerzenarmen
Erzgebirge, wohl Anfang 20. Jahrhundert
Holz gesägt, gedrechselt, farbig gefasst und bronziert
H 49 cm, Dm 43 cm
Museum für Sächsische Volkskunst Dresden, Inv.-Nr. G 10256

In den Armbögen dieses Kronleuchters wurden die Symbole für Glaube, Liebe und Hoffnung (Herz, Kreuz, Anker) sowie ein Stern, eine Krone und zwei Engel mit Stern auf einem Regenbogen dargestellt. Darüber stecken im Schaft Zweige mit blühenden Blumen, der Behang ist in Form von Glocken gedrechselt. In dieser Art wurden noch weitere Leuchter gestaltet, die meist zwei Etagen haben und deren Schaft als Bergmann gestaltet ist (siehe Abb. 33).

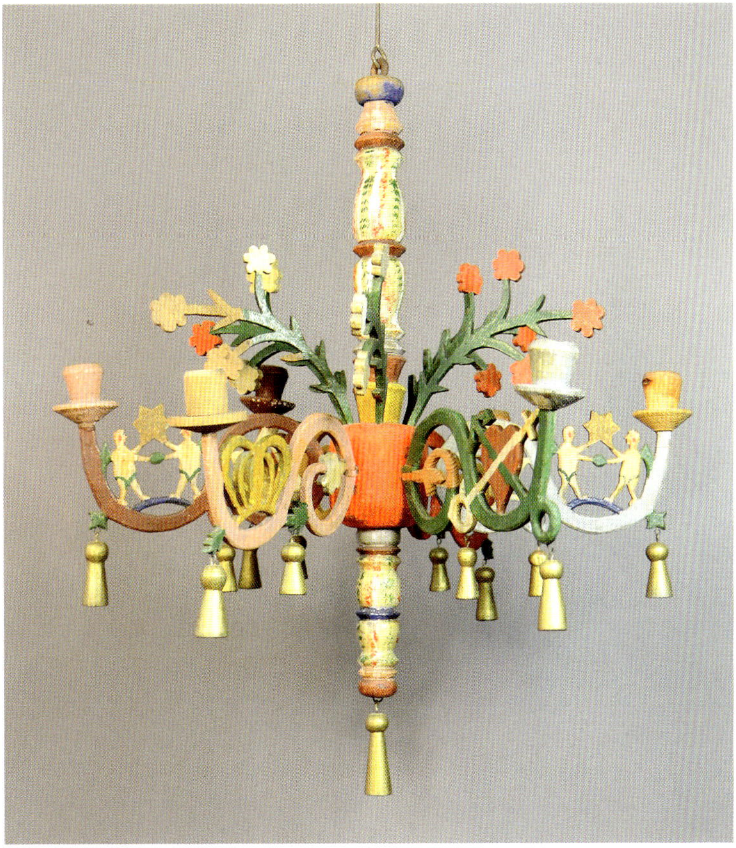

Glocke läutete dem Bergmann zu Ein- und Ausfahrt, sie kündete ihm Tag und Nacht, dass tief unten im Schacht alles in Ordnung, sie begleitete den müden Häuer mit ernsten Schlägen zur letzten Schicht; [...] da durfte sie doch nicht auf seinem Leuchter fehlen.«[226] Die ebenfalls naheliegenden Kirchenglocken, deren Klang unter anderem eine Metapher für das Paradies ist, werden nicht thematisiert.[227] Dieses Zitat – geschrieben 1901 – demonstriert die Bemühungen, Bestandteile der erzgebirgischen Weihnachtskultur mit dem Bergbau zu verbinden.[228]

Jagddarstellungen

Hirsche, Rehe, Jäger und Bäume wurden ebenfalls 1860 erstmals als Kronleuchterdekoration beschrieben[229] und schmücken seitdem zahlreiche Kronleuchter aus dieser Zeit. Die Jagd war zwar ein höfisches Privileg und die Bergleute von einigen Jagddiensten befreit,[230] das schloss jedoch nicht aus, dass trotz der Verbote die Bevölkerung jagte, »wilderte« und damit vertraute Vorgänge thematisiert wurden. Jagdszenen gab es auch als Spielzeug.

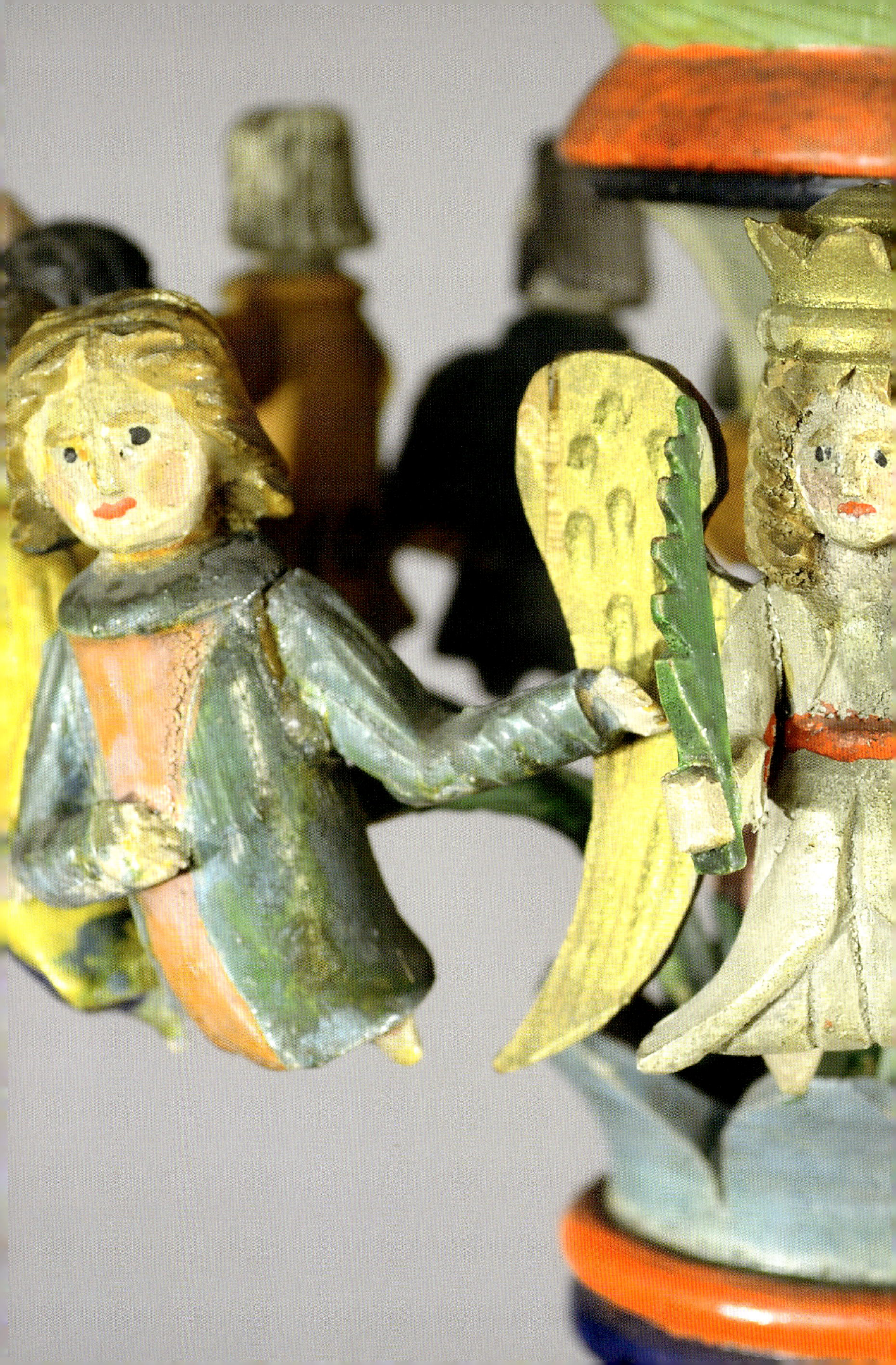

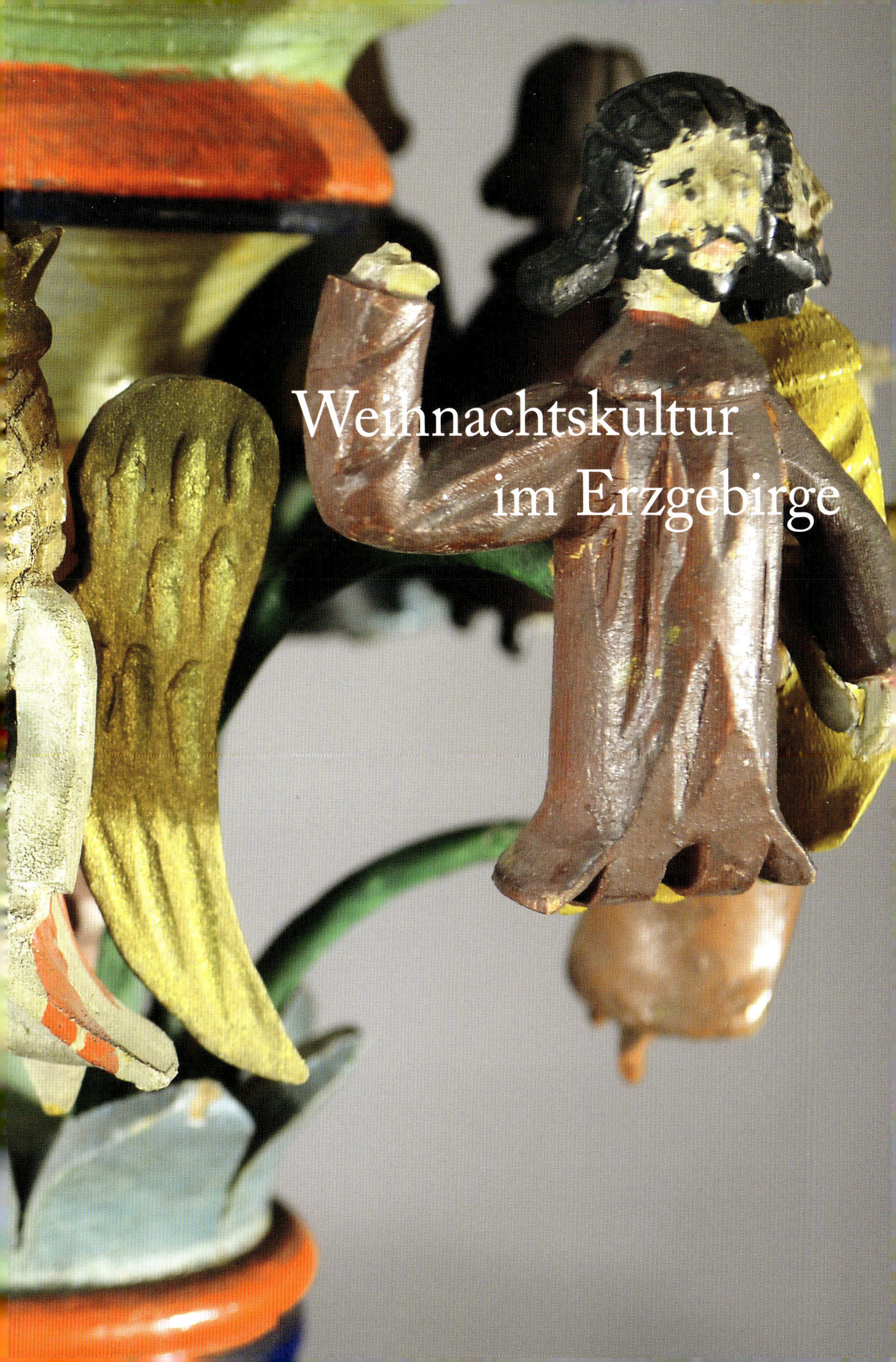

Weihnachtskultur im Erzgebirge

Lichterbrauchtum

Der hohe Rang, den das künstliche Licht und die Kerzen einnahmen, hatte zahlreiche Lichterbräuche entstehen lassen. Vor allem beim Feiern von Weihnachten spielte eine üppige Beleuchtung mit zahlreichen Lichtern, Öllampen oder sogar Kerzen die wesentlichste Rolle. Das betrifft zwar auch andere Regionen, ist aber im Erzgebirge ganz besonders ausgeprägt, wenn in der dunkelsten Zeit des Jahres die Geburt Jesu, des »Lichtes der Welt«, gefeiert wird.

Während Licht das ganze Jahr hindurch sehr sparsam und bewusst eingesetzt wurde, bildete Weihnachten die Ausnahme. Das Licht wurde willentlich verschwendet und es geschah im Kleinen, was an den Fürstenhöfen bei Festlichkeiten als »repräsentative Materialverschwendung« [231] bezeichnet werden kann: eine üppige Illumination der Weihnachtsstuben zur Ehre Gottes. Im Erzgebirge gehört auch der aus dem höfischen Sprachgebrauch entlehnte Begriff *Illumination* oder *illuminieren* für »Festbeleuchtung« zum Allgemeingut. Er wird in den Quellen des 19. Jahrhunderts zum erzgebirgischen Weihnachtsfest benutzt und ist nach wie vor die Bezeichnung für die festliche weihnachtliche Beleuchtung im Innenraum. Eines von vielen Beispielen schrieb, wie schon erwähnt, Christian Gottlob Wild 1809, dass nämlich Bergleute ihre Schnitzereien »zur Freude seiner Familie am heiligen Abend illuminieren«.[232] Der Bildschnitzer Ernst Dagobert Kaltofen schilderte die Beleuchtung bei der Mettenschicht: »Sämtliche Fenster wurden illuminiert mittels Probiernäpfchen, die auf Holzspreizen gesetzt wurden und mit Öl und Docht versehen waren. Auch die Betstube war illuminiert.«[233]

Erlebt hatten die erzgebirgischen Bergleute und mit ihnen die Bewohner der Bergorte große festliche Lichtfülle bereits in ihren Heimatorten bei Festlichkeiten. Auch in den Kirchen wurde die Christmette am Weihnachtsfest mit besonderen Lichtinszenierungen zelebriert. In seiner Chronik von Schneeberg »Historia Schneebergensis renovata« von 1716 beschreibt der Erzgebirgschronist Christian Meltzer (1655–1733) sehr anschaulich, dass »die Bergleute mit ihren brennenden Grubenlichtern in die Kirche gegangen« und die »Lichter uff der Emporen brennend gehalten« und dass »das Weibs=Volck auch ihre Lichter in den Stühlen gehabt [...] Metten-Lichter geheißen.« Diese Art der Beleuchtung bei der »am Heil. Christag frühe umb 4. Uhr« begonnenen Christmette musste wegen der starken Rußentwicklung in der frisch renovierten St. Wolfgangskirche untersagt werden. Der Ersatz dafür, der der Anlass war, »daß die Leute von fernen Orten oder aus der Nachbarschaft diese Metten/der Solennität[234] halber/besuchet haben« waren »Pyramiden von lauter Lichtern«, welche von der »allerley Illuminationen liebende[n] Jugend auffgebauet« wurden.[235] Damit sind pyramidenförmige Lichtergestelle beschrieben, die wegen ihrer Lichterfülle besonders eindrucksvoll für eine festliche Atmosphäre sorgten und auch bei höfischen Festen eine lange Tradition haben. Sie konnten besonders gut dem Zweck einer wirklichen Beleuchtung dienen. Das außergewöhnlichste der unzähligen höfischen Feste war zweifellos das Fest des Saturnus am 26. September 1719, das mit allen begleitenden einprägsamen Umständen größte und unübertroffene und deshalb im Gedächtnis gebliebene Ereignis.[236] Die Wertschätzung, die die Bergleute dabei erfahren hatten, die Nähe zum Hof und zum Kurfürsten, das Feiern ihrer Tätigkeiten, die fürstliche Tafel und das Feuerwerk, vor allem aber der ungewohnte nächtliche Lichterglanz mittels unzähliger Lichtquellen, unter denen die Pyramiden und Lichterbögen des Saturntempels hervorzuheben sind (siehe Abb. 28), verankerte sich im Gedächtnis der Erzgebirger und die dort erlebte Lichterpracht wurde zum Mythos.[237] Die Übernahme dieser Lichtfülle im Kleinen in das eigene weihnachtliche Umfeld mit den eigens dafür geschaffenen Gegenständen der erzgebirgischen Weihnacht sowie die alljährliche Wiederholung bewahrten und idealisierten die Erinnerungen. Ein Beispiel sind die Mettenschichten der Bergleute, die am 23. oder 24. Dezember unter Tage mit viel Licht gefeiert wurden. Deren Bezug zum Licht wird in der schon mehrfach zitierten Abhandlung über Bergleute aus Grumbach bei Jöhstadt geschildert, die bis 1860 in einem Bergwerk in Preßnitz (Přísečnice) im böhmischen Wald gearbeitet hatten: »Jene Bergleute [...] mochten alles entbehren, ihre Bergmette, ihren Weihnachtslichterschein nie und nimmer. Für sie hatte das Licht die Bedeutung der Errettung, der Erlösung, der Führung; der strahlende Weihnachtsbaum gab ihnen einen Vorgeschmack himmlischer Freude.«[238]

Die enge Beziehung der erzgebirgischen Bergleute mit dem Bergherrn, dem Kurfürsten, der christliche Glaube als einzige »Lebensversicherung« und die eindrücklichen Erlebnisse beim Saturnfest erklären die außergewöhnliche Weihnachtskultur des Erzgebirges mit ihren besonderen Lichtinszenierungen.

Seit über 90 Jahren wird als Motiv für die besondere erzgebirgische Weihnachtskultur die angebliche Sehnsucht des Bergmanns nach dem Sonnenlicht angegeben. Diese Auslegung – ohne den Bezug zur sächsischen Hofkultur und zur Frömmigkeit[239] – wird nach wie vor überliefert[240] und weiter gepflegt. Plausibel scheint sie jedoch nicht.[241]

Heiligabendlicht

Die nur noch wenig im Gedächtnis der Erzgebirger gebliebene Tradition der sogenannten Heiligabendlichter, auf erzgebirgisch »Heiligohmdlicht« oder »Heiligobndlicht«, zählt möglicherweise zu den ersten erzgebirgischen Weihnachtsbräuchen, denn nur sie wurden in den Anfang des 19. Jahrhundert entstandenen bzw. aufgezeichneten Liedern zur privaten Weihnachtsfeier genannt.[242]

Sie werden als »Licht« bezeichnet, was eigentlich auf den Rohstoff Talg oder Unschlitt hinweist. Möglich wäre, dass es sich in diesem Fall wegen der akzentuierten Beschreibungen um Bienenwachs gehandelt haben könnte. Das ist nicht mehr zu beweisen, denn der Sinn dieser »Lichter« war, sie restlos abzubrennen. Sie waren zwar nicht geweiht, wurden jedoch mit Blumen oder einem Spruch verziert bzw. bemalt, so, wie es der erzgebirgische Pfarrer Christian Gottlob Wild um 1815 in seinem Lied »Ne Hannel sei Weihnachtsliedel« schreibt:

»Satt dos Heiligobndlicht a!
's sei fei rute Blümle dra
un e klaans Gesprüchel!
Ho zwee Grosch derfür bezohlt,
salber su schie agemolt
wie e Taffettüchel!«[243]

Im noch immer berühmten und viel gesungenen Heiligabendlied, welches um 1830 aufgezeichnet wurde, lautet die dritte Strophe:

»Säht oh ihr Mähd das rare Licht
Ver zwa un zwanzig Pfeng,
Ich muß meins in a Tippel stell'n,
Mei Lechter is ze eng.«[244]

Dass in beiden Liedern der Preis genannt wird, ist darauf zurückzuführen, dass es sich um eine außergewöhnliche Ausgabe gehandelt hat, auf die man stolz war. Denn zwei Groschen (= 24 Pfennige) oder 22 Pfennige fielen bei dem durchschnittlichen Wochenlohn eines Bergmanns in der Mitte des 18. Jahrhunderts – je nach Qualifikation zwischen 18 Groschen bis 1 Taler und 3 Groschen – durchaus ins Gewicht.[245] Das galt auch noch am Anfang des 19. Jahrhunderts: 1805 wird in einer Reisebeschreibung durch das Erzgebirge der Wochenlohn für Häuer und Steiger mit 22 bis 30 Groschen beziffert.[246]

Die geschmückte Kerze hatte ihren Platz auf einem besonderen Leuchter, dem sogenannten »Erbleuchter«, der nur für diesen Zweck verwendet werden durfte. Möglicherweise hatte sogar jede Familie ihre eigene Interpretation, denn bei Ernst Wilhelm Richter, 1852, hält ein Bergmann oder Engel in seiner Tülle »ein derbes, buntgemaltes (Heilig=Abend=)Licht«.[247] Dass diese Kerzen auch verschenkt wurden, schreibt Christian Gottlob Wild 1809: »Diese Lichte machen und mahlen sich die Bergleute selbst und schenken zu dieser Zeit einige ihren Vorgesetzten.«[248]

Angezündet wurde diese Kerze erst unmittelbar vor dem Essen am 24. Dezember. Brennen durfte sie nur noch an den zwei weiteren »Heiligen Abenden«, nämlich zu Silvester und am Hohneujahrsheiligabend, dem Abend vor dem Dreikönigsfest am 6. Januar.[249] Sorgfältig wurde der Rest der Kerze aufbewahrt, damit sie das Jahr über bei schweren Gewittern als »Schutzlicht« angezündet werden konnte. Dieser Brauch wird gelegentlich noch gepflegt und mancherorts kann man diese Kerzen sogar erwerben.[250]

Ein ganz neuer Brauch wurde vor einigen Jahren in Zwönitz ins Leben gerufen. Zu Mariä Lichtmess, dem offiziellem Ende der Weihnachtszeit, kann dort ein sogenanntes »Gewitterlicht« erworben werden, welches bei Gewittern in der Natur und zu Hause angezündet wird.[251] Diese Kerzen werden jetzt im sorbischen Zisterzienserkloster Rosenthal (Róžant) im Landkreis Bautzen geweiht.

Kronleuchter in der erzgebirgischen Weihnachtskultur

Wann sich der ursprünglich höfische Kronleuchter in der erzgebirgischen Stube etabliert hat, können wir nur vermuten. In der zweiten Hälfte des 19. Jahrhunderts war diese Herkunft bereits vergessen, was sich schon in der Veränderung ihres Namens zeigt. Der einstige Kronleuchter hat sich in die Spinne, die Bergspinne oder den Bergleuchter verwandelt und gehörte nun selbstverständlich zur Weihnachtskultur.

Viele der Spinnen waren Hochzeitsgeschenke und wurden bei entsprechendem finanziellen Hintergrund bei einem geübten Schnitzer bestellt oder vom Vater für seine Kinder selbst gefertigt. Beispielsweise schnitzte der Schlettauer »Männelmacher« und Posamentierermeister Karl Louis Härtel für alle vier Kinder zur Hochzeit Kronleuchter (siehe Abb. 86).[252] Eine andere Sitte beschreibt der einstige Leiter der Seiffener Fachschule, Alwin Seifert (1873–1937): »Sobald der Erzgebirger früher ein eigenes Heim hatte und das erste Kindlein erwartet wurde, begann er seinen Leuchter [...] zu bauen.«[253] Diese sehr persönlichen Familienleuchter wurden meist vererbt. Da jedoch häufig Reparaturen notwendig waren, kam es immer wieder zu Veränderungen und sie wurden mit neuer Bemalung oder neuen Dekorationen dem eigenen Geschmack oder der Mode der Zeit angepasst. So liegt es in der Natur der erzgebirgischen Spinnen, dass kaum eine von ihnen in ihrer ursprünglichen Form erhalten ist.

Rituale

Die erzgebirgischen Kronleuchter waren Ausdruck höchster Feierlichkeit und ihre Verwendung unterlag festen Ritualen, regelrechten Zeremonien, deren Nichteinhaltung angeblich sogar Unglück hervorrufen konnte. Einziger Anlass, sie aufzuhängen, mit den Leuchtmitteln Öl, Lichtern oder Kerzen auszustatten und anzuzünden, war Weihnachten. Wie beim Heiligabendlicht und dem Weihnachtsbaum wurden die Lichter am Heiligen Abend das erste Mal angezündet, das zweite Mal am Abend vor Neujahr und zuletzt am Abend vor Hohneujahr, dem Dreikönigsfest, »nach diesem wird Engel und Leuchter und Drehleuchter wieder aufgehoben«.[254]

Das ganze Jahr über wurde und wird im Erzgebirge an der Vorbereitung und den Planungen des nächsten Weihnachtsfestes gearbeitet. Die hohe Zeit dieser vorbereitenden Tätigkeiten ist die vierwöchige adventliche Fastenzeit, in der das Schmücken der Stuben beginnt. Oft mussten nach dem Auspacken noch notwendige Reparaturen ausgeführt werden. Wann welcher adventliche oder weihnachtliche Schmuck aufgestellt wird, unterliegt vielen Ritualen; denn um die Vorfreude auf Weihnachten zu steigern, geschah das erst nach und nach. Ernst John formuliert dazu 1909 in seinem Buch »Aberglaube, Sitte und Brauch im Sächsischen Erzgebirge«: »Der große Zauber liegt [...] in der Zubereitung aller Dinge«. Und weiter schreibt er: »Daraus erklärt sich auch der Brauch, daß Bekannte und Verwandte am Heiligen Abend sich gegenseitig besuchen, um nachzusehen, was der andere oft mit außerordentlichem Geschick in sinniger Weile dargestellt hat.«[255]

Diese Bräuche haben einerseits große Gemeinsamkeiten in allen Gebieten des Erzgebirges untereinander, andererseits gibt es von Familie zu Familie gewachsene Unterschiede.

Die Kronleuchter als Ausdruck größter Feierlichkeit durften wie die Krippe, die »Christgeburt« und manchmal auch die Pyramide erst am Morgen des Heiligen Abend aufgehängt werden. Damit die Bewegungsfreiheit im Raum gewährleistet war, erhielten sie ihren Platz entweder über dem Tisch oder in einer Raumecke über oder neben der Krippe.[256] So konnte auch die Umgebung von ihrem uns heute spärlich anmutenden Licht profitieren, welches in erster Linie die Leuchter selbst angemessen beleuchten und ihre Gestaltung sichtbar machen sollte. Damit erfüllten sie eine weitere Funktion: Sie waren mit ihrem Licht und den Gestaltungen und Darstellungen – wie Pyramiden, dem Paradiesgarten oder der Krippe – Gegenstände der Andacht. Das ergab sich auch zwangsläufig, denn die brennenden Kerzen mussten aus Sicherheitsgründen immer gut beobachtet werden.

Und so erfüllte einmal im Jahr ein Abglanz des verlorenen Paradieses als Vorgeschmack auf »himmlische Freuden« die erzgebirgischen Stuben.

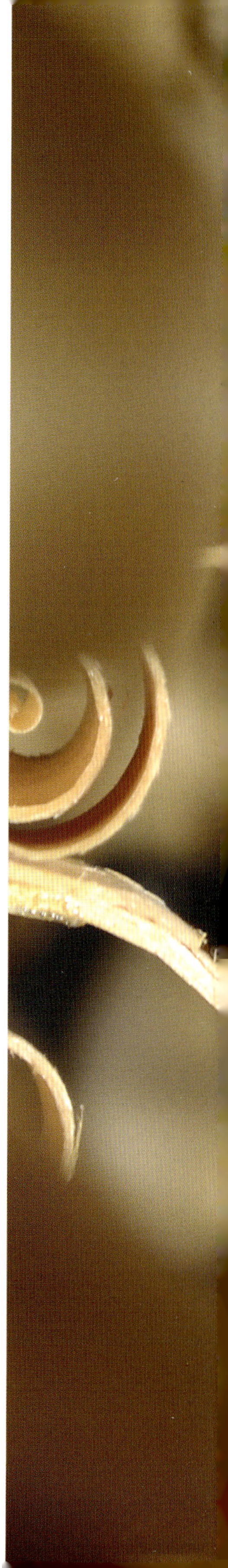

Anhang

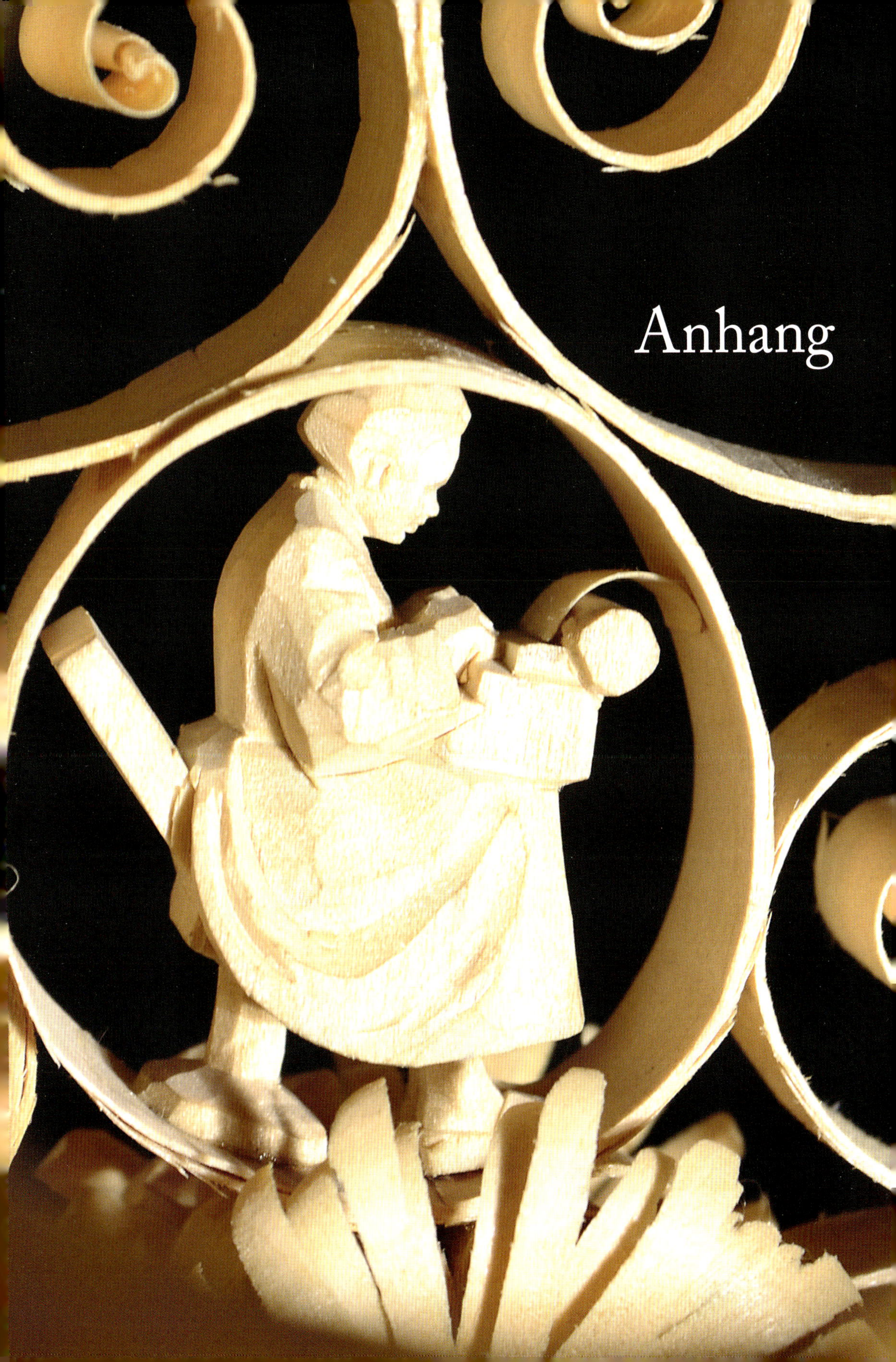

Anmerkungen

1 Die Beleuchtungsstärke beschreibt den flächenbezogenen Lichtstrom, der auf ein beleuchtetes Objekt trifft.

2 »Wir sagen dir Dank, Herr, durch deinen Sohn Jesus Christus, unseren Herrn, durch den du uns erleuchtet hast in der Offenbarung des unvergänglichen Lichtes. Wir haben den Tageslauf vollendet und sind zum Anfang der Nacht gelangt. Wir haben uns gesättigt am Licht des Tages, das du zu unserer Stärkung geschaffen hast. Da wir nun durch deine Güte des Abendlichtes nicht entbehren, loben und verherrlichen wir dich durch deinen Sohn Jesus Christus, unseren Herrn, durch den dir Herrlichkeit, Macht und Ehre ist mit dem Heiligen Geist, jetzt und immer und in Ewigkeit. Amen«. Aus: Gerhards: Von der Bedeutung des Lichts, 2008, S. 85.

3 Mit Erfindung der noch immer unausgereiften, aber in ständiger Entwicklung begriffenen Technik der »lichtemittierenden Dioden« (LED) – die zwar weitaus weniger elektrischen Strom verbrauchen als die Glühlampen mit ihrem warmen, dem Sonnen- und Kerzenlicht gleichendem Licht – gibt es nicht die erwartete Einsparung von Energie. Im Gegenteil, der Energieverbrauch steigt stetig an, weil die Lichtinstallationen innen und außen im gleichen Maß zunehmen wie die Wertschätzung sinkt.

4 Siehe z. B. www.verlustdernacht.de und www.wissenschaftsjahr.de/2012/mitmachen/verlust-der-nacht.html.

5 Zur Entwicklung der Zündhölzer siehe Brandes/Jarschel: Feuer und Flamme, 1988, S. 52–66.

6 Zitiert aus: Sächsische Volkssagen, 1872, S. 23.

7 Ausführlich dazu z. B. Schneppendahl: Von Kienspänen, Fackeln, Öllampen und Kerzen, 1967, S. 200–205. – Sieber: Gähnaffe – Spanhalter, 1968, S. 266.

8 Duhamel du Monceau: Die Kunst des Lichtziehens, 1762, S. 3. – Auch in Schönfeld/Gisbier: Von den Wachsen, 1986, S. 97–98 wird beschrieben, dass »in Frankreich Wachsziehen und Lichtziehen zwei grundverschiedene, streng voneinander getrennte Prozesse« waren.

9 Faraday: Naturgeschichte einer Kerze, 1860, S. 21.

10 Merck's Warenlexikon, 1884, S. 572–573.

11 Duhamel du Monceau: Die Kunst des Lichtziehens, 1762, S. 5.

12 In Sachsen musste schon im 16. Jahrhundert Talg importiert werden. Siehe Becke: Vom Unschlitt zum Rüböl, 1984, S. 14–15.

13 Merck's Warenlexikon, 1884, S. 573.

14 Steiger: Handbuch der Unschlittkerzenfabrikation, 1847.

15 Duhamel du Monceau: Die Kunst des Lichtziehens, 1762, S. 27.

16 Bewährtes und einfaches Verfahren, das Rüböl zu reinigen, hrsg. von C. A. Winter, 1840. – Wörscher: Das Ganze der Oel=Raffinerie, 1835. – Auskunft über die außerordentliche Vielfalt der Gestaltung von Öllampen gibt eine 1988 erschienene Publikation von Hermann Müller: Öllampen, 1988.

17 Siehe z. B.: Kammersauberkeitsordnung des Kölner Kurfürsten Joseph Clemens vom 23. April 1721, Duisburg, Landesarchiv Nordrhein-Westfalen, Abteilung Rheinland, Kurköln II 50 I, f. 172 r, hier Nr. 14. – Halbjahresabrechnung des »Churfürstl. Brandenbg. Silber Cämmerers« vom 17. July 1652 in Geheimes Staatsarchiv Preußischer Kulturbesitz (GStA PK), I. HA, Rep. 36, Nr. 2036, o. P. – Wochenrechnung des Königlichen Silberkämmerers von 1702 in: GStA PK, I. HA, Rep. 36, Nr. 2037, p. 1–3 – Deutsche Hofordnung des 16. und 17. Jahrhunderts, 1905, S. 43–45.

18 Ausführlich dazu: Henkelmann: Künstliches Licht im mittelalterlichen Sakralraum, 2018, S. 137–196. – Henkelmann: Spätmittelalterliche Lichtinszenierungen, 2020, S. 98.

19 Die Bienen produzieren das Wachs, indem sie zwischen ihren Bauchschuppen aus den Wachsdrüsen kleinste Blättchen »ausschwitzen«. 1 250 dieser Blättchen wiegen ein Gramm, für eine Wabe werden 40 Gramm benötigt. Siehe Rademacher: Der Wabenbau, 2018, S. 6.

20 1718 war dort die kurfürstliche Kerzenmanufaktur mit Wachsbleiche und Wachsgießerei gegründet worden. Vgl. http://www.dresdner-stadtteile.de/Zentrum/Friedrichstadt/Strassen_Friedrichstadt/Friedrichstrasse/friedrichstrasse.html.

21 Natur- und Kulturgeschichte der Honigbiene, 2011, S. 74–75.

22 Ostküste des Mittelmeers.

23 Unter »Barbarey« war das »›Land der Berber‹, die heutigen Staaten Marokko, Algerien, Tunesien und teilweise auch Libyen« zu verstehen. Siehe Deutsches Wörterbuch von Jacob Grimm und Wilhelm Grimm, Band 4, Spalte 185, Zeile 70.

24 Duhamel du Monceau: Die Kunst des Wachsziehens, 1763, S. 150.

25 Ebd.

26 Natur- und Kulturgeschichte der Honigbiene, 2011, S. 62.

27 Rosegger: Waldbauernbub, 1958, S. 215.

28 Journal für Fabrik, Manufaktur, Handlung, Kunst und Mode, 1794, S. 334. In dieser Publikation befindet sich auch ein Artikel über das »Wachsbleichen, die Verfertigung der Wachslichter und Wachsstöcke«.

29 Journal für Fabrik, Manufaktur, Handlung, Kunst und Mode, Leipzig 1794, S. 334.

30 Eine ausführliche Beschreibung gibt Faraday: Naturgeschichte einer Kerze, 1860, S. 22–23.

31 Krünitz: Oekonomische Encyklopädie, 1839, S. 79.

32 Faraday: Naturgeschichte einer Kerze, 1860, S. 24.

33 Krünitz: Oekonomische Encyklopädie, 1839, S. 271.

34 Becke: Vom Unschlitt zum Rüböl, 1984, S. 12–20.

35 Ebd., S. 13.

36 Hartmann: Der innern Gebirgswelt Schätze, 1838, S. 82

37 Rohr: Einleitung zur Ceremoniell-Wissenschafft der großen Herren, 1733, S. 90.

38 Ausführlich siehe Beyer: Stiftung, Platzierung und Funktion von Wand- und Kronleuchtern in lutherischen Kirchen, 2012. – Gleiches gilt für Stiftungen von Kirchengemeinden oder Konventen. Siehe dazu auch Henkelmann: Künstliches Licht im mittelalterlichen Sakralraum, 2018, S. 181–182.

39 Alewyn: Das große Welttheater, 1985, S. 37–38.

40 Diesen Begriff gibt es erst seit der Zeit um 1900 mit dem Einzug der Elektrifizierung in alle Bereiche des Lebens. Lexikon der Kunst 1971, Bd. 2, S. 917–919, Stichwort »Leuchten, Beleuchtungskörper (Lampen)«: »[...] Geräte, die das Licht von Lampen und Röhren [z. B. Leuchtstoffröhren] verteilen, filtern, umformen.«

41 Krünitz: Oeconomische Encyclopädie, 1791, Band 53, S. 612.

42 Engelhardt/Merkel: Erdbeschreibung Kursachsen, 1804, S. 198 – Wild: »Ne Hannel sei Weihnachtsliedel«, 1819. In: Blechschmidt: Stimmen der Heimat, 1960, S. 30.

43 Ausführlich siehe Klappenbach: Kronleuchter mit Behang aus Bergkristall und Glas, 2001, S. 8–10.

44 Archives Nationales Paris, Journal du Garde Meuble de la Couronne, 0.1.3312, fol. 116. – Siehe auch Klappenbach: Kronleuchter mit Behang aus Bergkristall und Glas, 2001, S. 70, 354.

45 Klappenbach: Kronleuchter als Symbole der Macht, 2004, S. 289–293.

46 Ausführlich abgehandelt in: Ausst.-Kat. Artefakt und Naturwunder, 2011 und Klappenbach: Kronleuchter des 17. bis 20. Jahrhunderts, 2019, S.114–120.

47 Sie erhielten später die Namen ihrer Stifter und kündeten von deren Ruhm. Das sind der Heziloleuchter und der Thietmar- oder Azelinleuchter in Hildesheim und der berühmte Barbarossaleuchter im Aachener Dom.

48 Offenbarung des Johannes, 21, Vers 1.

49 Zitiert aus Lexer: Mittelhochdeutsches Handwörterbuch, 1869, S. 1747.

50 Henkelmann: Spätgotische Marienleuchter, 2014, S. 13, 19.

51 Klappenbach: Kronleuchter des 17. bis 20. Jahrhunderts, 2019, S. 102.

52 Beyer: Kronleuchter in lutherischen Kirchen, 2012, S. 33.

53 Ausführlich dazu Mascher: Messingkronleuchter, 2004.

54 Ebd.

55 Klappenbach: Kronleuchter des 17. bis 20. Jahrhunderts, 2019, S. 108–113.

56 Klappenbach: Kronleuchter mit Behang aus Bergkristall und Glas, 2001, S. 54, 56 Abb. 50; S. 57, Anm. 18.

57 »Marienberger Häuserchronik und Flurgeschichte« von Paul Roitzsch, Band XVI.2, Manuskript 1965, Blatt 156: »Folgende Hängeleuchter wurden der Stadtkirche übereignet: 1693 von Johann Immanuel Berthold ein gläserner, [...].« Hinweis von Dr. Albrecht Kirsche, Dresden, vom 21. 2. 2010.

58 Klappenbach: Kronleuchter mit Behang aus Bergkristall und Glas, 2001, S. 298–300, Kat. Nr. V 7 und Klappenbach: Kronleuchter des 17. bis 20. Jahrhunderts, 2019, S. 95–97, Abb. 54.

59 Klappenbach: Kronleuchter und Licht zur Zeit Augusts des Starken, 2018, S. 77–84. – Klappenbach: Kronleuchter des 17. bis 20. Jahrhunderts, 2019, S. 87–95.

60 Dazu ausführlich Mortimer: The English Glass Chandelier, 2000.

61 Ausführlich zu Glasarmkronleuchtern siehe Klappenbach: Kronleuchter des 17. bis 20. Jahrhunderts, 2019, S. 87–95.

62 Die Erforschung des böhmischen Kronleuchters ist nach wie vor ein Desiderat.

63 Mit dem Begriff »Bronze« bzw. »bronze doré« oder »bronze argenté« werden in Frankreich und Europa Objekte der Angewandten dekorativen Kunst aus vergoldetem oder versilbertem Messing bezeichnet.

64 Klappenbach, Kronleuchter des 17. bis 20. Jahrhunderts, 2019, S. 42–44, 144, 145.

65 Allein der preußische König Friedrich II. (1712–1786) besaß etwa 23 dieser französischen Kronleuchter mit Bergkristallbehang, die zum Vorbild für die eigene Produktion in Berlin und Potsdam wurden.

66 Siehe dazu Klappenbach: Kronleuchter und Licht zur Zeit Augusts des Starken, 2018, S. 77–84.

67 Ausst.-Kat. Constellatio Felix, 2014.

68 Eigentliche Beschreibung Des Prächtigen Einzugs Ihrer Hoheit Des Königl. und Chur-Printzens von Sachßen, Dresden, 1719. Kronleuchter aus massivem Gold sind bisher in keiner anderen Quelle in Europa aufgetaucht. Abbildung siehe Ausst.-Kat. Constellatio Felix, 2014: Riesengemach, S. 99; Eckparadesaal, S. 103.

69 Sächsisches Staatsarchiv, Hauptstaatsarchiv Dresden, Hausmarschallamt, R XVI Nr. 5, Inventar des Hofbettmeisters, S. 297–303.

70 GStA PK, I. HA, Rep. 9, EEE, Paket 2, ohne Paginierung.

71 Dazu ausführlich Klappenbach: Kronleuchter mit Behang aus Bergkristall und Glas, 2001, S. 61, 63, 65, 114.

72 Ausst.-Kat. Constellatio Felix, 2014, S. 309.

73 Lüschen: Die Namen der Steine, 1979, S. 226–227.

74 Ich danke dem Kunsthistoriker Dr. Carsten Neumann, Güstrow, für diesen Hinweis und dem Mineralogen Prof. Dr. Roland Oberhänsli, Potsdam, für die Erläuterung des Materials.

75 »Inventarium über das Palais zu Alt-Dreßden, Anno 1721«, Publiziert in: Ausst.-Kat. Schwartz Porcelain: Die Leidenschaft für Lack und ihre Wirkung auf das europäische Porzellan, 2003, S. 63.

76 »Specification Dererjenigen Meublen so auf Ihro Königl. Hoheit des Churprinzen allergnädigsten hohen Mündlichen Befehl aus dem Königl. Japansch. Palais auf das Königl. Schloß [...] 1759 sind gebracht worden.« Publiziert in: Ausst.-Kat. Schwartz Porcelain: Die Leidenschaft für Lack und ihre Wirkung auf das europäische Porzellan, 2003, S. 72.

77 Sächsisches Hauptstaatsarchiv Dresden, 10036 Finanzarchiv, Rep. A 25 a I, I Nr. 2215, fol. 180 r. – Für diesen Hinweis danke ich Dr. Silke Herz, Dresden.

78 Klappenbach: Kronleuchter des 17. bis 20. Jahrhunderts, 2019, S. 162–165.

79 Ebd., S. 160–175.

80 Prinz: Die Raumgestaltung des Taschenbergpalais zur Zeit Friedrich Christians und Maria Antonias (Teil 1), 1986, S. 141–163 und Prinz: Die Raumgestaltung des Taschenbergpalais zur Zeit Friedrich Christians und Maria Antonias (Teil 2), 1986, S. 83–118.

81 Journal des Luxus und der Moden, Jahrgang 15, März 1800, S. 138, 139. – Klappenbach: Kronleuchter mit Behang aus Bergkristall und Glas, 2001, S. 40, 48, 49, 74, 100; Abb. 71, S. 104.

82 Rohr: Einleitung zur Ceremoniel-Wissenschaft der Grossen Herren, 1733, S. 838.

83 Zedler: Universal-Lexicon, 1732, Bd. 14, S. 292.

84 Rohr: Einleitung zur Ceremoniel-Wissenschaft der Grossen Herren, 1733, S. 833

85 Das zeigt beispielsweise eine Illumination am 5. August 1763 im Potsdamer Park von Sanssouci. Die 7 592 Lampen kosteten 632 Taler 16 Groschen, die sonstigen Unkosten betrugen 597 Taler 3 Groschen. Siehe GStA PK, Rep. 47 G Nr. 9 Bd. 18, Monatliche Schatull-Rechnungen April/Mai – Dezember 1763, Bl. 28 (recto). Damit wurde für die festliche Beleuchtung eines Abends mit der Summe von 1 229 Talern und 19 Groschen fast ebenso viel Geld ausgegeben, wie der Hofcembalist des Königs, Carl Philipp Emanuel Bach in einem Jahr verdiente (siehe Spree: Die verwitwete Frau Capellmeisterin Bach, 2019, S. 50–51).

86 Eine Aufzählung davon befindet sich unter den Nummern 39.6. bis 42.6. in der »Beschreibung des Bergmännischen Aufzuges beim Saturnfest 1719 im Plauenschen Grund. SKD, Kupferstich-Kabinett, Inv.-Nr. C 6766 (Ca 201, Bl. 6), veröffentlicht in Ausst.-Kat. Constellatio Felix, 2014, S. 317 wie u. a. auch bei Engelhardt/Merkel: Erdbeschreibung von Kursachsen, 1804, S. 138–139.

87 Engelhardt/Merkel: Erdbeschreibung von Kursachsen, 1804, S. 205–206.

88 Das beschreibt Johann Kaspar Riesbeck (1754–1786) in seinen »Briefen eines reisenden Franzosen über Deutschland an seinen Bruder zu Paris« von 1784 folgendermaßen: »Die Sachsen haben sich durch ihre Geschicklichkeit im Bergbau in ganz Europa bekannt gemacht.« Zitiert aus Hentschel: Reisebeschreibungen, 2006, S. 20.

89 Merkel: Erdbeschreibung von Kursachsen, 1797, S. 118.

90 Engelhardt/Merkel: Erdbeschreibung von Kursachsen, 1804, S. 133.

91 1771 wurden Bergleute in das sibirische Barnaul im russischen Altaigebirge abgeworben. Als sie dort nicht mehr nötig waren, kamen einige von diesen mit neuen Eindrücken und Erfahrungen zurück. Für diesen Hinweis danke ich Carsten Eckert, Gotha.

92 Minerophilos: Mineral- und Bergwercks-Lexicon, 1743, S. 82. – Spree: Die verwitwete Frau Capellmeisterin Bach, 2019, S. 32–33. – Siehe auch die Bergpredigt von Hieronymus Joachim Wäger »Die wunderbarliche Größe« (1736), S. 33. In: Freiberger Bergpredigten aus fünf Jahrhunderten, 2004, S. 142.

93 Siehe z. B. Beyer: Der Christliche Bergmann, 1681, S. 467. – Köhler: Bergmännisches Taschenbuch, 1790, S. 102–106. – Engelhardt/Merkel: Erdbeschreibung von Kursachsen, 1804, S. 120.

94 Das berichtet u. a. um 1780 ein anonym gebliebener Reisender: »Sie müssen 5 Tage in der Woche, von Montag bis zum Freitag arbeiten, und von 24 Stunden allemal 8 Stunden in der Erde zubringen, wovon doch die Betstunde abgeht.« Zitiert aus Anonym 1778–1782, in Hentschel: Reisebeschreibungen, 2006, S. 21. Ausnahmen waren die Eigenlöhnerzechen (zu deren Privilegien siehe Köhler: Bergmännisches Taschenbuch, 1790, S. 99–102), die von einzelnen Personen oder nur mit Hilfe eines Gesellen betrieben wurden. Dort gab es keine geregelten Arbeitszeiten.

95 Köhler: Bergmännisches Taschenbuch, 1790, S. 105–106.

96 Lahl: Mettenschichten im Erzgebirge, 2003, S. 14.

97 Spree: Die verwitwete Frau Capellmeisterin Bach, 2019, S. 37.

98 Engelhardt/Merkel: Erdbeschreibung von Kursachsen, 1804, S. 126–127. – Zu Jahreseinkünften von erzgebirgischen Bergleuten in der Mitte des 18. Jh. im Vergleich mit anderen Einkommen in dieser Zeit und Nebentätigkeitsmöglichkeiten siehe Spree: Die verwitwete Frau Capellmeisterin Bach, 2019, S. 35–39.

99 Siehe dazu u. a. Blaschke: Die Wettiner und der sächsische Bergbau, 1990, S. 68–69. – Bäumel: Die Darstellung des Bergbaus im höfischen Fest des 16. und 17. Jahrhunderts, 1990, S. 213–214.

100 Marx: Bergbau und Kunst in Sachsen, 1990, S. 11. – Mehlhorn: Zur Entwicklung der bergmännischen Musik, 1990, S. 328. Siehe auch www.studia-instrumentorum.de/MUSEUM/zist_bergleute.htm (Abbildungen von Bergsängern bei höfischen Anlässen).

101 Engelhardt/Merkel: Erdbeschreibung von Kursachsen, 1804, S. 133.

102 Bergwerke, die auf Zuzahlungen der Kuxbesitzer (Anteilseigner) angewiesen waren.

103 Dazu ausführlich Spree: Die verwitwete Frau Capellmeisterin Bach, 2019, S. 9–34.

104 Engelhardt/Merkel: Erdbeschreibung von Kursachsen, 1804, S. 198.

105 Ich danke Dr. Igor Jenzen für diese Hinweise.

106 Jenzen: Das Saturnfest zur Fürstenhochzeit von 1719, 2019, S. 84–93.

107 »Glaß-Ertz, ist ein schwärtzlich derbes Ertz, wie gediegen Bley, welches sich dem wesentlichen Kennzeichen nach muß schneiden, prägen und hämmern lassen; wenn es recht herb und ohn all Bergigkeit ist, wird es über Helffte und bey nahe drey Theil Silber halten.« In: Minerophilos: Neues und wohleingerichtetes Mineral- und Bergwercks-Lexicon, 1743, S. 26. – Siehe auch Lüschen: Die Namen der Steine, 1979, S. 226–227.

108 Beschreibung des Festgebäudes und der Illumination beim Saturnfest 1719 im Plauenschen Grund, SKD, Kupferstich-Kabinett Inv.-Nr. C 6765 (Ca 201, Bl. 4), zitiert aus Ausst.-Kat. Constellatio Felix, 2014, S. 309.

109 Merkel/Engelhardt: Erdbeschreibung von Kursachsen, 1804, S. 126.

110 Wild: Interessante Wanderungen, 1809, S. 23.

111 Ebd., S. 144.

112 Wild: »Ne Hannel sei Weihnachtsliedel«, 1815. In: Blechschmidt: Stimmen der Heimat, 1960, S. 30–31.

113 Klappenbach: Kronleuchter mit Behang aus Bergkristall und Glas, 2001, S. 148, 149, Abb. 149; S. 301–303, Abb. Kat. Nr. V 9, Kat. Nr. V 10. – Ausführlich zu diesem Thema Klappenbach: Kronleuchter als Symbole der Macht, 2004, S. 289–293.

114 K. R.: Das erzgebirgische Heiligabendlied. In: Glückauf! Zeitschrift des Erzgebirgsvereins, Nr. 12, 103. Jahrgang, 1984, S. 162–165, hier S. 164.

115 Zitiert aus Lindner: Wanderungen durch die interessantesten Gegenden des Sächsischen Obererzgebirges 1848, S. 52.

116 Weihnachtsbaum, Pyramiden sowie Bergmann und Engel, die seit der Mitte des 19. Jahrhunderts zum weihnachtlichen Festschmuck gehören, erscheinen erst in den ab 1850 entstandenen Strophen des Liedes.

117 Richter: Beschreibung des Königreiches Sachsen, 1852, S. 488.

118 Wappler: Ernst Kaltofen in Dresden, 1907, S. 9.

119 Ebd., S. 22.

120 Brandt: Bergmetten und Bergleuchter, 1901, S. 199–202. Auf die Formen und Dekorationen wird detailliert im Abschnitt »Begriffe, Materialien, Formen, Vorbilder« eingegangen.

121 Die Mettenschicht war die letzte Schicht vor dem Heiligen Abend, in diesem Fall am 23. Dezember.

122 Brandt: Bergmetten und Bergleuchter, 1901, S. 200–201.

123 Ebd., S. 200.

124 Jenzen: Die »Geburt« der Volkskunst, 2015, S. 98.

125 Ebd., S. 98.

126 Schramm: Die Erfindung und Entwicklung der erzgebirgischen Volkskunst, 2002, S. 34–58. –Löden: Volkskunst und Identitätspolitik in der erzgebirgischen Grenzregion, 2003, S. 119–142. – Friedreich: Alltagsleben und Volkskultur im Erzgebirge, 2010, S. 147–162. – Jenzen: Die Geburt der Volkskunst, 2015, S. 89–101. – Friedreich: Die Stadt und das Weihnachtsland, 2018, S. 62–70.

127 Löden: Zwischen humanistischem Erbe und regionaler Tradition, 2003, S. 125. – Leichsenring: Weihnachtspyramiden des Erzgebirges, 2009, S. 115–123. – Friedreich: Alltagsleben und Volkskultur im Erzgebirge, 2010, S. 159–160.

128 Schramm: Die Erfindung und Entwicklung der erzgebirgischen Volkskunst, 2002, S. 40.

129 Ausführlich dazu Auerbach: Die Spielwarenschule Seiffen, 1995.

130 Detailliert zu diesen Herstellern Riebel: Erzgebirgische Weihnachtsfiguren, 2003, S. 63–217.

131 Ebd., S. 106. – Riebel: Die Männelmacher der Familie Otto aus Arnsfeld, 2021.

132 Schramm: Die Erfindung und Entwicklung der erzgebirgischen Volkskunst, 2002, S. 48–49.
133 Ebd., S. 42.
134 Ebd., S. 49.
135 Ebd., S. 50–51.
136 Dazu ausführlich Biernath: Der Schwibbogen, 2020, S. 36–49.
137 Schramm: Die Erfindung und Entwicklung der erzgebirgischen Volkskunst, 2002, S. 53.
138 Das formulierte Bachmann noch 1990 in seinem Artikel »Bergbau und Volkskunst« auf S. 332.
139 Ausführliche Bewertung siehe Löden: Zwischen humanistischem Erbe und regionaler Tradition, 2003, S. 126–131.
140 2003 betrug die Kirchenzugehörigkeit im Erzgebirge 40–45 Prozent, im Landkreis Aue-Schwarzenberg bis zu 80 Prozent. Siehe Friedreich: Das heilige Land, 2003, S. 225. – Im Jahr 2012 war in Schneeberg die Zugehörigkeit zur Landeskirche 23 Prozent und mit allen christlichen Gemeinschaften der Stadt 30 Prozent. In ganz Sachsen ist die Zugehörigkeit zur Landeskirche (ohne die anderen christlichen Gemeinschaften) 18 Prozent. Mein Dank für die Übermittlung der Zahlen geht an das Evangelisch-Lutherische Landeskirchenamt Sachsen und Pfarrer Frank Meinel, Schneeberg. – Siehe dazu auch Rieß: Erzgebirgische Bergmannsfrommheit, 1927, S. 269–293.
141 Z. B. die Werke des Designers und Formgestalters Friedrich Saalborn (1924–1997) in: Gebhardt: Friedrich Saalborn, 2015, S. 18.
142 Engelhardt/Merkel: Erdbeschreibung von Kursachsen, 1804, S. 198. – Wild: »Ne Hannel sei Weihnachtsliedel«, 1815. In: Blechschmidt: Stimmen der Heimat, 1960, S. 186.
143 Richter: Beschreibung des Königreiches Sachsen, 1852, S. 488.
144 Brandt: Bergmetten und Bergleuchter, 1901, S. 200.
145 Spamer: Sachsen. Text und Bildersammlung, 1954, S. 100.
146 Während der DDR-Zeit war Holz knapp. So ist von einem Spinnen-Hersteller aus Glauchau, Albert Franke (1898–1982) überliefert, dass er sich bei der damaligen Baustoffversorgung die benötigten Hölzer besorgte, aber dabei keine besonderen Wünsche äußern konnte, sondern die Holzsorte nehmen musste, die gerade vorrätig war. Freundlicher Hinweis von Rolf Eckart, Glauchau.
147 Ausführlich zu diesem Material Leichsenring: Massefiguren aus dem Erzgebirge, 1997.
148 Nehrkorn-Stege: Vom Schmuck der Engel, 2017, S. 47–55. – Siehe auch Andés: Papier-Specialitäten, 1896, S. 124.
149 Nehrkorn-Stege: Golden gerahmt – Metallpapierprägeborten zum verzierenden Gebrauch, unveröffentlichtes Manuskript, 2022.
150 Leischner: Vollständige, theoretisch-praktische Anleitung zur Verfertigung aller Arten Papparbeiten, 1841, S. 123–125.
151 Pieske: Das ABC des Luxuspapiers 1860–1930, 1984, S. 296–297.
152 Adressbuch der Kaufleute, Fabrikanten und Gewerbsleute vom Königreich Sachen, 1878, Band 5, S. 49.
153 Schneider/Brand: Buchholz/Sa. Die Metropole der Papp-Prägeindustrie, 2001, S. 3.
154 Im Rahmen einer Seminararbeit des Studienganges Kunsttechnologie, Konservierung und Restaurierung von Kunst- und Kulturgut an der HfBK Dresden in Kooperation mit dem Museum für Sächsische Volkskunst Dresden erfolgte die Untersuchung von Streuarbeiten auf drei, um 1900 im sächsischen Erzgebirge gefertigten Hängeleuchtern aus der Museumssammlung.
155 Kronleuchter mit Streuglanz im Museum für Sächsische Volkskunst Dresden: G 10254, G 6448, A 752.
156 Kirsche: Zisterzienser, Glasmacher und Drechsler, 2005, S. 179–187.
157 Launer: Untersuchungen der immobilen Raumausstattung des sogenannten Sybillenkabinettes im Altenburger Schloß, unveröffentlichte Diplomarbeit, HfBK Dresden, 1995, S. 39.
158 Stiftung Preußische Schlösser und Gärten Berlin-Brandenburg, Hist. Akten Nr. 474, Friedrichkron 1887, S. 13.
159 Beyer: Kronleuchter in lutherischen Kirchen, 2012, S. 33.
160 Laut Mascher: Schaftkronleuchter aus Messing, 2004, S. 59, stellt das Erzgebirge als »traditionelle Stätte des Bergbaus einen deutlichen Schwerpunkt in der Verbreitung der besagten Leuchter dar«.
161 Th.[ost]: Franke Alberts Spinnen in aller Welt, 1965, S. 46–47.
162 Freundlicher Hinweis von seinem Sohn Siegfried Franke, Glauchau.
163 Th.[ost]: Franke Alberts Spinnen in aller Welt, 1965, S. 46–47. – Reitzenstein: Albert Franke – ein Wegbereiter des Volkskunstschaffens, 1997, S. 30–31. – Titelbild »Die Spindel«. Kulturspiegel des Kreises Glauchau, 10. Jg., 1963.
164 Ich danke dem Sohn von Albert Franke, Siegfried Franke aus Glauchau für alle Unterstützung und Erzählungen über seinen Vater und die Möglichkeit, die Entwurfszeichnungen seines Vaters zu reproduzieren.
165 Diese beiden Glasarmkronleuchter hatten die »Handelsherren Ringk und Müller« gestiftet. Für Informationen und Fotos danke ich Bert Körner, Olaf Uhlmann und Pfarrer Wolfram Roloff, Zöblitz.
166 Albin Neuber entwarf und fertigte auch andere Kronleuchter, siehe Deutsche Fotothek Dresden Nr. df_hautkatalog_0112463. Dieser Kronleuchter ist ein Kriegsverlust des Museums für Sächsische Volkskunst Dresden.
167 Spamer: Sachsen. Text und Bildersammlung, 1954, S. 100.
168 Klappenbach: Kronleuchter mit Behang aus Bergkristall und Glas, 2001, S. 84, 285–288.
169 Der Hauptkronleuchter aus der Seiffener Kirche ist nicht mehr der in der Chronik der Kirche und in einiger Literatur (erstmals bei Eichhorn: Von Weihnachtsleuchtern, 1971, S. 183–185) beschriebene, der vor 1700 in der Heidelbacher Hütte bei Seiffen gefertigt sein soll.
170 Inv.-Nr. EK_N_(5N)1_1994.13052, siehe www.smb-digital.de/eMuseumPlus?service=ExternalInterface&module=collection&objectId=1756840&viewType=detailView.
171 Auerbach: Die Spielwarenschule Seiffen, 1995, S. 34.
172 Grundlage für diesen Text sind Veröffentlichungen der Sammlerin Bettina Levin aus Sehmatal, wie etwa »Erzgebirgische Glasperlenleuchter«. In: Erzgebirgische Heimatblätter, 6/2018, S. 2–6. Ich danke Dr. Bettina Levin für den Einblick in ihre umfangreichen Forschungsergebnisse und den kollegialen wissenschaftlichen Austausch.
173 Jablonec nad Nisou in Tschechien.
174 Levin: Erzgebirgische Glasperlenleuchter, 2020, unveröffentlichtes Manuskript, S. 8.
175 Ebd.
176 Ausführlich siehe »Der Auftakt – Bergbau-Memorabilien«.
177 Das beschreibt Brandt 1901 in seinem Artikel »Bergmetten und Bergleuchter«, S. 200.

178 Oskar Seyffert: Volkskunst im Erzgebirge, zitiert aus Löscher: Der Weihnachts-Bergmann, 1924, S. 128–129.

179 Zitiert aus Lahl: Mettenschichten im Erzgebirge, 2003, S. 44.

180 Hoffmann: Geistliches Gruben-Liecht, 1676, ohne Seitenzählung.

181 Siehe Poscharsky: Der Taufengel, 2009, S. 15.

182 Richter: Beschreibung des Königreiches Sachsen, 1852, S. 488.

183 Lautenähnliches Zupfinstrument, ähnlich der Mandoline.

184 Holzblasinstrument, welches im 17. Jahrhundert seine Hochzeit hatte.

185 Ausführlich siehe www.studia-instrumentorum.de/MUSEUM/zist_bergleute.htm. – Siehe auch Mehlhorn: Zur Entwicklung der bergmännischen Musik, 1990, S. 328.

186 SKD, Kupferstich-Kabinett, Inv.-Nr. C 6764 (Ca 201, Bl. 3), Beschreibung des Saturnfestes 1719 im Plauenschen Grund, zitiert aus: Ausst.-Kat. Constellatio Felix, 2014, S. 304.

187 Dazu ausführlich Goessel-Steinmann: Himmlische Boten, 2004.

188 Ebd., S. 27. Goessel-Steinmann vermutet, dass die Formen aus dem Erzgebirge für Nürnberg vorbildhaft waren. Doch die stehenden Lichterengel mit Kronen gibt es erst seit der Mitte des 19. Jahrhunderts, während die Rauschgoldengel schon Ende des 18. Jahrhunderts und die Kronleuchterbehang-Engel Anfang des 19. Jahrhunderts dokumentiert sind.

189 Zu den Weihnachtspielen siehe Mosen: Die Weihnachtsspiele im sächsischen Erzgebirge, 1861. Für diesen Hinweis danke ich Elvira Werner, Schwarzenberg. – John: Aberglaube, Sitte und Brauch, 1909, S. 163–164, 170.

190 Mosen: Die Weihnachtsspiele im sächsischen Erzgebirge 1861, S. 15, 22–23, 40. – John: Aberglaube, Sitte und Brauch 1909, S. 164.

191 Klappenbach: Kronleuchter als Symbole der Macht, 2004, S. 289–293.

192 Siehe: Zeichner im kursächsischen Oberbauamt, »Dresden, Residenzschloss, Ostflügel, Riesensaal, Entwurf zur Neugestaltung nach dem Schlossbrand von 1701, um 1711, Schnitt des Riesensaales mit Englischer Treppe (rechts)«, LfD Dresden, Plankammer.

193 Im Stadt- und Bergbaumuseum Freiberg befindet sich ein Leuchter (Inv.-Nr. 2002/28) mit sehr ähnlich gestalteten Armen (Monogramm in einer Schreibschrift) mit Engelbehang, der in den dazugehörigen Unterlagen als »älteste Spinne Sachsens« bezeichnet wird. Weitere Beweise dazu fehlen.

194 Spamer: Sachsen, 1954, S. 101. – Ausführlich zu den barocken Taufengeln in erzgebirgischen Kirchen und ihren verkleinerten Abbildern siehe Lasch: Barocke Taufengel 2014, 2015, 2016. – Lasch: Lichterengel, 2019. – Lasch: Weihnachtsengel, 2020. – An dieser Stelle möchte ich Gunter Lasch, Brünlos, der seit zehn Jahren über die Taufengel in Sachsen forscht und mit Forschungen zu den erzgebirgischen Schwebeengeln begonnen hat, für wissenschaftlichen Austausch, Anregungen und Unterstützung danken.

195 Dazu ausführlich: Poscharsky: Der Taufengel, 2009, S. 26. – Flügge: Der Taufengel, 2013, S. 20–21.

196 Glaubensflüchtlinge aus habsburgischen Ländern.

197 »Eine fast 200-jährige Verankerung im Kirchenbrauch machte die Krippe den Völkern so vertraut, daß diese Überlieferung wegen der zur Zeit der Aufklärung erfolgten Verbote und Entfernung aus den Gotteshäusern einfach von ihnen übernommen, […] spontan zu einem ausgeprägten Volksgut wurde.« Karasek-Langer: Barockes Wurzelwerk der Weihnachtspyramiden, 1968, S. 167, 170.

198 Richter: Beschreibung des Königreiches Sachsen, 1852, S. 488.

199 Riebel: Erzgebirgische Weihnachtsfiguren, 2003, S. 18.

200 Siehe dazu Schnürer: Paradiesgärten, 2000, S. 40. – Die wichtige Rolle von frischen Blüten in den Weihnachtstagen zeigen auch Bräuche wie das Schneiden von Obstzweigen in der Andreasnacht (30. November) und am 4. Dezember, dem Gedenktag der heiligen Barbara. Wenn diese Zweige am Heiligabend blühten, sollte das Glück bringen. Ebenso wird die Geburt Christi mit dem Blühen einer Rose, der Christrose, verglichen, wie es schon das wohl im 16. Jahrhundert entstandene Weihnachtslied »Es ist ein Ros' entsprungen« beschreibt.

201 Mosen: Die Weihnachtsspiele im sächsischen Erzgebirge, 1861, S. 61. Hier wird ein neues Weihnachtsspiel beschrieben, für welches der Autor Empfehlungen gibt.

202 Dabei handelt es sich – wie bei den Verkündigungsengeln in Kirchen – um barocke Langtrompeten.

203 Poscharsky: Taufengel in Mitteldeutschland, 2009, S. 24.

204 Solche »Tempelchen« oder Gehäuse waren ein aussagekräftiges Dekorationselement, sie gibt es auch bei den spätgotischen und barocken Marienleuchtern (Siehe Henkelmann: Spätgotische Marienleuchter, 2014, S. 95, Abb. 143 und 144).

205 An dieser Stelle möchte ich dem Zschopauer Heimatforscher Carsten Beier für seine zahlreichen und ausführlichen Informationen und Fotos danken.

206 Ein weiterer Kronleuchter mit Reflexkörpern in Glockenblütenform, der schon 1671 entstanden sein soll, hängt in der evang.-luth. Kirche in Neudorf (Sehmatal). (Inventarkartei des Kunstdienstes der Ev.-Luth. Landeskirche Sachsen in Dresden).

207 Freundlicher Hinweis von Carsten Beier, Zschopau und Elke Opitz, Zschopau, der ich für Hinweise zu ihrem Familienleuchter danke.

208 Freundliche Mitteilung von Elke Opitz, der Großnichte des Herstellers.

209 Siehe dazu die Ausführungen von Ilgner: Das Paradies, 2016, S. 5–13 sowie Jenzen: Ikonografie in der Volkskunst, 2016, S. 42–51. – Dass das Allgemeinwissen im Erzgebirge war, dokumentieren Weihnachtschoräle wie »Lobt Gott ihr Christen alle gleich« mit dem Liedvers »Heut schleußt er wieder auf die Tür zum schönen Paradeis«, dessen Text und Melodie Nikolaus Herman (1500–1561), langjähriger Kantor in St. Joachimsthal im böhmischen Erzgebirge, verfasste.

210 Ausführlich dazu Schnürer: Paradiesgärten, 2000.

211 Weitere Literatur zu diesem Thema (Auswahl): Jenzen: Ikonografie in der Volkskunst, 2016, S. 42–51. – Richter: Ein Blick ins Paradies, 2016, S. 20–21. – Leichsenring: Darstellungen des »Sündenfalls« in der erzgebirgischen Volkskunst, 2020, S. 2–6.

212 Für diesen Hinweis und erhellende Gespräche danke ich Dr. Konrad Auerbach, Erzgebirgisches Spielzeugmuseum Seiffen.

213 Ausführlich dazu Leichsenring: Massefiguren aus dem Erzgebirge, 1997.

214 Riebel: Der Männelmacher Karl Louis Härtel aus Schlettau, 2007, S. 5–11.

215 Versuch einer Deutung der Symbolik siehe Valtaitė-Gagač: Types and Functioning of Chandeliers with Serpent Arms, 2019.

216 Röhrich: Adam und Eva, 1968, S. 9.

217 Meister: Seltsame Schatzräuber in den Wäldern des Erzgebirges, 2021, S. 11, 13, Anm. 10.

218 Für diese Mitteilung danke ich Claus Leichsenring, Leukersdorf.

219 Einer dieser Kronleuchter, ein Laufleuchter, wurde 1872 in Königswalde hergestellt und befindet sich jetzt in Privatbesitz (Freundliche Mitteilung von Claus Leichsenring, Leukersdorf).

220 Die Informationen zu dieser Art Kronleuchter verdanke ich Albrecht Kreher, Wiesa. – Es gibt auch die Wiesaer Affenpyramiden, auf deren oberen Abschluss ähnliche Affen wie bei den Kronleuchtern sitzen. Siehe dazu Leichsenring: Wiesaer Affenpyramiden, 2006, S. 11–12.

221 Auszuschließen ist, dass hier das aus dem 18. Jahrhundert stammende Motiv der Singerie – Darstellungen von Affen, die menschliches Verhalten imitieren – eine Rolle spielte, welches in der Meißner Porzellanmanufaktur Johann Joachim Kaendler bei seiner Affenkapelle aufgegriffen hatte.

222 Museum für Sächsische Volkskunst, Dresden, Oskar-Seyffert-Inventar, Band 4, S. 26–27.

223 Museum für Sächsische Volkskunst, Inv.-Nr. G 972. – Siehe Seyffert/Trier: Spielzeug, 1922, S. 19.

224 Für diese Information danke ich Katharina Scheithauer, Museum Olbernhau.

225 Klappenbach: Der Traum vom ewigen Frühling, 2014, S. 132–135. – Klappenbach: Die Natur als Vorbild, 2015. – Klappenbach: Kronleuchter des 17. bis 20. Jahrhunderts, 2019, S. 135–143.

226 Brandt: Bergmetten und Bergleuchter, 1901, S. 201.

227 Ich danke Dr. Margret Scharrer, Bern für diesen wichtigen Hinweis.

228 Siehe dazu auch Rieß: Erzgebirgische Bergmannsfrommheit, 1927, S. 271.

229 Brandt: Bergmetten und Bergleuchter, 1901, S. 200.

230 Köhler: Bergmännisches Taschenbuch, 1790, S. 106.

231 So Igor Jenzen in seinem Vortrag »Exkursionen im Sentimentgebirge. Die Volkskunst und das Erzgebirge« am 20. September 2019 im Museum für Sächsische Volkskunst Dresden. Ein Herrscher demonstrierte mit Verschwendung seine Großzügigkeit.

232 Wild: Interessante Wanderungen, 1809, S. 144.

233 Kaltofen: Beschreibung einer Mettenschicht, 1991, S. 196.

234 Festlichkeit, Feierlichkeit.

235 Meltzer: Chronik von Schneeberg, 1716, S. 1177.

236 Ausführlich in Ausst.-Kat. Constellatio Felix, 2014.

237 Allgemein zu Mythen: Donath/Thieme: Mythenlandschaft Sachsen, 2011, S. 8–21.

238 Brandt: Bergmetten und Bergleuchter, S. 199.

239 Friedreich: Das heilige Land, 2003, S. 126: »Zwar wurde in dieser Erscheinung eine vom Bergbau hergeleitete Lichtersymbolik gesehen, nicht aber ein möglicher Zusammenhang mit im Erzgebirge verbreiteten pietistischen Frömmigkeitsformen. […] Eine Bezugnahme auf religiöse Spezifika des Erzgebirges fehlte.«

240 Die Anschauung, die Lichtersehnsucht der Bergleute hätte keine Verbindung zur Religion, vertrat noch 1990 Manfred Bachmann (Bachmann: Bergbau und Volkskunst, 1990, S. 332).

241 Jenzen: Das Saturnfest zur Fürstenhochzeit 1719, 2019, S. 84.

242 Wild: »Ne Hannel sei Weihnachtsliedel«, 1815. In Blechschmidt: Stimmen der Heimat, 1960 – »Heiligohmdlied« aus Lindner: Wanderungen durch die interessantesten Gegenden des sächsischen Obererzgebirges, 1848, S. 52.

243 Zitiert aus Blechschmidt: Stimmen der Heimat, 1960, S. 30.

244 Zitiert aus Lindner: Wanderungen durch die interessantesten Gegenden des sächsischen Obererzgebirges, 1848, S. 52.

245 Die Angaben von Löhnen für Bergleute in der Mitte des 18. Jahrhunderts im Raum Freiberg sind entnommen aus Spree: Die verwitwete Frau Capellmeisterin Bach, 2019, S. 35–36.

246 Karl Ruhheim 1805. In: Hentschel: Reisebeschreibungen, 2006, S. 95.

247 Richter: Beschreibung des Königreiches Sachsen, 1852, S. 488.

248 Wild: Interessante Wanderungen, 1809, S. 145.

249 Ich danke Paula Stötzer, Museum Papiermühle Niederzwönitz und Pfarrer Michael Harzer, Seiffen, für die Informationen und Unterstützung.

250 Seit den 1980er Jahren verziert in Schneeberg eine Drogerie jährlich etwa 600 dieser Kerzen mit Palmwedeln, dem Symbol dafür, dass Jesus bei seinem Einzug in Jerusalem mit Palmwedeln empfangen wurde. Ich danke Karin Huber, Schneeberg, für diese Information.

251 Für die Informationen zu diesem Thema danke ich Uwe Schneider, dem Zwönitzer Altbürgermeister, der diese Tradition für Zwönitz ins Leben gerufen hat.

252 Riebel: Erzgebirgische Weihnachtsfiguren, 2003, S. 11–19. – Riebel: Der Männelmacher Karl Louis Härtel aus Schlettau, 2007, S. 11–19.

253 Zitiert aus Eichhorn: Von Weihnachtsleuchtern, 1971, S. 185.

254 Richter: Beschreibung des Königreiches Sachsen, 1846, S. 489.

255 John: Aberglaube, Sitte und Brauch, 1909, S. 162. – Das beschreibt auch Wild: Interessante Wanderungen, 1809, S. 149–150 und im Lied »Ne Hannel sei Weihnachtsliedel« 1815 (»Noochert will ich hutzen gieh […]«.

256 »In der Weihnachtszeit sind diese Spinnen neben der in einer Zimmerecke aufgebauten Krippe die Freude des Gebirglers.« Zitiert aus Seyffert: Das Landesmuseum für Sächsische Volkskunst, 1924, S. 11–12.

Literatur

Adressbuch der Kaufleute, Fabrikanten und Gewerbsleute vom Königreich Sachen, Band 5, Leipzig 1878.

Albrecht, Helmuth: Der Beitrag des Erzgebirges zur gewerblich-industriellen Entwicklung Sachsens. In: Dresdner Hefte, Heft 134, Dresden 2018, S. 53–61.

Alewyn, Richard: Das große Welttheater. Die Epoche der höfischen Feste, Berlin 1985.

Andés, Louis Edgar: Papier-Specialitäten. Praktische Anleitung zur Herstellung von den verschiedensten Zwecken dienenden Papierfabrikaten, Wien/Pest/Leipzig 1896.

Auerbach, Konrad: Seiffener Weihnacht, Marienberg 1991.

Auerbach, Konrad (Hrsg.): Idee, Zeichnung, Produkt. Die Spielwarenschule Seiffen von ihren Anfängen bis zur Gegenwart. Erzgebirgisches Spielzeugmuseum Seiffen, Schriftenreihe Heft 10, Seiffen 1995.

Auerbach, Konrad: Erzgebirgisches Spielzeugmuseum Seiffen. Museumsführer, Schriftenreihe Heft 17, Seiffen 2000.

Auerbach, Konrad: Angefertigt vom seligen Strauß Louis. Zur Überlieferung eines Weihnachtsleuchters. In: Jahrbuch für das Erzgebirge 2007, hrsg. von Erzgebirgsverein, 13. Jahrgang, Marienberg 2007, S. 86–88.

Ausst.-Kat. Artefakt und Naturwunder. Das Leuchterweibchen der Sammlung Ludwig, hrsg. von Dagmar Preising, Michael Rief, Christine Vogt, Ausstellung, Ludwiggalerie Schloss Oberhausen 2011, Bielefeld/Leipzig/Berlin 2011.

Ausst.-Kat. »Der silberne Boden. Kunst und Bergbau in Sachsen. [anlässlich der Ausstellung »Bergbau und Kunst in Sachsen« im Albertinum an der Brühlschen Terrasse, Dresden (29. April – 10. September 1989)] / Staatliche Kunstsammlungen Dresden, hrsg. von Manfred Bachmann, Harald Marx, Eberhard Wächtler, Stuttgart/Leipzig 1990.

Ausst.-Kat. Eine gute Figur machen: Kostüm und Fest am Dresdner Hof; [anläßlich der Ausstellung des Kupferstich-Kabinetts Dresden vom 10. September bis 3. Dezember 2000 im Dresdner Schloß] / Kupferstich-Kabinett, Staatliche Kunstsammlungen Dresden, hrsg. von Claudia Schnitzer und Petra Hölscher, Dresden 2000.

Ausst.-Kat. Constellatio Felix. Die Planetenfeste Augusts des Starken anlässlich der Vermählung seines Sohnes Friedrich August mit der Kaisertochter Maria Josepha 1719 in Dresden. Katalog der Zeichnungen und Druckgraphiken, hrsg. von Claudia Schnitzer, Ausstellung, Dresden, Kupferstich-Kabinett, Dresden 2014.

Ausst.-Kat. Schwartz Porcelain: Die Leidenschaft für Lack und ihre Wirkung auf das europäische Porzellan, hrsg. von Monika Kopplin und den Staatlichen Schlössern und Gärten Baden-Württemberg, Ausstellung, Münster, Museum für Lackkunst, 2003/2004; Schloss Favorite bei Rastatt, 2004, München 2003.

Autorenkollektiv: Deckenleuchter und Schwibbogen im Sächsischen Erzgebirge. Hrsg.: Fachschule für Tourismus des Instituts für Soziale und Kulturelle Bildung e.V. – Ergänzungsfachschule. Text: Ingrid Kolb, Husum 1997.

Bachmann, Manfred: Bergbau und Volkskunst. In: Ausst.-Kat. »Der silberne Boden. Kunst und Bergbau in Sachsen. [anlässlich der Ausstellung »Bergbau und Kunst in Sachsen« im Albertinum an der Brühlschen Terrasse, Dresden (29. April – 10. September 1989)] / Staatliche Kunstsammlungen Dresden, hrsg. von Manfred Bachmann, Harald Marx, Eberhard Wächtler, Stuttgart/Leipzig 1990, S. 331–333.

Bäumel, Jutta: Die Darstellung des Bergbaus im höfischen Fest des 16. und 17. Jahrhunderts. In: Ausst.-Kat. »Der silberne Boden. Kunst und Bergbau in Sachsen. [anlässlich der Ausstellung »Bergbau und Kunst in Sachsen« im Albertinum an der Brühlschen Terrasse, Dresden (29. April – 10. September 1989)] / Staatliche Kunstsammlungen Dresden, hrsg. von Manfred Bachmann, Harald Marx, Eberhard Wächtler, Stuttgart/Leipzig 1990, S. 213–215.

Becke, Andreas: Vom Unschlitt zum Rüböl. Ein Beitrag zur Geschichte des bergmännischen Geleuchts. In: Erzgebirgische Heimatblätter, Heft 1/1984, S. 12–20.

Bergbau und Kunst in Sachsen. Führer durch die Ausstellung. Albertinum, 29. April – 10. September 1989 / Staatliche Kunstsammlungen, Dresden, hrsg. von Harald Marx, Dresden 1989.

Bewährtes und einfaches Verfahren, das Rüböl zu reinigen, hrsg. von C. A. Winter, Leipzig/Quedlinburg 1840.

Beyer, Andreas: Der Christliche Bergmann oder Bergmännische Christe, Leipzig 1681.

Beyer, Jürgen: Stiftung, Platzierung und Funktion von Wand- und Kronleuchtern in lutherischen Kirchen. In: Zeitschrift für Lübeckische Geschichte 92 (2012), S. 101–150.

Biernath, Andrea: Der Schwibbogen zwischen Weihnachtsbrauchtum und Propaganda, Husum 2020.

Bilz, Hellmut: Das Spielzeugdorf Seiffen. In: Erzgebirgische Heimatblätter, Heft 6/1991, S. 166–169.

Blaschke, Karlheinz: Die Wettiner und der sächsische Bergbau. In: Ausst.-Kat. »Der silberne Boden. Kunst und Bergbau in Sachsen. [anlässlich der Ausstellung »Bergbau und Kunst in Sachsen« im Albertinum an der Brühlschen Terrasse, Dresden (29. April – 10. September 1989)] / Staatliche Kunstsammlungen Dresden, hrsg. von Manfred Bachmann, Harald Marx, Eberhard Wächtler, Stuttgart/Leipzig 1990, S.67–69.

Blechschmidt, Manfred: Stimmen der Heimat, Leipzig 1960.

Bräuer, Jörg: Wieder beginnt die Zeit der Kerzen. In: Erzgebirgisches Weihnachtsbüchlein, 34. Ausgabe, 1994, S. 6–7.

Bräuer, Jörg: Erzgebirgsweihnacht. Ein volkskundlicher Streifzug durch das deutsche Weihnachtsland. Streifzüge durch die Geschichte des oberen Erzgebirges, Heft 17, Annaberg-Buchholz, 1997.

Brandes, Georg, Jarschel, Rolf: Feuer und Flamme. Interessantes vom Feuerzeug, Leipzig 1988.

Brandt [ohne Vorname]: Bergmetten und Bergleuchter. In: Mitteilungen des Vereins für Sächsische Volkskunde, II. Band, Dresden 1901, S. 199–202.

Brüning, Adolf: Moderne Beleuchtungskörper. Dekorative Beleuchtung. In: Zeitschrift für Beleuchtungswesen, Heiz- und Lüftungstechnik, Heft 3, 1897, S. 317–320.

Bursian, Karl: Erzgebirgische Zinngießer – weitbekannte Kunsthandwerker. In: Sächsische Heimatblätter, Heft 3/1958, S. 172–181.

Clauss, Herbert: Unser Erzgebirge – das deutsche Weihnachtsland. In: Erzgebirgisches Weihnachtsbüchlein, 24. Ausgabe, 1984, S. 6–14.

Clauss, Herbert: Unsere Erzgebirgsspinne. In: Erzgebirgisches Weihnachtsbüchlein, 28. Ausgabe, 1988, S. 5–9.

Deutsche Hofordnung des 16. und 17. Jahrhunderts, Band 1, Brandenburg, Preussen, Pommern, Mecklenburg, hrsg. von Arthur Kern, Berlin 1905 (Denkmäler der deutschen Kulturgeschichte, Abt. 2).

Donath, Matthias, Thieme, André (Hrsg.): Sächsische Mythen, Leipzig 2011.

Donath, Matthias, Thieme, André: Mythenlandschaft Sachsen. In: Donath, Matthias, Thieme, André (Hrsg.): Sächsische Mythen, Leipzig 2011, S. 8–21.

Drechsel, Stephanie: Entwicklung der Leuchterspinne und die technischen Verfahren zur Herstellung von Leuchtern; Abschlussarbeit 1979 an der Fachschule für Angewandte Kunst Schneeberg, Fotodokumentation mit 58 farbigen oder schwarz/weiß-Abbildungen, maschinenschriftliches Manuskript in der Bibliothek des Erzgebirgischen Spielzeugmuseum Seiffen.

Duhamel du Monceau, Henri Louis: Die Kunst des Lichtziehens. Aus dem Französischen der Descriptions des arts & metiers der Pariser Academie übersetzt und mit Anmerkungen versehen von Johann Heinrich Gottlob von Justi, Berlin/Stettin/Leipzig 1762.

Duhamel du Monceau, Henri Louis: Die Kunst des Wachsziehens. Aus dem Französischen der Descriptions des arts & metiers übersetzt und mit Anmerkungen versehen von Johann Heinrich Gottlob von Justi, Berlin/Stettin/Leipzig 1763.

Ehnert, Manfred: Die Geschichte einer erzgebirgischen Weihnachtspyramide. In: Mitteilungen des Landesvereins Sächsischer Heimatschutz e.V., Heft 4/1994, S. 12–16.

Eichhorn, Johannes: Von Weihnachtsleuchtern. In: »Unsere Heimat« (Kulturbund Marienberg), Heft 12/1971, S. 183–185.

Ekirch, Roger A.: In der Stunde der Nacht. Eine Geschichte der Dunkelheit, Bergisch Gladbach 2006.

Engelhardt, Karl August (Hrsg.): D. I. Merkels Erdbeschreibung von Kursachsen und den jetzt dazugehörigen Ländern, Erster Band. Dritte durchaus verbesserte und vermehrte Auflage, Dresden-Friedrichstadt/Leipzig 1804.

Fabri, Johann Ernst: Neues geographisches Magazin, Band 3, Halle 1786.

Faraday, Michael: Naturgeschichte einer Kerze, 1860, Leipzig o. J.

Findeisen, Kurt Arnold: Das Goldene Weihnachtsbuch, Dresden 1936.

Findeisen, Kurt Arnold (Hrsg.): Oskar Seyffert zum Gedächtnis. Gedrängte Auswahl seines Lebensschaffens aus Vorträgen, Aufsätzen und Ansprachen, Dresden 1940.

Fischer, Walther: Mineralogie in Sachsen von Agricola bis Werner. Die ältere Geschichte des Staatlichen Museums für Mineralogie und Geologie zu Dresden (1560–1820), Dresden 1939.

Flügge, Martina: Der Taufengel – Ein Intermezzo von hundert Jahren. In: Taufengel in Brandenburg. Eine Bestandserfassung, hrsg. vom Landesamt für Denkmalpflege und Archäologisches Landesmuseum, Petersberg 2013, S. 11–25.

Freiberger Bergpredigten aus fünf Jahrhunderten, hrsg., eingeleitet und mit Anmerkungen versehen von Karl-Hermann Kandler, Freiberg 2004.

Friedreich, Sönke: Das heilige Land. Frömmigkeit und der Diskurs um regionale Identität im Erzgebirge. In: Ort. Arbeit. Körper. Ethnografie europäischer Modernen; 34. Kongress der Deutschen Gesellschaft für Volkskunde, hrsg. von Beate Binder, Konrad Vanja u. a., Berlin 2003, S. 225–232.

Friedreich, Sönke: Alltagsleben und Volkskultur im Erzgebirge. In: Martina Schattkowsky (Hrsg.): Erzgebirge (Kulturlandschaften Sachsens, Band 3), Leipzig 2010, S. 129–162.

Friedreich, Sönke: Die Stadt und das Weihnachtsland. Das frühe volkskundliche Interesse Dresdens am Erzgebirge. In: Dresdner Hefte, Heft 134, Dresden 2018, S. 62–70.

Gebhardt, Rainer: Friedrich Saalborn. Vom Arbeiten mit Holz und Farbe, Annaberg 2004.

Gerhards, Albrecht: Von der Bedeutung des Lichts. In: Das Münster. Zeitschrift für christliche Kunst und Kunstwissenschaft. 61. Jahrgang. Heft 2/2008, S. 85–87.

Goessel-Steinmann, Susanne von: Himmlische Boten. Nürnberg und seine Rauschgoldengel. Schriften des Spielzeugmuseums Nürnberg, Band VI., Nürnberg 2004.

Grießmair, Hans: Bewahrte Volkskultur. Führer durch das Volkskundemuseum in Dietenheim, hrsg. vom Südtiroler Landesmuseum für Volkskunde, Bruneck 2013.

Grimm, Jacob, Grimm, Wilhelm: Deutsches Wörterbuch, Leipzig 1873, Band 11, Nachdruck bearb. v. Rudolf Hildebrand, München 1984.

Günther, Rolf: Der Plauensche Grund zwischen Romantik und Industrialisierung. Das Saturnfest 1719, Band 2, Freital 1998.

Hartmann, Carl: Der innern Gebirgswelt Schätze und Werkstätten, Stuttgart 1838.

Haustein, Gudrun: Eine Froschlampe mit drei Kreuzen und einer Inschrift. In: Erzgebirgische Heimatblätter, Heft 1/2015, S. 21.

Heilfurth, Gerhard: Neuvermehrtes vollständiges Bergliederbüchlein: eine buntgemischte Singgut-Sammlung aus Mitteldeutschland um 1700, Nachdruck der Ausgabe Leipzig 1936.

Heinold, Ehrhardt, Paulsen, Alix: Erzgebirgisches Weihnachts-ABC, Husum 2001.

Henkelmann, Vera: Spätgotische Marienleuchter. Formen, Funktionen, Bedeutungen, Regensburg 2014.

Henkelmann, Vera: Wandlungskerzen und Engelleuchter des Spätmittelalters. Lichtinszenierungen im Kontext der Wandlung. In: Anzeiger des Germanischen Nationalmuseums 2016, hrsg. von G. Ulrich Großmann, Nürnberg 2018, S. 99–118.

Henkelmann, Vera: Künstliches Licht im mittelalterlichen Sakralraum – Eine erste Annäherung. In: Liturgisches Jahrbuch. Vierteljahreshefte für Fragen des Gottesdienstes, 68. Jahrgang, Heft 3, Münster 2018, S. 137–196.

Henkelmann, Vera: Spätmittelalterliche Lichtinszenierungen an St. Lorenz in Nürnberg. In: Mitteilungen des Vereins für die Geschichte Nürnbergs, Band 107, Nürnberg 2020, S. 97–134.

Hentschel, Uwe: Chemnitz und das sächsisch-böhmische Erzgebirge in alten Reisebeschreibungen, Chemnitz 2006.

Herz, Dieter: »... früher Oskar-Seyffert-Museum«. Zum Nachleben einer Ikone der sächsischen Volkskunstbewegung. In: Volkskunde in Sachsen 27 (2015), S. 103–130.

Hinrichsen, Torkild: Erzgebirge. Die Sehnsucht nach dem Licht. Spielzeug und Kunsthandwerk aus der Sammlung Martin und dem Altonaer Museum, Hamburg 1992.

Hinrichsen, Torkild: Im Schatten des Glanzes. Das Weihnachtsfest der Weihnachtslosen, Hamburg 2012.

Hoffmann, Gottfried: Die Schwebeengel und die Spinne. In: Erzgebirgisches Weihnachtsbüchlein, 22. Ausgabe, 1982, S. 26–27.

Hoffmann, Johann Gottfried: Geistliches Gruben-Liecht, Von dem Ewig-währendhelleuchtendem Liechte, des Wortes Gottes / Angezündet Allen rechtschaffenen Christlichen Bergleuten / auff ihren gefährlichen Wegen / und bey ihrer schweren und sauren Arbeit, heylsam zuleuchten dargereichtet/. Freiberg 1676. Siehe: https://digital.ub.uni-leipzig.de/mirador/index.php#b9909550-5f72-4fa4-a733-0d54d6232766.

Hose, Susanne: Weihnachtsbräuche bei den Sorben. In: Mitteilungen des Landesvereins Sächsischer Heimatschutz e.V., Heft 3/2013, S. 6–10.

Ilgner, Friedrich-Christoph: Das »Paradies« von Lucas Cranach dem Älteren im Kontext von lutherischer Anthropologie und Rechtfertigungslehre. In: Paradiese, Dresdener Kunstblätter 4/2016, S. 5–13.

Jakob, Andrea: Bäume leuchtend, Bäume blendend ... Eine Geschichte des Weihnachtsbaumes in Thüringen, Meiningen 2007.

Jenzen, Igor A.: Die Geburt der »Volkskunst« aus dem Geist des Kunstgewerbes. In: Volkskunde in Sachsen 27 (2015), S. 89–101.

Jenzen, Igor A.: Vom Paradies zum Gartenzaun. Ikonografie in der Volkskunst. In: Paradiese, Dresdener Kunstblätter 4/2016, S. 42–51.

Jenzen, Igor A.: Das Saturnfest zur Fürstenhochzeit von 1719 und seine Folgen für die erzgebirgische Volkskunst. In: Mitteilungen des Landesvereins Sächsischer Heimatschutz e. V., Heft 2 und 3/2019, S. 84–93.

John, Ernst: Aberglaube, Sitte und Brauch im Sächsischen Erzgebirge, Annaberg 1909.

Journal für Fabrik, Manufaktur, Handlung, Kunst und Mode, Band 7, Leipzig 1794. Siehe: https://digi.ub.uni-heidelberg.de/diglit/journal_fmhkm1794 a.

Just, Johannes: Das Museum für Volkskunst Dresden, Dresden 1980.

Just, Johannes: Sächsische Volkskunst aus der Sammlung des Museums für Volkskunst Dresden, Leipzig 1982.

Just, Johannes: Museum für Volkskunst Dresden, Leipzig 1985.

Just, Johannes: Sächsische Volkskunst aus den Sammlungen des Museums für Volkskunst Dresden, Leipzig 1985.

Just, Johannes: Museum für Sächsische Volkskunst. Geschichte – Sammlung – Ausstellung, Staatliche Kunstsammlungen Dresden 1997.

Just, Johannes: Die Gründung des Museums für Sächsische Volkskunst vor 100 Jahren, Sonderdruck aus den Mitteilungen des Landesvereins Sächsischer Heimatschutz e.V., Heft 3/1997.

Kaden, Werner: Choral und Bergreihen. Zur Musik im Erzgebirge während des 16. Jahrhunderts. In: Das Erzgebirge im 16. Jahrhundert, hrsg. von Martina Schattkowsky, Leipzig 2013, S. 401–415.

Kaltofen, Ernst Dagobert: [Ohne Titel, Beschreibung einer Mettenschicht]. In: Erzgebirgische Heimatblätter, Heft 6/1991, S. 196.

Karasek-Langer, Alfred: Barockes Wurzelwerk der Weihnachtspyramiden. Beziehungen der Volkskunst zum kirchlich-höfischen Brauch des 16. bis 18. Jahrhunderts. In: Volkskunde und Volkskultur. Festschrift für Richard Wolfram, hrsg. von Helmut Fielhauer, Wien 1968, S. 164–194.

Kirsche, Albrecht: Aus der Geschichte eines Seiffener Spielwarenverlages. In: Mitteilungen des Landesvereins Sächsischer Heimatschutz e.V., Heft 4/1994, S. 17–23.

Kirsche, Albrecht: Zisterzienser, Glasmacher und Drechsler. Glashütten in Erzgebirge und Vogtland und ihr Einfluss auf die Seiffener Holzkunst, Dissertation, Münster/New York/München/Berlin 2005.

Klappenbach, Käthe: Kronleuchter mit Behang aus Bergkristall und Glas sowie Glasarmkronleuchter bis 1810, mit einem Beitrag von Edith Temm. Bestandskatalog der Kunstsammlungen, Stiftung Preußische Schlösser und Gärten Berlin-Brandenburg, Berlin 2001.

Klappenbach, Käthe: Kronleuchter als Symbole der Machte. Der Einfluß von Herrschaftsinsignien und Herrscherinitialen auf die Gestaltung. In: Historia in Museo. Festschrift für Frank-Dietrich Jacob, Langenweißbach 2004, S. 289 – 293.

Klappenbach, Käthe: Kronleuchter – Kunstwerk oder Gebrauchsgegenstand? In: Die KUNST ZU BEWAHREN. Restaurierung in den preußischen Schlössern und Gärten. In: Jahrbuch der Stiftung Preußische Schlösser und Gärten Berlin-Brandenburg, Band 8, 2006, Berlin 2010.

Klappenbach, Käthe: Chinoise Dekorationen auf friderizianischen Beleuchtungskörpern in Sanssouci. In: China in Schloss und Garten. Chinoise Architekturen und Innenräume. Tagungsband, hrsg. von Dirk Welich unter Mitarbeit von Anne Kleiner im Auftrag der Staatlichen Schlösser, Burgen und Gärten Sachsen, Dresden 2010, S. 186–195.

Klappenbach, Käthe: Festliches Licht. Illumination und Lichtzauber. In: archithese. Internationale Zeitschrift und Schriftenreihe für Architektur, Heft 6, Zürich 2011, S. 50–55.

Klappenbach, Käthe: Venetian Chandeliers from the 16th Century Onward and their Influence on Chandelier Production in Europe and Brandenburg-Prussia. In: Atti dell'Istituto Veneto di Scienze, Lettere ed Arti, Tomo CLXXII (2013–2014) – Classe di scienze fisiche, matematiche e naturali, Venezia 2014, S. 141–152.

Klappenbach, Käthe: Der Traum vom ewigen Frühling: Duftender Blütenzauber aus Porzellan und Seide. In: Königliche Gartenlust im Park Sanssouci. Inszenierung, Ernte und Genuss, hrsg. von der Generaldirektion der Stiftung Preußische Schlösser und Gärten, Berlin-Brandenburg, München 2014, 132–135.

Klappenbach, Käthe: Die Natur als Vorbild. Zu Gestaltung, Wert und Bedeutung der Kronleuchter in den preußischen Schlossern im 18. Jahrhundert. In: Friedrich300 – Studien und Vorträge #7, 12/01/2015. Siehe: www.perspectivia.net/content/publikationen/friedrich300-studien/klappenbach_natur.

Klappenbach, Käthe: Unentdeckte Schätze – Kronleuchter und Licht zur Zeit Augusts des Starken. In: Denkmalpflege in Sachsen, Mitteilungen des Landesamtes für Denkmalpflege in Sachsen, Dresden 2018, S. 77–84.

Klappenbach, Käthe: Kronleuchter des 17. bis 20. Jahrhunderts aus Messing, »bronze doré«, Zinkguss, Porzellan, Holz, Geweih, Bernstein und Glas, mit Beiträgen von Eric Hartmann und Birgit Kropmanns, Bestandskatalog der Kunstsammlungen Stiftung Preußische Schlösser und Gärten Berlin-Brandenburg, Regensburg 2019.

Klötzer, Christian: Die Weihnachtsmusik. In: Glückauf! Zeitschrift des Erzgebirgsvereins 13 (1893), Nr. 1, S. 1–5.

Köhler, Alexander Wilhelm: Bergmännisches Taschenbuch für das Jahr 1790, Annaberg/Freyberg 1790.

Krünitz, Johann Georg: Oeconomische Encyclopädie, Band 53, Berlin 1791.

Krünitz, Johann Georg: Oeconomische Encyklopädie, Band 171, Berlin 1839.

Kunze, Rolf: Von der königlichen Kunstkammer zur Bergmannsstube: Zur Geschichte der bergmännischen Volkskunst im Erzgebirge. In: Sächsische Heimatblätter, Heft 1/1980, S. 1–12.

Kunze, Rolf: Ernst Dagobert Kaltofen – Bergmann und Bildschnitzer. In: Erzgebirgische Heimatblätter, Heft 6/1991, S. 197–198.

Lahl, Bernd: Mettenschichten im Erzgebirge. Geschichte – Berichte – Geschichten, Marienberg 2003.

Lahl, Bernd: Vom Weihnachtsbrauch der Mettenschichten und Traditionsmettenschichten. In: Mitteilungen des Landesvereins Sächsischer Heimatschutz e.V., Heft 2 und 3/2018, S. 89–96.

Lasch, Gunter: Barocke Taufengel im Erzgebirge. In: Erzgebirgische Heimatblätter, Heft 1/2014, S. 10–15.

Lasch, Gunter: Barocke Taufengel im Landkreis Mittelsachsen. In: Erzgebirgische Heimatblätter, Heft 6/2015, S. 10–13.

Lasch, Gunter: Barocke Taufengel im Landkreis Mittelsachsen. In: Erzgebirgische Heimatblätter, Heft 6/2016, S. 2–4.

Lasch, Gunter: Schwebende Taufengel werden Weihnachtsengel. In: Erzgebirgische Heimatblätter, Heft 6/2019, S. 2–5.

Lasch, Gunter: Schwebende Taufengel werden Lichterengel der Weihnachtsstube. In: Erzgebirgische Heimatblätter, Heft 6/2020, S. 10–13.

Launer, Susanne: Untersuchungen der immobilen Raumausstattung des sogenannten Sybillenkabinettes im Altenburger Schloß. Erarbeitung einer Restaurierungskonzeption und Anlegen einer Probeachse. Dokumentation der Untersuchung und der durchgeführten Arbeiten unveröffentlichte Diplomarbeit, HfBK Dresden, Dresden 1995.

Leichsenring, Claus: Massefiguren aus dem Erzgebirge, Dresden 1997.

Leichsenring, Claus: Bergwerkspyramiden von Ernst Ludwig Müller aus Brand-Erbisdorf. In: Kalender Sächsische Heimat, 2004, S. 51.

Leichsenring, Claus: Wiesaer »Affenpyramiden«. In: Erzgebirgische Heimatblätter, Heft 6/2006, S. 11, 12.

Leichsenring, Claus: Weihnachtspyramiden des Erzgebirges. Entwicklung, Gestaltung, Herstellung, hrsg. von der Sächsischen Landesstelle für Museumswesen, Fachbereich Volkskultur, Dresden 2009.

Leichsenring, Claus: Leuchterbergmann und Bergmannsleuchter. Geschnitzt, gedrechselt, aus Masse geformt, Dresden 2019.

Leichsenring, Claus: Weihnachtliche Volkskunst in Grumbach. In: Erzgebirgische Heimatblätter, Heft 6/2019, S. 2–4.

Leichsenring, Claus: Darstellungen des »Sündenfalls« in der erzgebirgischen Volkskunst. In: Erzgebirgische Heimatblätter, Heft 6/2020, S. 2–6.

Leischner, Carl Ferdinand: Vollständige, theoretisch-praktische Anleitung zur Verfertigung aller Arten Papparbeiten. In: Neuer Schauplatz der Künste und Handwerke mit Berücksichtigung der neuesten Erfindungen, Band 59, Weimar 1841, S. 123–125.

Levin, Bettina: Erzgebirgische Glasperlenleuchter. In: Erzgebirgische Heimatblätter, Heft 6/2018, S. 2–6.

Levin, Bettina: Erzgebirgische Glasperlenleuchter. Unveröffentlichtes Manuskript im Besitz der Autorin, 2020.

Lichter und Leuchter. Entwicklungsgeschichte und Technik eines alten Kulturgutes (eine Festgabe aus Anlaß des 75-jährigen Geschäftsjubiläums der Trilux-Lenze GmbH + Co KG in Arnsberg 1, Neheim-Hüsten), hrsg. von der Trilux Werbeabteilung, Arnsberg 1987.

Lindner, Johann Traugott: Wanderungen durch die interessantesten Gegenden des sächsischen Obererzgebirges. Ein Beitrag zur speciellen Kenntniss desselben, seines Volkslebens, der Gewerbsarten, Sitten u. Gebräuche, Annaberg 1848.

Löden, Sönke: Zwischen humanistischem Erbe und regionaler Tradition. Volkskunst und Identitätspolitik in der erzgebirgischen Grenzregion 1950–1965. In: Jahrbuch für deutsche und osteuropäische Volkskunde, hrsg. von Elisabeth Fendl u. a., Band 45, Marburg 2003, S. 119–142.

Löscher, Hermann: Der Weihnachts-Bergmann. In: Glückauf! Zeitschrift des Erzgebirgsvereins, Nr. 12/1924, S. 125–129.

Lüschen, Hans: Die Namen der Steine. Das Mineralreich im Spiegel der Sprache, Thun 1979.

Martin, Andreas: Vom »Sächsischen Sibirien« zum »Silbernen Erzgebirge«. Zum Wandel touristischer Leitbilder. In: Löden, Sönke (Hrsg.): Montanlandschaft Erzgebirge. Kultur – Symbolik – Identität, Leipzig 2003, S. 95–110.

Marx, Harald: Bergbau und Kunst in Sachsen. In: Ausst.-Kat. »Der silberne Boden. Kunst und Bergbau in Sachsen« [anlässlich der Ausstellung »Bergbau und Kunst in Sachsen« im Albertinum an der Brühlschen Terrasse, Dresden (29. April – 10. September 1989)] / Staatliche Kunstsammlungen Dresden, hrsg. von Manfred Bachmann, Harald Marx, Eberhard Wächtler, Stuttgart/Leipzig 1990, S. 9–16.

Mascher, Erdmute Beate: Kronleuchter. »Lux ad illuminandas gentes«. Studien zu Schaftkronleuchtern aus Messing des 16. bis 18. Jahrhunderts in Norddeutschland, Dissertation Universität Kiel, 2004. Siehe: http://macau.uni-kiel.de/receive/dissertation_diss_00001433.

Max Schanz – Spielzeug Gestalten im Erzgebirge, hrsg. von Sabine Rommel und Matthias Zahn, Stuttgart 2020.

Mehlhorn, Erich: Zur Entwicklung der bergmännischen Musik. In: Ausst.-Kat. »Der silberne Boden. Kunst und Bergbau in Sachsen. [anlässlich der Ausstellung »Bergbau und Kunst in Sachsen« im Albertinum an der Brühlschen Terrasse, Dresden (29. April – 10. September 1989)] / Staatliche Kunstsammlungen Dresden, hrsg. von Manfred Bachmann, Harald Marx, Eberhard Wächtler, Stuttgart/Leipzig 1990, S. 328.

Meltzer, Christian: Historia Schneebergensis Renovata. Das ist: Erneuerte Stadt- u. Berg-Chronica Der im Ober-Ertz-Gebürge des belobten Meißens gelegenen Wohllöbl. Freyen Berg-Stadt Schneeberg, Schneeberg 1716. Siehe: https://digital.slub-dresden.de/werkansicht/dlf/82512/8/1/?tx_dlf%5Bpagegrid%5D=0&cHash=47fc45afadcee5d5e6512210c5fe1acc.

Meister, Kay: Seltsame Schatzräuber in den Wäldern des Erzgebirges. In: Erzgebirgische Heimatblätter, Heft 3/2021, S. 10–13.

Melzer, Karl-Heinz: Weihnachten im Erzgebirgsdorf Mauersberg vor 150 Jahren. In: Erzgebirgische Heimatblätter, Heft 6/1998, S. 5–8.

Merck's Warenlexikon, Leipzig, 3. Auflage 1884. Siehe: www.retrobibliothek.de/retrobib/seite.html?id=45925.

Merkel, Dankegott Immanuel: Erdbeschreibung von Kursachsen und den iezt dazugehörigen Ländern für die Jugend. Band 1, 2. Auflage, Leipzig 1797. Siehe https://digitale.bibliothek.uni-halle.de/vd18/content/pageview/11043925.

Minerophilos: Neues und wohleingerichtetes Mineral- und Bergwercks-Lexicon, Chemnitz 1743.

Mitscherling, Walter: Das weihnachtliche Herz. Allerlei Geschichten, Berlin 1955.

Möckel, Max: Bergmännische Weisen erklingen zur Weihnachtszeit. In: Glückauf! Zeitschrift des Erzgebirgsvereins, Nr. 12/1992, S. 166–167.

Mortimer, Martin C. F.: The English Glass Chandelier, hrsg. von Antique Collectors' Club, Woodbrigde 2000.

Mosen, Gustav: Die Weihnachtsspiele im sächsischen Erzgebirge, Zwickau 1861.

Müller, Alfred: Ein altertümlicher Christumzug. In: Glück auf! Zeitschrift des Erzgebirgsvereins, Nr. 12/1899, S. 175–180.

Müller, Hermann: Öllampen, Bern und Stuttgart 1988.

Natur- und Kulturgeschichte der Honigbiene. Das Schweizerische Bienenbuch, Band 5, Appenzell 2011.

Museumsführer »Museum für bergmännische Volkskunst Schneeberg«, o. J. (wohl 1994).

Nehrkorn-Stege, Christina: Vom Schmuck der Engel. Technologische Untersuchungen im Museum für Sächsische Volkskunst. In: Dresdner Kunstblätter Heft 4, 2017, hrsg. von den Staatlichen Kunstsammlungen Dresden, 2017, S. 47–55.

Nehrkorn-Stege, Christina: Golden gerahmt – Metallpapierprägeborten zum verzierenden Gebrauch. In: Volkskunde in Sachsen – unveröffentlichtes Manuskript für das Jahrbuch für Kulturanthropologie 34/2022.

Neubert, Eberhard: Bergbau, Kunst und Religion. In: Ausst.-Kat. »Der silberne Boden. Kunst und Bergbau in Sachsen. [anlässlich der Ausstellung »Bergbau und Kunst in Sachsen« im Albertinum an der Brühlschen Terrasse, Dresden (29. April – 10. September 1989)] / Staatliche Kunstsammlungen Dresden, hrsg. von Manfred Bachmann, Harald Marx, Eberhard Wächtler, Stuttgart/Leipzig 1990, S. 313–323.

Neumann, Knut: Bergarbeiterarmut vor 200 Jahren im Bergstädtchen Brand. In: Erzgebirgische Heimatblätter, Heft 1/1991, S. 15–18.

Paulsen, Gundel: Weihnachten in Brandenburg. In: Weihnachtsgeschichten aus Brandenburg, hrsg. von Gundel Paulsen, Husum 1991, S. 111–119.

Peschel, Tina: Adventskalender, Dresden 2009.

Peschel, Tina, Neuland-Kitzerow, Dagmar: Weihnachtspyramiden. Tradition und Moderne. [Begleitband und Katalog zur Ausstellung »Weihnachtspyramiden – Tradition und Moderne« des Museums Europäischer Kulturen – Staatliche Museen zu Berlin, Stiftung Preußischer Kulturbesitz vom 30. 11. 2012 bis 3. 2. 2013] / Schriftenreihe Museum Europäischer Kulturen, Band 12, Berlin/Dresden/Husum 2012.

Pieske, Christa: Das ABC des Luxuspapiers. Herstellung, Verarbeitung und Gebrauch 1860–1930, Berlin 1984.

Poprawa, Peter: »O Freede ieber Freede…« Brauchtum zur Weihnachtszeit in der Südlausitz. In: Mitteilungen des Landesvereins Sächsischer Heimatschutz e.V., Heft 3/1992, S. 3–9.

Poscharsky, Peter: Der Taufengel – ein Zeugnis lutherischer Frömmigkeit im Zeitalter des Barock. In: Taufengel in Mitteldeutschland. Geflügelte Taufgeräte zwischen Salzwedel und Suhl, hrsg. von Bettina Seyderhelm, Regensburg 2009, S. 11–32.

Prinz, Henning: Die Raumgestaltung des Taschenbergpalais zur Zeit Friedrich Christians und Maria Antonias. (Teil 1). In: Jahrbuch der Staatlichen Kunstsammlungen Dresden, 1986, Band 18, S. 83–118.

Prinz, Henning: Die Raumgestaltung des Taschenbergpalais zur Zeit Friedrich Christians und Maria Antonias. (Teil 2). In: Jahrbuch der Staatlichen Kunstsammlungen Dresden, 1988, Band 20, S. 141–163.

Rademacher, Eva: Der Wabenbau. Das Wunderwerk der Bienen. In: Deutsches Bienen-Journal, Sonderheft Wachs, Berlin 2018, S. 6–8.

Raithel, Andreas: »Weihrauch«. In: Mitteilungen des Landesvereins Sächsischer Heimatschutz e.V., Heft 3/2004, S. 11–15.

Reitzenstein, Günter: Albert Franke – ein Wegbereiter des Volkskunstschaffens. In: Erzgebirgische Heimatblätter, Heft 3/1997, S. 30–31.

Richter, Danilo: Ein Blick ins Paradies. In: Erzgebirgische Heimatblätter, Heft 6/2016, S. 20–21.

Richter, Ernst Wilhelm: Beschreibung des Königreiches Sachsen. Zweiter Theil, Freiberg 1852. Siehe: https://digital.slub-dresden.de/werkansicht/dlf/65667/504/0/.

Riebel, Joachim: Der »Arnsfelder Männelmacher« Gustav Louis Otto. In: Erzgebirgische Heimatblätter, Heft 6/1996, S. 10–14.

Riebel, Joachim: Erzgebirgische Weihnachtsfiguren. Gedrechselte Lichterfiguren, Räuchermänner und Nussknacker. Geschichte – Motive – Hersteller 19. und Anfang 20. Jahrhundert, Chemnitz 2003.

Riebel, Joachim: Der Männelmacher Karl Louis Härtel aus Schlettau, Husum 2007.

Riebel, Joachim: Weihnachtsfiguren des alten Erzgebirges. Die Männelmacher der Familie Timmel in Kühnhaide und Marienberg-Gebirge. Begleitpublikation zur Ausstellung Weihnachtsfiguren des Alten Erzgebirges – Horst Timmel zum 75. Geburtstag. Erzgebirgisches Spielzeugmuseum Seiffen, 4. 11. 2011–5. 2. 2012, Husum 2011.

Riebel, Joachim: Weihnachtsfiguren des alten Erzgebirges, Bd. 2: Die Männelmacher der Familie Otto aus Arnsfeld, Husum 2021.

R., K.: Das erzgebirgische Heiligabendlied. Geschichte, Verehrung und Kritik zum 200. Geburtstag von Johanne Amalie Benkert. In: Glückauf! Zeitschrift des Erzgebirgsvereins, Nr. 12/1984, S. 162–165.

Riedel, Lothar: Sind die Christmetten im Gebirge abzuschaffen oder einzuschränken? In: Erzgebirgische Heimatblätter, Heft 6/2016, S. 9–10.

Rieß, Gustav: Erzgebirgische Bergmannsfrommheit. Bilder aus einer versunkenen Welt. In: Mitteilungen des Landesvereins Sächsischer Heimatschutz, Dresden 16 (1927) 7/8, S. 269–293.

Röhrich, Lutz: Adam und Eva. Das erste Menschenpaar in Volkskunst und Volksdichtung, Stuttgart 1968.

Rohr, Julius Bernhard von: Einleitung zur Ceremoniel-Wissenschaft der grossen Herren. Berlin 1733, hrsg. und kommentiert von Monika Schlechte, Leipzig 1990.

Rosegger, Peter: Waldbauernbub, Berlin 1958.

Sammlung Johannes Martin : Volkskunst und Spielzeug aus dem Erzgebirge auf Burg Scharfenstein. Mit persönlichen Anmerkungen des Sammlers, Restaurators und Schenkers Johannes Martin, hrsg. von Burg Scharfenstein Erzgebirge, Scharfenstein 2004.

Sächsische Volkskunde, hrsg. von Robert Wuttke, Dresden 1901.

Sächsische Volkssagen. Bearbeitet von Robert Wolfram. III. Bändchen, Zwickau 1872.

Schellhaas, Walter: Kerzenglanz auf blankem Erz. In: Erzgebirgisches Weihnachtsbüchlein, 33. Ausgabe, 1993, S. 50–51.

Schlechte, Monika: Das Saturnfest 1719. In: Ausst.-Kat. »Der silberne Boden. Kunst und Bergbau in Sachsen. [anlässlich der Ausstellung »Bergbau und Kunst in Sachsen« im Albertinum an der Brühlschen Terrasse, Dresden (29. April – 10. September 1989)] / Staatliche Kunstsammlungen Dresden, hrsg. von Manfred Bachmann, Harald Marx, Eberhard Wächtler, Stuttgart/Leipzig 1990, S. 219–221.

Schlechte, Monika: Kunst der Repräsentation – repräsentative Kunst (Zeremoniell und Fest am Beispiel von Julius Bernhard von Rohrs »Einleitung zur Ceremoniel-Wissenschafft« und der Festlichkeiten am Dresdner Hof im Jahre 1719) 1990. Siehe: https://docplayer.org/56495786-Dr-phil-schlechte-geb-sadrinna-monika.html.

Schlechte, Monika: Vom Zeremoniell als Zeichensystem. Nachwort aus Rohr, Julius Bernhard von: Einleitung zur Ceremoniel-Wissenschaft der grossen Herren, Berlin 1733, hrsg. und kommentiert von Monika Schlechte, Leipzig 1990, S. 3–53.

Schmidt, Leopold: Der hängende Christbaum. Aus der Arbeit am Atlas der burgenländischen Volkskunde. In: Österreichische Zeitschrift für Volkskunde, hrsg. vom Verein für Volkskunde Wien. Neue Serie Band XVII, Gesamtserie Band 66, Wien 1963, S. 213–242.

Schneider, Ursula, Brand, Alfred: Buchholz/Sa. Die Metropole der Papp-Prägeindustrie – Ein Beitrag zur 500-Jahrfeiere der Stadt Buchholz im Jahre 2001. In: Streifzüge durch die Geschichte des oberen Erzgebirges, Heft 52, Annaberg-Buchholz 2001, S. 3.

Schneppendahl, Richard: Von Kienspänen, Fackeln, Öllampen und Kerzen. In: Lichter und Leuchter. Entwicklungsgeschichte und Technik eines alten Kulturgutes (eine Festgabe aus Anlaß des 75-jährigen Geschäftsjubiläums der Trilux-Lenze GmbH + Co KG in Arnsberg 1, Neheim-Hüsten), hrsg. von der Trilux Werbeabteilung, Arnsberg 1987, S. 200–205.

Schnürer, Uta: Paradiesgärten – Brauchtum und Weihnachtsschmuck, Marienberg 2000.

Schönfeld, Manfred, Gisbier, Jürgen: cerea et cereus. Von den Wachsen, deren Gebrauch und Anwendung in der Geschichte und ihre Rolle bei der Entwicklung von Handwerk, Kunst und Technik, Leipzig 1986.

Schramm, Manuel: Die Erfindung und Entwicklung der erzgebirgischen Volkskunst. In. Zeitschrift für Volkskunde 98 (2002), S. 34–58. Siehe: www.digi-hub.de/viewer/image/DE-11-001938326/46/LOG_0015/.

Sewart, Karl: Weihnachtliche Sitten und Gebräuche. Ein Erzgebirgler erinnert sich. In: Mitteilungen des Landesvereins Sächsischer Heimatschutz e.V., Heft 3/1992, S. 10–16.

Seyffert, Oskar und Walter Trier: Spielzeug, Berlin 1922.

Seyffert, Oskar: Das Landesmuseum für Sächsische Volkskunst, Dresden 1924.

Sieber, Friedrich: Gähnaffe – Spanhalter. In: Sächsische Heimatblätter, Sonderdruck aus Heft 6/1968, S. 265–267.

Sieber, Siegfried: Bergmännische Weihnachtsschnitzerei im Erzgebirge. In: Glückauf! Zeitschrift des Erzgebirgsvereins, Nr. 12/1992, S. 168.

S[iegfried?], S[ieber?].: Bergspinnen, die erzgebirgischen Weihnachtsleuchter. In: Erzgebirgisches Weihnachtsbüchlein, Frankfurt a. M. 1962, S. 51–52.

Spamer, Adolf: Sachsen. Text und Bildersammlung, Weimar 1954.

Spielzeug. Aus der Sammlung des Museums für Sächsische Volkskunst, hrsg. 2003 zur Ausstellung »Spielzeug aus dem Spielzeugbuch« im Museum für Sächsische Volkskunst Dresden von Johannes Just, Dresden 2003.

Spree, Eberhard: Die verwitwete Frau Capellmeisterin Bach. Studie über die Verteilung des Nachlasses von Johann Sebastian Bach, Altenburg 2019.

Steiger, J. J.: Handbuch der Unschlittkerzenfabrikation, St. Gallen/Bern 1847.

Taufengel in Brandenburg. Eine Bestandserfassung, hrsg. vom Landesamt für Denkmalpflege und Archäologisches Landesmuseum, Petersberg 2013.

Taufengel in Mitteldeutschland. Geflügelte Taufgeräte zwischen Salzwedel und Suhl, hrsg. von Bettina Seyderhelm, Regensburg 2009.

Teller, Christian: »Ne Herrn Kantor sei Mettentroosch«. In: Sächsische Heimat, Mitteilungen der Bundeslandsmannschaft Sachsen, Heft 12/1970, S. 449–453.

Teller, Christian: Der Schwibbogen der Fundgrube »Neu Leipziger Glück«. In: Erzgebirgische Heimatblätter, Heft 6/1986, S. 151–154.

Th.[ost], F.[ritz]: Franke Alberts Spinnen in aller Welt. In: Erzgebirgisches Weihnachtsbüchlein, Frankfurt a. M. 1965, S. 46–47.

Traumhaftes aus dem Erzgebirge. Sammlung Erika Pohl-Ströher in der Manufaktur der Träume Annaberg-Buchholz. Mit Beiträgen von Claus Leichsenring, Joachim Riebel, Jörg Bräuer und Martin Göbel, Husum 2010.

Valtaitė-Gagač, Alantė: Origin, Types, and Functioning of Chandeliers with Serpent Arms: from the Netherlands to Lithuania. In: Art History & Criticism, Band 15, 2019, S. 5–20. Siehe: https://sciendo.com/article/10.2478/mik-2019-0001.

Wakefield, Andre: Bergbau, Aufklärung und Hofkultur. In: Das Achtzehnte Jahrhundert »Aufklärung und Hofkultur in Dresden, Zeitschrift der Deutschen Gesellschaft für die Erforschung des 18. Jahrhunderts, hrsg. von Carsten Zelle, Band 37/2 2013, S. 271–276.

Wächtler, Eberhard, Neubert, Eberhard: Die historische Bergparade anläßlich des Saturnus-Festes im Jahre 1719, Faksimile-Druck (mit Kommentar), Leipzig 1982.

Weinhold, Getrud: Zeit und Raum zur Ehre Gottes. Das Evangelium in den Wohnungen der Völker. Sammlung Weinhold, Ausstellungskatalog, Museum für Deutsche Volkskunde Staatliche Museen Preußischer Kulturbesitz, Berlin 1984.

Wappler, August F.: Vom bergmännischen Bildschnitzer Ernst Kaltofen in Dresden, Freiberg 1907.

Werner, Elvira: Von der Weihnachtsbotschaft im erzgebirgischen Volksschauspiel. In: Mitteilungen des Landesvereins Sächsischer Heimatschutz e.V., Heft 4/1994, S. 3–11.

Wild, Christian Gottlob: Interessante Wanderungen durch das Sächsische Ober=Erzgebirge, Freyberg 1809.

Wild, Christian Gottlob: Pfarrer Wild'sche und einige andre Gedichte, Annaberg 1896.

Wörscher, D.: Das Ganze der Oel=Raffinerie, Magdeburg 1835.

Zedler, Johann Heinrich: Universal-Lexicon, Band 14, Leipzig 1732.

Dank

Unschätzbare Hilfe erhielt ich von Dr. Igor Jenzen, dem Direktor des Museums für Sächsische Volkskunst, wie auch vom gesamten dortigen Kollegenkreis.
Weiterhin unterstützten mich durch Gespräche, Beratung, wissenschaftlichen Austausch, Bereitstellung von Materialien, Anfertigung von Fotos, Gegenlesen von Texten u. v. a. m.:

Dr. Konrad Auerbach, Spielzeugmuseum Seiffen
Carsten Beier, Zschopau
Dr. Götz Bellmann, Berlin und Potsdam
Wolfgang Blaschke, Annaberg-Buchholz
Jörg Bräuer, Manufaktur der Träume, Annaberg-Buchholz
Andreas Brandt, Dorfchemnitz
Stephan Drechsler, Museum Schloss Wildeck, Zschopau
Siegfried Franke, Glauchau
Daniel Geißler, Institut für Sächsische Geschichte und Volkskunde (ISGV), Dresden
Ralf Giermann, Schloss Moritzburg und Fasanenschlösschen, Staatliche Schlösser, Burgen und Gärten Sachsen gemeinnützige GmbH
Robby Joachim Götze, Museum und Kunstsammlungen Schloss Hinterglauchau
Pfarrer Michael Harzer, Seiffen
Dr. Vera Henkelmann, Eschweiler
Albrecht Kreher, Wiesa
Gunter Lasch, Brünlos
Claus Leichsenring, Leukersdorf
Hans-Dieter Lenk, Schönheide
Dr. Bettina Levin, Sehma
Pfarrer Frank Meinel, Schneeberg
Anita Niederlag, Dresden
Elke Opitz, Zschopau
Tina Peschel, Museum Europäischer Kulturen, Staatliche Museen zu Berlin – Preußischer Kulturbesitz
Katharina Scheithauer, Museum Olbernhau
Bettina K. Schneider, Berlin
Susanna Sommer, Landesverein Sächsischer Heimatschutz, Dresden
Dr. Eberhard Spree, Leipzig
Ilka Stern, Stadt- und Bergbaumuseum Freiberg
Paula Stötzer, Museum Papiermühle Niederzwönitz
Fanny Stoye, Museum – Naturalienkabinett Waldenburg
Olaf Uhlmann, Zöblitz
Dr. Verena Wasmuth, Berlin
Dr. Wolfgang Weinert, Eberholzen
Regina Winkler, Glauchau
Ev.-Luth. Kirchgemeinden Marienberg und Pfaffroda
Staatliche Kunstsammlungen Dresden, Kupferstich-Kabinett, Münzkabinett, Porzellansammlung
Deutsche Fotothek / Sächsische Landesbibliothek – Staats- und Universitätsbibliothek Dresden

Mein besonderer Dank gilt Karsten Jahnke, Konservator am Museum für Sächsische Volkskunst für seine äußerst hilfreiche kollegiale Unterstützung und die Anfertigung der zahlreichen Fotos.
Dem Sandstein Verlag Dresden mit der Lektorin Fey Kabbert sei für die unproblematische Zusammenarbeit gedankt und dem Grafikdesigner Joachim Steuerer für sein Einfühlungsvermögen und die exzellente Gestaltung.

Bildnachweis

Amsterdam,
Rijksmuseum, Abb. 25

Annaberg-Buchholz,
Ev.-Luth. Kirchengemeinde,
Abb. 1 (Rainer Alexander Gimmel),
Abb. 8 (Dieter Knoblauch);
Manufaktur der Träume, Abb. 83
(Chris Gonz, Detail: Jörg Bräuer)

Berlin,
Staatliche Museen zu Berlin, Museum Europäischer Kulturen, Abb. 41 (Ute Franz-Scarciglia);
Stiftung Preußische Schlösser und Gärten Berlin-Brandenburg, Abb. 14, Abb. S. 6/7 (Hagen Immel), Abb. 17 (Daniel Lindner), Abb. 12, 18, 26, Abb. S. 24/25 (Wolfgang Pfauder), Abb. 101 (Hans-Jörg Ranz)

Dorfchemnitz,
Ev.-Luth. Kirche, Abb. 71 (Andreas Brand)

Dresden,
Institut für Sächsische Geschichte und Volkskunde (ISGV), Abb. 49;
Sächsisches Staatsarchiv, Hauptstaatsarchiv Dresden, Abb. 16, 23;
SLUB Dresden/Deutsche Fotothek, Abb. 6, 31, 33, 34, 51, 53, 60, 68, 76, 88, 98;
Staatliche Kunstsammlungen: Kunstgewerbemuseum, Abb. 27 (Michael Holz);
Kupferstich-Kabinett, Abb. 11, 21, 24, 28 (Herbert Boswank), Münzkabinett, Abb. 66;
Museum für Sächsische Volkskunst,
Abb. 2, 3, 5, 7, 9, 10, 30, 32, 35, 36, 37, 38, 39, 44, 48, 54, 61, 65, 69, 72, 73, 74, 75, 78, 80, 84, 85, 86, 87, 95, 97, 99, 102, Abb. S. 2, Abb. S. 12/13, Abb. S. 44/45, Abb. S. 122/123, Abb. S. 129, Rücktitel (Karsten Jahnke), Abb. 63, 64, 92 (Jürgen Karpinski), Abb. 45 (Museum für Sächsische Volkskunst), Titelabbildung, Abb. 46, 52, 91, 94, Abb. S. 59/60 (Christina Nehrkorn-Stege), Abb. 70, 81, 82 (Reproduktionen); Porzellansammlung, Abb. 62 (Adrian Sauer)

Eberholzen,
St. Bartholomäus-Kirche, Abb. 13 (Nicole Baumgarten-Müller)

Glauchau,
Siegfried Franke, Abb. 43 (Reproduktionen)

Marienberg,
Ev.-Luth. Kirchgemeinde, Abb. 15, 40

Moritzburg,
Staatliche Schlösser, Burgen und Gärten Sachsen gemeinnützige GmbH, Abb. 22 (Silke Rohmer)

Nürnberg,
Germanisches Nationalmuseum, Abb. 67

Olbernhau,
Museum, Abb. 100 (Katharina Scheithauer)

Pfaffroda,
Ev.-Luth. Kirchgemeinde, Abb. 20 (Christine Hahn)

Schönheide,
Ev.-Luth. Martin-Luther-Kirchengemeinde, Abb. 90 (Hans-Dieter Lenk)

Prag,
The Museum of Decorative Arts in Prague, Abb. 19

Sehmathal,
Sammlung Bettina Levin, Abb. 55, 56, 57, 58, 59 (Bettina Levin)

Seiffen,
Ev.-Luth. Gesamtkirchgemeinde, Abb. 50

Waldenburg,
Museum – Naturalienkabinett, Abb. 29 (Barbara Proschak)

Zöblitz,
Ev.-Luth. Kirche, Abb. 47 (Olaf Uhlmann)

Zschopau,
Ev.-Luth. Kirche Zschopau, Abb. 77 (Stephan Drechsler), Stadtgeschichtliche Sammlung Carsten Beier/Zschopau, Abb. 79 (Carsten Beier)

Zwickau,
Kreisarchiv, Abb. 42 (Johannes Pippig)

Privatbesitz, Abb. 4, 96 (Reproduktion),
Abb. 89 (Käthe Klappenbach),
Abb. 93 (Bettina K. Schneider)

Umschlag vorne:
Kettenlaufleuchter mit zwölf Kerzenarmen
Louis Biermann,
Raum Seiffen, um 1870

Umschlag hinten:
Schwebeengel, sogenannter »Lößnitzengel«
mit fünf Kerzenarmen,
Lößnitz, Mitte 19. Jahrhundert

Frontispiz:
Friederike Curling-Aust: »Metamorphose«, Radebeul, 2021. Unter Verwendung eines Glasarmkronleuchters, wohl Sachsen, 2. Hälfte 18. Jahrhundert.

S. 6/7:
Detail Perlkronleuchter »en piramide«
mit neun Kerzenarmen,
wohl Frankreich, um 1700

S. 12/13:
Detail aus Spinne mit Rüböllampen
mit zwölf Armen,
Erzgebirge, Ende 19. Jahrhundert

S. 24/25:
Bernsteinkronleuchter mit zwölf Kerzenarmen, Königsberg, 1660/70

S. 44/45:
Detail aus Friederike Curling-Aust »Metamorphose« Radebeul, 2021, unter Verwendung eines Glasarmkronleuchters, wohl Sachsen, 2. Hälfte 18. Jahrhundert

S. 59/60:
Detail aus Louis Biermann: Kettenlaufleuchter mit zwölf Kerzenarmen,
Raum Seiffen, um 1870

S. 122/123:
Detail aus Karl Louis Härtel: Kronleuchter mit acht Kerzenarmen, Schlettau, um 1885

S. 129:
Detail aus Paul Otto: Kronleuchter in Spanbaumtechnik mit zwölf Kerzenarmen,
Dresden, um 1950

Impressum

Die Publikation erscheint anlässlich der gleichnamigen Ausstellung im Museum für Sächsische Volkskunst

27. 11. 2021 – 2. 2. 2022

Herausgeber:
Staatliche Kunstsammlungen Dresden
Postfach 120551, 01006 Dresden
Telefon: +49 351 49142000
besucherservice@skd.museum
www.skd.museum

Autorin:
Käthe Klappenbach

Redaktion:
Igor A. Jenzen, Karsten Jahnke

Lektorat:
Fey Kabbert, Sandstein Verlag

Gestaltung:
Joachim Steuerer, Sandstein Verlag

Satz und Reprographie:
Christian Werner, Katharina Stark, Jana Neumann, Sandstein Verlag

Druck und Verarbeitung:
FINIDR GmbH, Český Těšín

Schrift:
Adobe Caslon Pro, Klavika

Papier:
Bilderdruck matt, 150g/m²

Die Deutsche Nationalbibliothek verzeichnet diese Publikation in der Deutschen Nationalbibliografie; detaillierte bibliografische Daten sind im Internet über http://dnb.dnb.de abrufbar.

www.sandstein-verlag.de

ISBN 978-3-95498-657-6

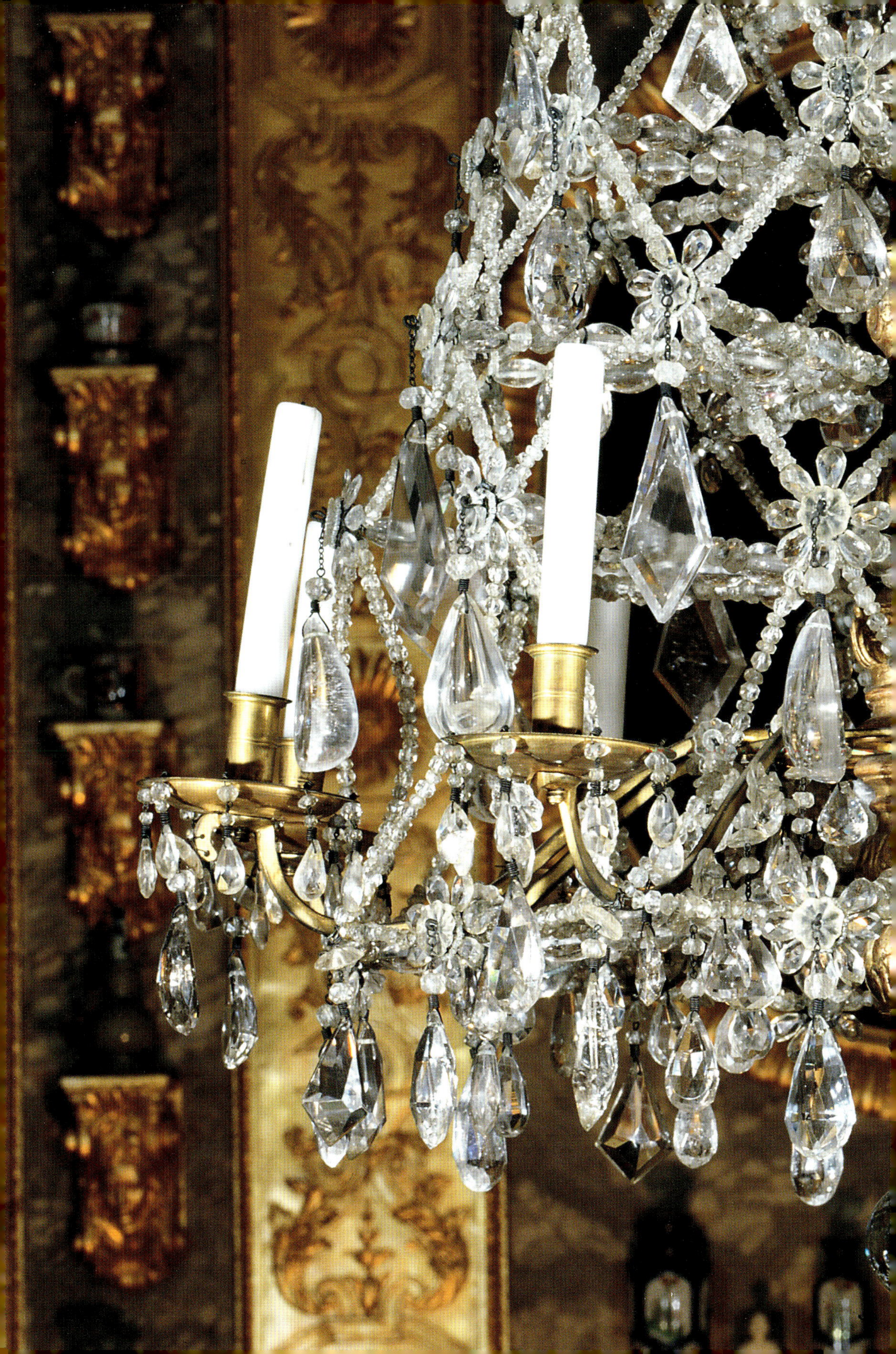

Erzgebirgische Weihnachtskronleuchter

Weihnachtskultur im Erzgebirge

Anhang

Inhalt

Käthe Klappenbach

Von Spinnen, Engeln und dem Licht der Welt

Die Kronleuchter des Erzgebirges

Herausgegeben von den
Staatlichen Kunstsammlungen Dresden

Sandstein Verlag

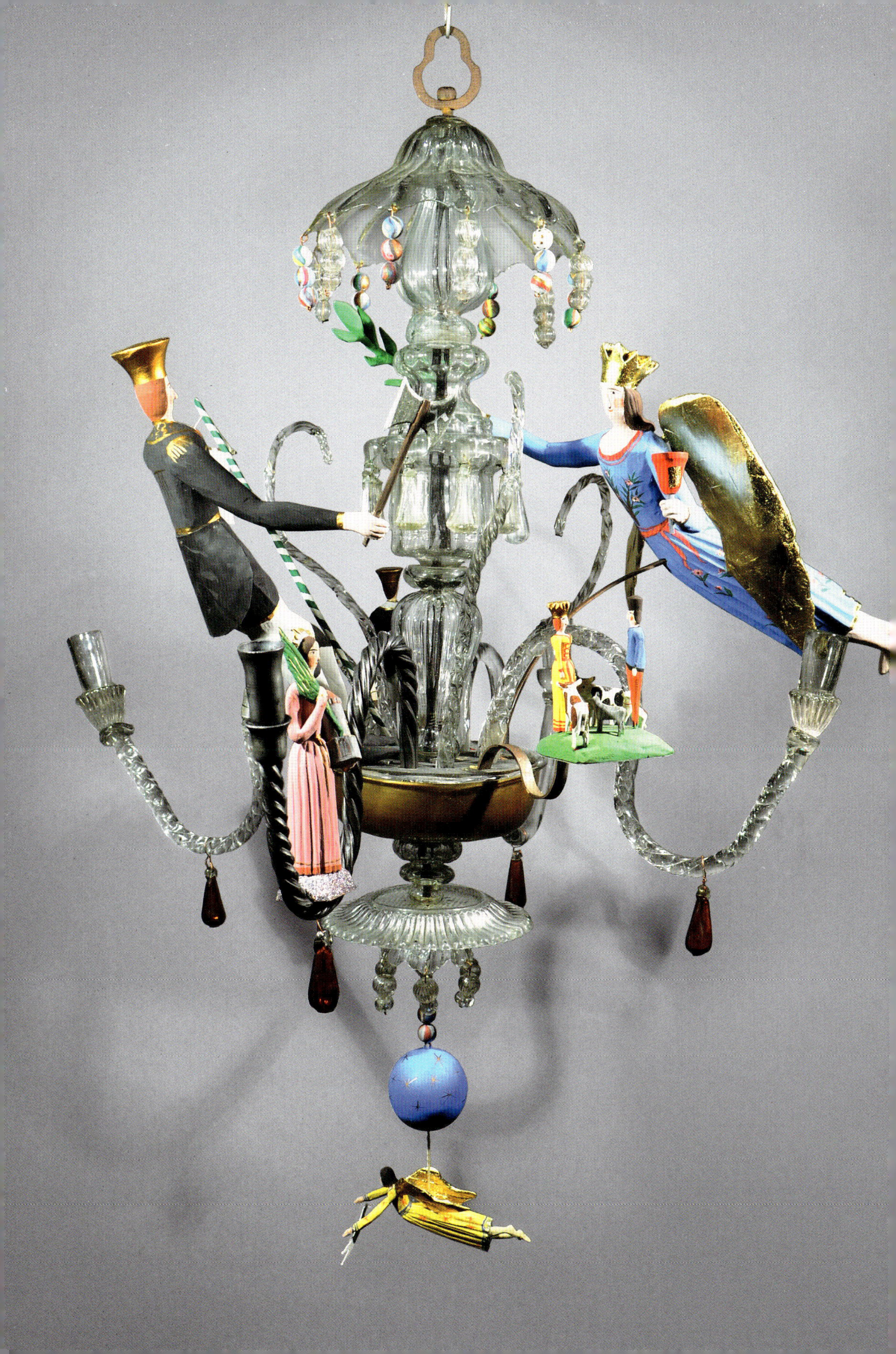